Tunesien

Marokko

Span. Sahara

Algerien

Libyen

Ägypten

Mauretanien

Mali

Niger

Tschad

Sudan

negal

Guinea

Ober-
volta

Elfen-
bein-
küste

Ghana

Nigeria

Kamerun

Zentralafr. Rep.

Äthiopien

Lambarene ●

Gabun

Kongo
(Leopoldville)

Uganda

Kenia

Somalia

Tansania

Angola
(port.)

Sambia

Süd-
rhod.

Moçambique (port.)

Betschuana
(brit.)

Südafrika

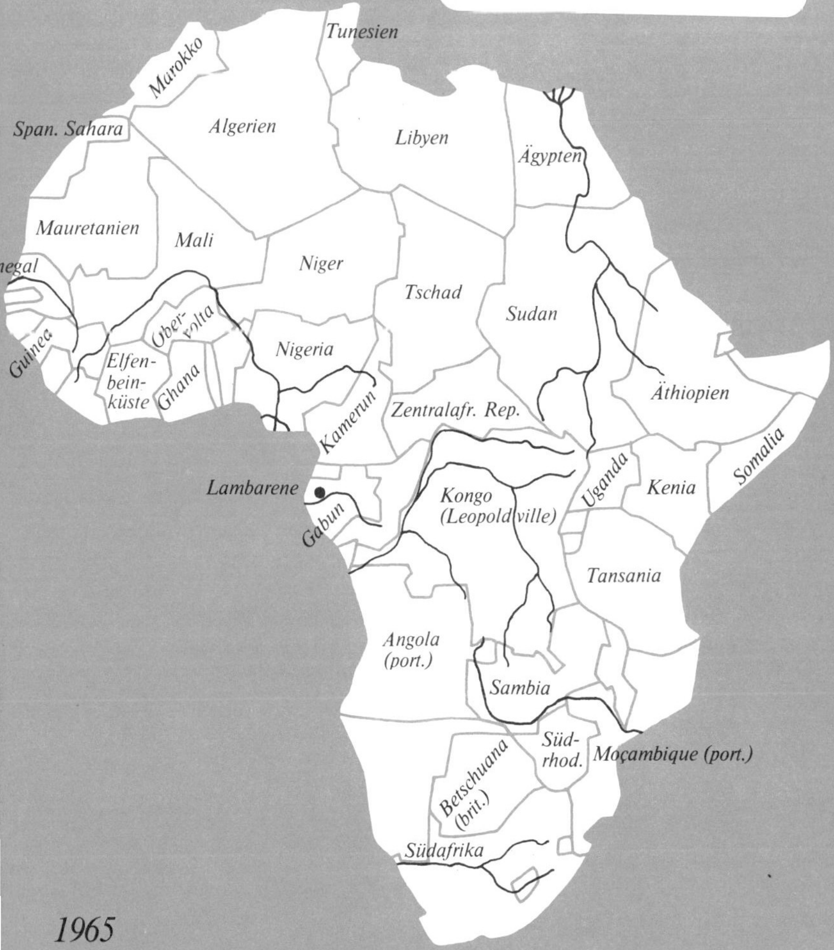

1965

Harald Steffahn   Du aber folge mir nach

Harald Steffahn

Du aber folge mir nach

Albert Schweitzers

Werk und Wirkung

Verlag Paul Haupt Bern und Stuttgart

ISBN 3−258−01243−1
Alle Rechte vorbehalten
Copyright © 1974 by Paul Haupt Berne
Printed in Switzerland

Gewidmet
dem Andenken an
Richard Kik

INHALT

EINLEITUNG

Die Kulturgeschichte kennt nicht wenige große Gestalten, deren äußerer Lebensgang für das Verständnis ihrer Werke bedeutungslos ist. Immanuel Kant zum Beispiel tritt bis zur Abstraktion hinter seinen philosophischen Werken zurück. Auch Bachs Musik trägt den Stempel des Unpersönlichen. Seine Kompositionen sind mit den bescheidenen Wendungen seines Daseins nirgendwo sichtbar verknüpft.

Demgegenüber braucht man nur an Goethes Werther zu denken, um in dem Verfasser einen Menschen zu erkennen, in dessen Schaffen sich überall der eigene Lebensweg spiegelt. Goethe konnte nur produktiv sein, wenn er „erlebte".

Auch Albert Schweitzer gehört zu den Persönlichkeiten, bei denen man – was er gerade von Bach verneint – „die Wurzeln ihrer Werke in den Schicksalen des Schöpfers zu suchen" hat. Wohl steht seine theologische, seine musikhistorische Forschung weitgehend frei vor dem biographischen Hintergrund. Aber schon die Orgelkunst verdankt erst der Stille Afrikas ihre Reife, und vollends der als Pflicht erkannte ärztliche Beruf setzte den räumlichen Wechsel geradezu voraus. Die ethische Lehre der Ehrfurcht vor dem Leben schließlich konnte nach eigenem Bekenntnis nur dort zwischen Wasser und Urwald entstehen. Schweitzers innerer und äußerer Weg, Werk

9

und Leben, sind also untrennbar verbunden. In ihrer engen, zuweilen dramatischen Verwobenheit liegt viel von der Faszination seiner Existenz.

Die Ausstrahlung begann früh, schon in den Straßburger Jahren. Sie beruht nicht nur auf außerordentlichen und vielseitigen Talenten, die in handwerklicher Strenge zur Leistung reiften. Es kamen auch Gespür und Leidenschaft für gerade heftig diskutierte Fachprobleme hinzu, in denen Schweitzer Lösungen anbot, die Aufmerksamkeit erregten und der Leistung zum Erfolg verhalfen.

Noch eine besondere Signatur hatte sein Wirken von Anbeginn: eine Selbstgewißheit über Weg und Ziel, eine Sicherheit des Tons, die – ob in den Predigten, in der Jesusforschung oder Orgelbewegung – bekenntnisfördernd und gemeindebildend war; sofern nicht mit solch zuversichtlicher Kompromißlosigkeit Widerstand provoziert wurde, woran es nicht gefehlt hat.

Anfangs waren es Musikliebende, Bachkenner vor allem, theologische Fachkreise und kritische Kirchgänger, denen der Name des Straßburger Orgelkünstlers, Dozenten und Vikars sich einprägte, also eine vielschichtige Anhängerschaft, deren Gemeinsames nur darin lag, daß jede ihrer Linien durch das Achsenkreuz dieser Begabungsvielfalt lief.

Dann, in den zwanziger Jahren, änderte sich das Bild. Der Tropenarzt, der eine doppelte Karriere aufgegeben hatte, um dem schwarzen Lazarus zu helfen, sammelte volle Häuser, wenn er in halb Europa abwechselnd Lichtbildvorträge hielt oder Orgelkonzerte gab, oft an zwei Abenden in derselben Stadt. Schweitzer begann berühmt zu werden. Ehrungen verbreiteten seinen Namen. Die ersten deutenden Schriften assoziierten sich seiner eigenen wachsenden Bibliographie.

Aber erst die dritte Lebensperiode, die Spätzeit, ließ Schweitzers Namen mit den Mitteln der publizistischen Massenpropaganda weltweit zum Begriff werden. Nun

10

trat auch der Strom der Interpretationen über die Ufer. Die Fülle der Schweitzer-Literatur, erst recht der Presseveröffentlichungen, wuchs zur tonnenschweren Last.

Mit seinem Tode wurde es stiller. Die Meinungsmedien, für die der schnauzbärtige Alte mit dem Tropenhelm oft nur Sensationsobjekt – in Lob oder Kritik – gewesen war, wandten sich neuer Beute zu. Doch täuschen wir uns nicht. Es gibt noch eine große, leise Gemeinschaft all derer, die vom „Rummel" ebenso unberührt geblieben waren wie die Zentralfigur selber, Menschen, die in ihm das große Vorbild eigener Arbeit für ein menschenwürdiges Dasein begrüßten; solche, die, durch ihn ermutigt, im lauten Getriebe zu sich selber fanden; solche endlich, die irgendwie unbehaust waren und im Strahlengürtel seiner Menschlichkeit einen Schutz verspürten. Er selber hat das immer gewußt und das selbstbezogene Wort, „solange du gebraucht wirst, stirbst du nicht", bis an die Grenze des physischen non plus ultra eingelöst.

Die ungebrochene Empfänglichkeit einer namenlosen Gefolgschaft ist trotzdem ebenso wie das Datum des 100. Geburtstages wohl noch nicht Rechtfertigung genug, um die Schweitzer-Literatur um einen weiteren Titel zu vermehren. Denn es gibt Würdigungen von bleibendem Rang. Kann man Neues sagen? Lassen sich der Fülle des Geschriebenen unerwähnte Aspekte zugesellen? Die Frage bejahen, kann nicht heißen, einen „ganz neuen Schweitzer" anbieten zu wollen. Viele Konturen stehen unverrückbar fest. Aber manches wird nicht mehr mit den gleichen Augen gesehen wie früher. Wenn nicht mehr die lebende Berühmtheit im Mittelpunkt aller Betrachtungen steht, dann verschiebt sich die Perspektive in die Zukunft hinein. Der Nachgeborene, auch wenn er sich dem fast 90jährigen noch freundschaftlich hatte verbinden dürfen, hat mit dem Recht und der Pflicht der Enkelgeneration zu fragen, was aus dem Material seines Lebens fortwirken wird und in welcher Weise.

11

Erkenntnisse hierfür kann gerade eine vertiefte Rückschau bieten, die sich erstmals ausführlich Schweitzers Geschichtsbild zuwenden wird. Es hat bisher kaum zur Diskussion gestanden. Es stellt den Humusboden seines ethischen Philosophierens dar. Dieses ist zwar ein unmittelbares Resultat der um 1900 ihm bewußt werdenden Kulturkrise, weltanschaulich aber viel tiefer und weit zurückreichend verankert. Wer nach den Zukunftsmöglichkeiten von Schweitzers Ethik fragt, die er selber als sein eigentliches Vermächtnis ansah, als das „bleibende Haus", kommt an dem Geschichtsbewußtsein und der gesellschaftlichen Grundanschauung seines Erbauers nicht vorbei.

Wirklich fundieren läßt solch Versuch sich allerdings nur in einer alles einbeziehenden Gesamtwürdigung. Mag dabei auch manches schon früher gültig Gesagte nur mit anderen Worten wiederholt werden: Wer lediglich weitausschauend den „zukünftigen Schweitzer" zu suchen aufbricht, gleicht einem Hubschrauberpiloten, der auf einem Hochplateau landet und die reiche Vegetation übersieht, die an den Hängen grünt. Der Fußmarsch zum Gipfel ist Chronistenpflicht, aber auch -freude. Jeder Interpret wird von neuem von dem „Abenteuer Schweitzer" gefesselt, das sich räumlich und geistig erst zwischen zwei Ländern und dann zwischen zwei Erdteilen vollzog.

Die Anziehungskraft liegt aber nicht nur in der Einheit von Denken und Tat, in der Glaubwürdigkeit des Lehrenden, seine Lehre vorzuleben. Der Reiz, über diese Gestalt nachdenkend zu schreiben, liegt auch darin, daß dieses schon klassisch zu nennende Modell eines Lebensablaufs exemplarische Grunderfahrungen enthält: Man könnte das abrahameische Gleichnis anführen, daß eine große Opferbereitschaft Gnade erfährt; der Verzicht wertet sich in Vorteile um, die ohne Verzicht nie zu gewinnen wären. Auch läßt sich an dem aus kleinsten Anfängen ins Große gewachsene Lambarene-Werk die

Wahrheit des Spruches „Aus meiner Kindheit und Jugendzeit" erweisen: „Was ein Mensch an Gütigkeit in die Welt hinausgibt, arbeitet an den Herzen und an dem Denken der Menschen." Nicht weniger gewichtig ist – neben Opfer und Liebe – das Stichwort Ruhm: Wird das Licht der Verehrung und Bewunderung grell, dann breiten sich unabänderlich die Schatten von Mißgunst, Verleumdung und Neid.

Das alles hat Schweitzer erfahren müssen und dürfen, weil sein Weg so lang war, daß kein Entwicklungsstrang, keine Tendenz, keine Echowirkung vorzeitig abbrach. Wie er selber sein Dasein trug, die „afrikanische Prosa" des Alters – davon kann aus eigenem Erleben Zeugnis gegeben werden.

Vor dem Hintergrund von Albert Schweitzers Selbstdarstellungen, an denen kein Weg vorbeiführt zum tieferen Verständnis dieser geschichtlichen Figur, verzichtet unser Vorhaben bewußt auf werk- und lebenskundliche Vollständigkeit. Es sieht darin nicht die eigentliche Absicht. Die besteht wohl in einem zeitlichen Fortschreiten, aber immer mit dem Blick auf Schwerpunkte, zugunsten derer dann andere Ereignisse des jeweiligen Zeitraumes zurücktreten. Da Schweitzers Lebensumriß sich ganz von selber in eine Folge von „Hauptgedanken" gliedert – von außen hereingetragen oder selbstgeformt –, so ist eine Art von „chronologischer Systematik" kein Widerspruch in sich, sondern das aus dem abgeschlossenen Weg sich aufdrängende Konzept. Dabei soll der Zeithintergrund, der Charakter der Epoche, stets sichtbar bleiben.

Die einzelnen Kapitel gruppieren sich jedesmal, bei gewisser Sonderstellung des ersten und letzten, um einen markanten Einschnitt, um ein kennzeichnendes Datum. Es beansprucht nicht objektiven Rang und kann überdies an der Peripherie der ihm zugewiesenen Periode liegen.

Schweitzer hat zusammenhängende Selbstdarstellungen nicht über das 57. Lebensjahr hinausgeführt. Für die späteren Jahrzehnte sind außenstehende Zeugnisse nicht nur notwendige Ergänzung – sie werden allmählich zum Ersatz.

In diesem Zusammenhang muß abschließend von einer Publikationsreihe gesprochen werden, die nur in „geschlossener Gesellschaft" bekannt geworden ist. Es sind die „Rundbriefe für den Freundeskreis von Albert Schweitzer" in Deutschland. Sie wurden jahrzehntelang von Richard Kik in Heidenheim, später Dettingen-Teck, herausgegeben und waren, besonders als Schweitzer auch zu seinen periodischen „Briefen aus dem Lambarene-Spital" keine Zeit mehr fand, eine Freundschaftsbrücke zwischen Deutschland und dem Spital.

Es gibt ähnliche Rundbriefe in der Schweiz, es gibt Entsprechendes in Frankreich, Holland, in der DDR. An Zahl und innerer Vielgestalt ist das, was hier aus dem Württembergischen für Albert Schweitzers Spätzeit erwuchs, eine besonders lebendige Quelle für das unverwechselbare Klima, das Schweitzers humane Schöpfung und seine eigene Person umgab.

Richard Kik (1899–1969) hatte schon 1929 als junger Lehrer in Ulm deutsche Freunde um das Werk in Afrika zu sammeln begonnen. Schon damals gingen Rundschreiben und Schweitzers Lambarene-Mitteilungen, die zuerst Pfarrer Hans Baur in Basel versandte, an einen wachsenden Empfängerkreis hinaus, bis der Krieg diese Verbindung zerriß. Danach wurde das Begonnene auf stark verbreiterter Basis fortgesetzt.

Schweitzer schrieb einmal an Kik: „Manchmal frag ich mich, wie es zuging, daß Du in mein Leben eintratst und mir solch ein Freund und eine solche Hilfe wurdest." Und ein andermal: „Ich wage mir nicht auszudenken, wieviele Stunden ich Dich in der Woche koste, auch nicht, wie ich Dir's danken soll. Es bleibt mir nichts übrig, als es tief gerührt hinzunehmen."

Das 40 Jahre während Nebenamt des schwäbischen

Sonderschulrektors hat auch diese Schrift bereichert. Die vorangestellte Widmung ist nicht nur hierfür, sondern auch für seine Zuneigung und Förderung ein Dank.

I

DIE BRÜCKE

Am 9. März 1888 kam der Direktor des Mülhausener Gymnasiums in der Pause mit einer Trauerbotschaft auf den Schulhof. Dort, wo sich die Untertertia balgte, sagte er bewegt: „Kinderchen, geht still nach Haus, unser lieber Kaiser ist tot." Auf den 13jährigen Gymnasiasten Albert Schweitzer muß die Szene stark gewirkt haben; noch mit 86 Jahren erinnerte er sich genau daran. An der Art der Rückschau ließ sich erkennen, daß der Heranwachsende seine nationale Zugehörigkeit eher auf rechtsrheinischer Seite gefunden hatte. Bei einem jungen Elsässer in einer deutschen Schule und mit erklärtem Interesse für Geschichte und Politik konnte es natürlich erscheinen, daß sein Staatsgefühl sich dem neuen Machtzentrum zuwandte, dessen Grenzen das Elsass seit 1871 mit umschlossen. Doch hatte erst ein Generationswechsel diese unbefangene Sichtweise ermöglicht. Denn die intellektuellen Schichten des Grenzlandes waren damals keineswegs „gut kaiserlich". Das hat Gründe, die eine Rückblende deutlicher erkären soll.

Als Goethe am Ende der Napoleonzeit den dritten Teil seiner frühen Lebenserinnerungen diktierte, erwähnte er im Zusammenhang mit den elsässischen Erlebnissen auch die Bindungen an das deutsche Volkstum, wie sie sich ihm, knapp hundert Jahre nach Ludwigs XIV. „Réunionen", mitgeteilt hatten: „Elsaß war noch nicht lange genug mit Frankreich verbunden, als daß nicht noch bei alt und jung eine liebevolle Anhänglichkeit an alte Verfassung, Sitte, Sprache, Tracht sollte übriggeblieben sein."

Daß aber das Bild sich änderte, gibt Goethe wenig später bei Friederikes Straßburg-Besuch zu erkennen. Sie und ihre Schwester „waren die einzigen in der Gesellschaft, welche sich deutsch trugen, . . . aber Olivien war es ganz unerträglich, so mägdehaft ausgezeichnet in dieser vornehm erscheinenden Gesellschaft einherzugehen." Die städtische Oberschicht nahm sich im Lebensstil schon Frankreich zum Vorbild, während die Landbevölkerung den überkommenen Lebensformen treu blieb.

Besonders der Bereich, den Goethe als die „alte Verfassung" umschrieb, erfuhr bald darauf eine tiefgreifende Bewußtseinsrevision. Es ist symbolhaft, daß die Marseillaise in Straßburg entstanden ist und dort zum ersten Mal gesungen wurde, ehe sie in Marseille ihren Siegeszug antrat: Das Land zwischen Rhein und Vogesenkamm wuchs im Laufe der Revolution und der Napoleonzeit in den französischen Staatsgedanken hinein. Der Anspruch der Größe, die Ideen der neuen Zeit, der Aufbruch der Nation, die hervorragenden Positionen, die man auch für deutschstämmige Franzosen bereithielt, mußten die kümmerlichen Beschränktheiten der deutschen Kleinstaatenge in den Schatten stellen.

Die deutsche Romatik entdeckte dann Straßburg wieder, nicht ohne Zutun Goethes, der gerade zu der Zeit schilderte, wie eben dort unter Herders Einfluß sein „deutsches" Kunstverständnis wach geworden war. Doch die Romantiker und auch Preußen, als es 1815 vergeblich das Elsaß zurückforderte, übersahen, was mit brutaler Deutlichkeit der elsässische Pfarrer und Schriftsteller Adolf Stöber, der im übrigen bewußt für die Erhaltung des alemannischen Volkstums wirkte, später, 1836, gegenüber einem Deutschen so formulierte:

„Schau auf deines Deutschlands zerrissene Landkarte und mute uns nicht zu, etwas ein neues Steinchen oder Ringlein zu bilden zu den Sigmaringlein und Liechtensteinchen oder uns gar von den großen Ungeheuern des Nordens oder Ostens auffressen zu lassen! Ja, werde du mit den Deinen erst eins und groß und stark, dann komm und sag deinen Spruch."

Als sich diese Aufforderung, einer Prophetie gleich, erfüllte und der „Spruch" gesagt wurde (Bismarck zum französischen Außenminister Jules Favre: „Geben Sie den Schlüssel zu unserem Hause!"), da begann härter als in den zurückliegenden Zeiten mit ihren kaum merklichen Wandlungen Wille und Gegenwehr aufeinanderzuprallen. Denn der Nationalismus, der Zwillingsbruder der Demokratie, war unterdessen in die Geschichte eingetreten und ließ für die Zukunft der Grenzprovinz nichts Gutes ahnen.

Bismarck selber war kein Chauvinist. Hier aber gab er dem Druck der öffentlichen Meinung nach. Deren Ungestüm hat Leopold von Ranke in einem Gespräch mit Adolphe Thiers in Wien mit den Worten erklärt, Deutschland führe Krieg gegen Ludwig den Vierzehnten.

Der Sonnenkönig hatte ja seine oberrheinischen Annexionen mit dürftigen Rechtstiteln gestützt, ähnlich wie Friedrichs des Großen Wegnahme Schlesiens völkerrechtlich kaum bestehen konnte. Beide Male aber setzten sich gegen allen Protest die stärkeren Machtmittel durch, und die Zeit veränderte dann mit geduldigem Meißel das Geschichtsbild der bürgerlichen Kreise.

Eine Abstimmung der Bevölkerung hätte diese verlorenen Söhne 1871 nicht zu Mutter Germania zurückgebracht, urteilte der Historiker Paul Joachimsen rückblickend im Jahre 1920 mit dem Objektivitätsbemühen, das ihm auch zu diesem Zeitpunkt der verletzten nationalen Würde verblieben war. Die Trompeten von Vionville, die Siegesfanfaren von Sedan hatten indes alle rationalen

Erwägungen übertönt. Die wirklichen und vermeintlichen Bande einer historischen Volkspersönlichkeit wogen den Siegern von 1871 schwerer als Erwägungen eines Plebiszits.

Für Heinrich von Treitschke, dessen Stilart immer einem gezogenen Degen gleicht, war es die Aufgabe Deutschlands, den Elsässern auch „wider ihren Willen ihr eigenes Selbst zurückzugeben". Und in einiger Überschätzung der Beliebtheit, der sich Preußens glasharte Dienstgesinnung in Regionen wärmerer Gemütsart erfreute, prophezeite er kühn: „Sie werden uns lieben lernen, wenn Preußens starke Hand sie erzogen hat."

Dieses Preußen führte die liebenswürdige und fruchtbare Provinz mit dem Anspruch „heim ins Reich", sie mit der Morgengabe seines jungen, kraftvollen Staatsgefühls zu fesseln, verkannte aber, daß hier schon 80 Jahre zuvor der moderne französischen Nationalbegriff seinen Antrittsbesuch abgestattet hatte. So konnte der Elsässer wie in der Geschichte vom Hasen und Igel sagen, als jener atemlos herbeigestürzt kam: Ick bün all doa.

Gambettas Verschwörerparole für die Rückgewinnung der verlorenen Gebiete („immer daran denken, nie davon sprechen") wurde zum Damoklesschwert über dem äußerlich langdauernden und von großem wirtschaftlichen Aufschwung begleiteten Frieden der Doppelprovinz Elsaß-Lothringen. Es kam darauf an, wo und in welchen Kreisen man lebte, um diesem Klima stärker oder geringer ausgesetzt zu sein.

Albert Schweitzer wurde in diese Spannungszeit hineingeboren. Er kam am 14. Januar 1875 in Kaysersberg im Oberelsaß zur Welt. Wer seine Selbstzeugnisse auf sich wirken läßt, hat keinen Grund, das Freund-Feind-Verhältnis in seinem Einfluß auf seine Werdezeit zu überschätzen. Schweitzers Kriseninstinkt ist viel später geweckt worden, obgleich er schon als Kind die Zeitereignisse „mit Eifer verfolgt und denkend miterlebt" hat.

In den Schilderungen der jungen Jahre ist der Ton der Unbeschwertheit – auf *diesem* Gebiet – sicher zeitgemäß echt wiedergegeben, umso mehr, als Schweitzer während der Niederschrift einem von Haß vergifteten Verhältnis der großen Nachbarn ausgeliefert war. Dies hätte vergleichbare Erinnerungen aus der Vergangenheit sicher neu belebt.

Doch auf dem Lande, wo er aufwuchs, ging das Leben in dem gleichen Rhythmus weiter, den von jeher nicht die politischen Ereignisse, sondern die Jahreszeiten diktieren, und speziell im Pfarrhaus von Günsbach, wohin die Familie noch 1875 übersiedelte, drehte sich das Dasein um die unverrückbare Achse des Kirchenjahres.

Nirgends verlautet, wie die Eltern auf den Wechsel der Nationalität reagierten und welchen Einfluß das Zeitgeschehen auf die Erziehung der fünf Kinder nahm. Spätere Tagebucheintragungen des Vaters Ludwig Schweitzer lassen aber eine Gesinnung heraushören, die wir heute europäisch nennen würden. Jedenfalls wuchs der junge Albert – offensichtlich ohne die geringste Disharmonie – in die beiden Kulturkreise hinein, die die Völkerbrücke zwischen Saar und Burgundischer Pforte in sich beherbergt und miteinander vereint.

Zuhause wurde Elsässer Dialekt gesprochen, in der Schule Hochdeutsch, doch die Briefe an die Eltern schrieb der Mülhausener Gymnasiast in Französisch, weil dies so Brauch in der Familie war. Die linguistische Dreispurigkeit behielt dann auch der Erwachsene sein ganzes Leben bei. Mit elsässischen Ärzten oder Pflegerinnen in Lambarene, vor allem mit Mathilde Kottmann, redete er nie anders als im vertrauten Idiom der Kindheit. Hochdeutsch und Französisch standen im Austausch zur Wahl, je nachdem, wo Ärzte, Pflegerinnen oder Gäste zu Hause waren. Mit den Schwarzen des Gabun konnte er sich großenteils französisch verständigen – notfalls per Dolmetscher, da er keine afrikanischen Sprachen verstand.

Auch das immer häufiger in Lambarene zu hörende Englisch ließ Schweitzer sich übersetzen, um dann so zu antworten, wie es dem Vermittler entgegenkam.

Als Sohn des Elsaß ist er zweisprachig aufgewachsen, wobei er Deutsch seine Muttersprache nennt. Einen von beiden Seiten ursprünglichen und vollkommenen Sprachbesitz bestreitet er; bei solchem Anspruch täusche man sich selbst. Und der berufene Sachkenner, der immerhin sein erstes Bachbuch so französisch gedacht hat, daß er es nachher lieber noch einmal in Deutsch zu schreiben beschloß, als sich selber zu übersetzen – er erhebt die Frage zum Test, worin man denn das Küchengeschirr am besten aufzählen könne und das Handwerkszeug von Schmied und Schreiner: Hier werde man das Überwiegen der einen Sprache gegenüber der anderen zugeben müssen.

Das Erbe der Rivalen

Auch Stilanalysen lassen erkennen, warum seine Werke zum allergrößten Teil in Deutsch verfaßt sind. Es war für ihn einfach der tiefere sprachliche Wurzelgrund, weil sein Heimatdialekt alemannisch ist.

In „Leben und Denken" steht die Metapher, daß das Französische den wohlgepflegten Wegen eines schönen Parkes zu vergleichen sei, indes man sich, deutsch formulierend, in einem herrlichen Wald herumtreibe. Klarheit und Kürze werden der Vielgestalt gegenübergestellt.

In dieser Landschaft von Parkwegen und Waldpfaden hat Albert Schweitzer das Waldrevier gepachtet. Nicht, weil es ihm an Klarheit und Kürze mangelt; es gibt bei ihm Passagen von einem hämmernden Takt, die an Rousseaus „Contrat Social" erinnern, den er auch als Sprachschöpfung besonders preist. Aber der vorherrschende Eindruck ist doch ein anderer. Sein Stil ist überreich an Bildern, vielfach von herrlicher Leuchtkraft,

21

originell und einprägsam; sagt er doch selber, sie „überstürzten" ihn beim Schreiben. Und eben diese Eigenheit kontrastiert zu dem, was die Franzosen als „netteté" bezeichnen, die „Reinlichkeit" also die strenge Linie, die betonte Form.

Schweitzer formuliert auch oft etwas erdschwer, mit einem Hang zu Substantivierungen, mit überkorrekten Relativsatzanschlüssen. Solche Eigenschaften widerstreben dem starken französischen Bedürfnis nach Rhythmus, das in deutscher Prosa am vollendetsten, aber auch dafür eher untypisch, bei Stefan Zweig zu finden ist.

Schweitzer schreitet – um bei seinem eigenen Vergleich zu bleiben – eher mit festem Schritt über Baumwurzeln und durch Unterholz, eilt nicht leichtfüßig über Kieswege, an Rundhecken vorbei. Wenn Hermann Hesse die Schrift „Aus meiner Kindheit und Jugendzeit" schlicht „unvergessliche Seiten" nennt, so rührt dieser Eindruck hier wie überall, aufs Ganze gesehen, nicht aus äußerer Brillanz. Er liegt im Gewicht und der Spannweite seiner Persönlichkeit und Leistung, in seinem erfahrenen Wissen, in einer nur ihm gehörenden demutvollen Unbedingtheit. Der Stoff ist klar gruppiert und sicher geformt. Mancher Absatz ist gehärtet im Feuer der Ideale, in manchem schwingt das echte Pathos der Ergriffenheit. Das alles wird als Kontext mitgelesen.

Man denkt bei der Suche nach einem Vergleich an die Mahnungen, die Matthias Claudius seinem Sohn Johannes mit auf den Lebensweg gab: „Worte sind nur Worte, und wo sie sogar leicht und behende dahinfahren, da sei auf Deiner Hut; denn die Pferde, die den Wagen mit Gütern hinter sich haben, gehen langsameren Schrittes."

Die Zweisprachigkeit – bei tieferer Verankerung im Deutschen – war das Handwerkszeug, mit dem der junge Elsässer in beiden Kulturkreisen nach Schätzen graben konnte, und er fand sie in überreichem Maß. Für diese Doppelbindung, schon äußerlich sichtbar in je einem

Studiensemester in Paris und Berlin, gibt es eine Fülle von Beispielen: daß er sich musikalisch Bach verschrieb, aber bei einem Franzosen die höheren Weihen der Orgelkunst empfing; daß er dem französischen Orgelbau einen Vorzug vor dem deutschen zuerkannte und damit in Deutschland beeinflussend wirkte; daß er in Straßburg sein erstes Bach-Buch in Französisch für Franzosen schrieb, aber in Paris in Deutsch über Kant dissertierte; daß er in deutschen philosophischen Seminaren in Auflehnung gegen Nietzsches Herrenmoral zum philosophischen Ethiker wurde und in Paris eine Gedenkrede auf ihn hielt.

Unter deutscher Staatszugehörigkeit entschied er sich für eine ärztliche Tätigkeit in französischem Kolonialgebiet. Als die Nationalität durch den Versailler Vertrag französisch geworden war, schleppte er Rucksäcke voller Lebensmittel zu hungernden deutschen Freunden über die Rheinbrücke von Kehl; der Friedensnobelpreis wurde ihm als französischem Staatsbürger verliehen, aber Schweitzers Person und Werk waren – neben der Schweiz und Schweden – zuerst und vor allem in Deutschland bekannt und berühmt geworden.

Diese kulturell-humanitäre Dialektik zeigt, wie ein von Großmachtinteressen hin und her gerissenes Land die Not in Tugend verwandelt und in seinen besten Repräsentanten das Erbe der Rivalen fruchtbar werden läßt. Beiden zugehörig, von beiden nehmend und jedem das Empfangene erstattend, wird ihnen das Geburtsland zu Weg und Brücke in einen größeren geistigen Lebensraum.

Der aber bleibt immer gefährdet, solange nicht machtpolitische Verständigung sich assoziiert. Der Elsässer war also von Natur und aus Erfahrung aufgerufen, Europäer zu werden und für das friedliche Miteinander zu wirken.

Sicher ist, daß die Friedensappelle des Nobelpreisträgers in Lambarene nicht nur ethischer Grundlage entsprangen, sondern ebenso der erlebten Existenznot des Bewohners einer strategischen Interessenzone. Zweimal hatte die Feuerwalze der Weltkriege die Heimatprovinz verheert. Jedesmal war es ein Glücksfall, daß das eigene Dorf erhalten blieb. Doch dem Günsbacher Pfarrerssohn wurde persönlichstes Opfer abverlangt. Mitten im ersten Weltkrieg überrannte ein scheuendes Militärpferd seine Mutter und verletzte sie tödlich. Ihr zweitältestes Kind war im französischen Kongo als Deutscher interniert.

Kurz vor dem Kriegsende heimgekehrt, erlebte Schweitzer bald, wie der Nationalismus das Elsaß beherrschte. Hochdeutsch auf der Straße zu reden, war verpönt. Der Neu-Franzose kümmerte sich nicht darum. Ab und zu packte ihn der Übermut, erinnert sich Robert Minder, dann sprachen beide nicht Dialekt, wie gewöhnlich, sondern laut hochdeutsch auf der Straße. Der freiheitliche Sinn des Kosmopoliten paßt nicht in chauvinistische Zwangsjacken. Umgekehrt, als während des Dritten Reiches ein Einladungsschreiben von Goebbels nach Lambarene gelangt sein soll, – unterschrieben „mit deutschem Gruß" –, versah Schweitzer, so wird erzählt, seinen abschlägigen Bescheid spöttisch „mit zentralafrikanischem Gruß".

Im zweiten Weltkrieg blieb ihm Internierung erspart, dafür pfiffen die Kugeln der auch in den Kolonien sich bekämpfenden Vichy- und de-Gaulle-Anhänger durchs Spital. Nach 1945 gab es in dem geprüften Elsaß sehr alte Leute, die mit bewußtem Erinnern viermal das Herrschaftssystem gewechselt hatten. Ihr damals prominentester Landsmann erlebte schließlich noch die Versöhnung der großen Nachbarn, das Vernarben der alten Wunden, sah Straßburg zu einer Art europäischer Hauptstadt werden. Aber längst konnte dieser Ausgleich dem alten Mann die Sorgen nicht mehr nehmen. Die Bedrohung war nur verlagert in weltweite Dimension.

Albert Schweitzers Krisenbewußtsein gehörte noch nicht seiner Jugendzeit an, aber um 1900 war es schon da, wie der Abschnitt über seine Kulturphilosophie zeigen wird. Wer ein seismographisches Gespür für untergründige Völkerbewegungen besaß, der konnte damals schon die Gefahren erkennen. So führt von den frühen Ansätzen, die Kulturkrise zu beschreiben, bis zu den späten Aufrufen gegen die Atombedrohung ein gerader Weg.

Äußerlich gab es um die Jahrhundertwende kaum Anzeichen, daß das alte Europa im Abendglanz stand. Links des Rheins waren sogar mehr als früher Bestrebungen in Gang, einander näher zu kommen, den Nationalismus zu überwinden. Wortführer war die Jugend. Die Stimmung gibt anschaulich ein Aufsatz wieder, den Otto Flake mit dem Titel „Um 1900" versah. Geboren 1880 in Metz, Student in Straßburg, gehörte Flake der Generation an, die ihr Weltbild erst im deutschen Kaiserreich gewonnen hat. Gemessen an den siebziger Jahren, liegt hier schon eine Antithese zu der Reserve, ja, dem Widerstand der Älteren vor. Man war, sagte er von jenen, noch nach rückwärts gerichtet, um einen Anhalt zu haben. Noch konnte man sich nicht recht entschließen, ihn in der deutschen Kultur zu suchen. Aber die Söhne, in der deutschen Ära geboren, empfanden unbewußt schon anders als ihre Väter.

Umgekehrt wuchsen die im Elsaß geborenen Kinder der eingewanderten reichsdeutschen Beamten und Professoren mühelos in die elsässische Atmosphäre hinein. Für sie wurde das „Reichsland" die Heimat. Dafür steht als Beispiel Elly Heuss-Knapp mit ihrem reizvollen Erinnerungsbuch „Ausblick vom Münsterturm". Der Nachwuchs beider Lager verbündete sich zu einer künstlerisch-literarischen Bewegung, die dem elsässischen Kulturleben neue Impulse gab.

Die porösen Grenzen dieses liberalen Zeitalters begünstigten den freien Austausch des Geistes. Kein schönerer Nachruf ist dafür zu finden als Stefan Zweigs letztes Buch „Die Welt von Gestern". So mußte dieser Zeitabschnitt vor allem ein Paradies der Wissenschaft sein, die ja ihre reifsten Früchte dort pflückt, wo sie frei zugänglich und zugleich sturmgeschützt ein ungefährdetes Wachstum entfalten. Albert Schweitzer selber sammelte reiche Ernte. In der Spätblüte des humboldtschen Bildungsideals, im Ausklang der klassischen Forscherepoche mit noch überschaubaren Wissenskomplexen, steht seine eigene Lern- und Lehrzeit als ihr gelungenes Erinnerungsmal, als ihr besonders glücklicher Ausdruck. Sie war begünstigt von einer äußeren Friedenszeit, für deren Würdigung uns erst das 20. Jahrhundert das rechte Organ gegeben hat.

Noch war durch nichts das düstere Prophetenwort bestätigt, das Jacob Burckhardt 1870 der kommenden Generation in die Wiege gelegt hatte: „Das Bedenklichste ist aber nicht der jetzige Krieg, sondern die Ära von Kriegen, in welche wir eingetreten sind, und auf diese muß sich der neue Geist einrichten..."

II

EIN KAMPF UM BACH

Der künstlerisch-geistige Aufbruch Albert Schweitzers, diese überwältigend arbeitsintensive Lebensphase, hatte als Kulisse die vielbesungene alte Reichsstadt: Noch Festung mit Wällen und Gräben, mit Nutz- und Blumengärten vor dem Tor, idyllisch, versponnen, mit zahllosen Spitzweg-Motiven, träumte Straßburg von sehr alter Zeit. Aber es wurde modern und sozial aufgeschlossen verwaltet – Waiseninspektorin wurde um die Zeit Schweitzers spätere Frau Helene Breßlau – und besaß zugleich eine geistig sehr junge Universität. Die medizinische Fakultät vor allem hatte einen Ruf.

Der Musiker Albert Schweitzer, der in der Theologie etwas leisten wollte und bereits ein Suchender in Philosophie geworden war, ahnte noch nicht, daß er sich bald seinem vierten Fachgebiet in eben dieser Fakultät zuwenden würde; nicht aus innerem Drängen, sondern aus Gewissenszwang. Jetzt ging er noch auf anderen Wegen, wobei die Musik innerhalb seines Dreifachstudiums nach Profil und Umriß am frühesten ein fertiges Ganzes war.

Und sie war von alledem, was diesem Leben angehörte, der ausdauerndste Weggenosse – tatsächlich 85 Jahre lang. Der Fünfjährige lernte die ersten Fingerübungen auf dem Tafelklavier vom Großvater Schillinger; der Neunzigjährige trennte sich erst wenige Wochen vor seinem Tode von dem, was ihm im tropischen Alltag

27

das liebste war: die abendliche Andacht, deren Eingangs- und Ausgangslied er auf dem Klavier begleitete.

Sein Verhältnis zur Musik war, abgesehen vom Improvisieren, nachschaffend. Auf der rezeptiven Grundlage war sein Können so fundiert, daß es ihm absolute Kompetenz verlieh. Es war dabei noch vielseitiger, als es mit der geläufigen Gleichsetzung „Schweitzer und Bach" oder „Schweitzer und die Orgel" zum Ausdruck kommt. Das musikalische Gedächtnis des Mitlebenden erinnert ihn so: in Bachkonzerten auf europäischen Orgel-Emporen oder im Urwald am Tropenklavier mit Orgelpedal in stiller Einkehr. Wer aber ohne dieses Vorwissen in verstreuten Berichten gräbt, der könnte sich zufällig einen Schweitzer zusammensetzen, der der Musik auf vorwiegend andere Weise diente. Der elsässische Germanist Robert Minder hatte in seiner Jugend 1919 Klavierunterricht bei Albert Schweitzer, und unter diesem Titel gab er 1955 anschaulichen Einblick in dessen musikpädagogisches Wirken, das freilich Ausnahme blieb. Da war Bach dann nur ein Meister unter anderen.

„Ich hatte von vorn anfangen müssen. Beethovens und Schumanns Klavierkonzerte, Bravourstücke und auch die ‚Chromatische' wurden stillschweigend beiseite getan und dafür unermüdlich ein paar Bachsche Inventionen oder Fugen und eine Viertelseite aus den Etüden von Philipp geübt... Für den Klang waren nach Schweitzers Ansicht die ‚Lieder ohne Worte' von Mendelssohn ein Prüfstein. Ich besitze noch den Band, in den ich nach Schweitzers Angaben für alle Noten ohne Ausnahme den Fingersatz eintragen mußte. Diese Genauigkeit im kleinsten Detail, die er auch von sich selbst auf allen Gebieten fordert, ist seiner Überzeugung nach die Grundlage jeden Werkes wie überhaupt jeder fruchtbaren Tätigkeit...

Zum Abschluß spielten wir als rhythmische Übung vierhändig Ouvertüren komischer Opern und Operetten, von der ‚Weißen Dame' bis zur ‚Schönen Helena'. Offenbachs Leistung schien ihm in ihren Grenzen respektabel...

Schließlich hielt er es für angebracht, daß ich noch ein paar Stücke lernte – auswendig, wie die übrigen –, deren zweifelhaftes Niveau er nicht in Frage stellte, die aber wie er meinte, den älteren Verwandten und Bekannten vielleicht mehr zusagen würden als Bach und Beethoven. So übte ich schon in den ersten Unterrichtsstunden das ‚Gebet einer Jungfrau'! Diese Rücksichtnahme mag übertrieben erscheinen: sie bezeugt das ausgeprägte Bedürfnis Schweitzers, den Mitmenschen Freude zu machen, auch und gerade denen, die durch die Lebensumstände daran gehindert worden sind, zu wirklicher Kultur zu gelangen.''

Um dieselbe Zeit gab er sogar Gesangunterricht! Schülerin war die 37jährige, gerade verwitwete Emmy Martin aus Molsheim/Elsaß. Sie hatte ein Musikstudium absolviert, und es war nun eine Wiederauffrischung, daß sie Lieder von Schubert, Brahms, Reger, Strauß, Wagner-Partituren und Bach-Arien oder Kantaten miteinander durchgingen. „Die jubelnde Bachnachtigall'' nannte der Lehrer einmal seine Schülerin und schrieb ihr, die seine erste und eines Tages dienstälteste Helferin werden sollte, später auf eine Fotografie: „Emmy Martin, der Sängerin, die die Musik verließ, um Lambarene zu dienen''.

Der Exkurs wäre nicht vollständig, wenn unerwähnt bliebe, daß Schweitzer von früh an ein Wagner-Enthusiast war. Ein „Tannhäuser''-Abend in Mülhausen überwältigte den Sechzehnjährigen so, daß er erst nach Tagen dem Unterricht in der Schule wieder folgen konnte. In den Studienjahren pilgerte er zu Lasten seines Ernährungsetats nach Bayreuth. Darüber hinaus blieb ein geplantes Schubert-Buch wegen der anderen Beanspruchungen ungeschrieben. Stattdessen gibt es aber eine kleine Abhandlung von 1933, „Der runde Violinbogen", ein Plädoyer für den außer Gebrauch gekommenen Bogen für polyphones Spiel.

All diese Aktivitäten gehörten zum Gesamtpanorama seines Künstlertums. Aber alles in allem blieben sie sekundär. Das Hauptengagement war mit einem machtvollen Dreiklang gleichzusetzen: Orgelspiel – Bachbuch – Orgelerhaltung.

„Mit acht Jahren, kaum daß die Füße lang genug waren, um die Pedaltasten zu erreichen, begann ich Orgel zu spielen." Damit ist der Grundakkord angeschlagen. Der Pfarrersjunge vertrat schon mit neun Jahren den Organisten im Gottesdienst. Doch erst in Mülhausen wurde das Talent geformt. Schweitzer, der wiederholt das Glück hatte, seine Gaben in ausgezeichneten Händen disziplinieren zu lassen, fand einen Meister aus der Münch-Familie, Eugen. Allerdings war sein Schüler ihm anfangs eine Qual, weil der in seiner angeborenen Schüchternheit kein Gefühl zu zeigen wagte. Als dann Mendelssohn den Bann gebrochen hatte, begann ein so fruchtbares Arbeitsverhältnis, daß dem Sechzehnjährigen schon die Orgelbegleitung im Brahms-Requiem anvertraut wurde. „Damals kannte ich zum ersten Male die Wonne, die ich seither so oft durchgekostet habe, die Orgel in den Klang von Orchester und Chor hineinfluten zu lassen."

Der reguläre Orgelunterricht hatte erst im Jahre 1890, nach der Konfirmation, in der Mülhausener Stephanskirche begonnen. Den Ort seiner Lehrjahre verließ Albert Schweitzer vier Jahre später mit dem Abiturzeugnis der Schule und dem Gesellenbrief in der Musik. In der nächsten Phase, den Universitätsjahren, begleitete der junge Organist bei Ernst Münch, dem Bruder des früh verstorbenen Eugen Münch, die Bach-Kantaten auf der Silbermann-Orgel zu St. Wilhelm in Straßburg. Auf der anderen Seite blieb er Lernender, der den Meisterbrief erwerben, sich auf der Orgel „habilitieren" wollte.

Es war im Leben des berühmten Charles Marie Widor in Paris und des 30 Jahre jüngeren Elsässers ein denkwürdiges Datum, jener Herbsttag 1893, an dem dieser den 48jährigen Franzosen aufsuchte und bat, ihm auf der Orgel vorspielen zu dürfen. („Was denn?" – „Bach natürlich!"). Denn ihre Begegnung hat nicht nur Lehrer und Schüler gleichermaßen bereichert, sondern auch die allgemeine Kenntnis und das Verständnis Bachs.

Widor, der 65 von 92 Lebensjahren Organist war, wurde Schweitzers eigentlicher Mentor in der Musik, sein Förderer und Freund auch im privaten Bereich. „So sehr Widor und Schweitzer durch Altersunterschied und mindestens ebenso durch Geschmack und Lebensstil verschieden waren, hatten sie doch gemeinsam die Leidenschaft für die Orgel, die Verehrung für Bach und eine völlige Selbstlosigkeit. Widor vermittelte Schweitzer eine unvergleichliche Technik", heißt es in einer Rückschau bei Gustave Bret, dem langjährigen Leiter der französischen Bach-Gesellschaft.

Sein Altersgenosse aus Günsbach hat ihr, die zu Anfang des Jahrhunderts gegründet wurde, die aktivste Teilnahme gewidmet. Viele Jahre lang reiste er zu allen Generalproben und Konzerten und hatte wesentlichen Anteil daran, daß die Gesellschaft einen festen Platz im Musikleben der Metropole errang.

Wer seine Orgelkonzerte erlebt hat, erinnert sich an die Präzision seines Anschlags, die gemessenen Tempi, die abgewogene Registrierung, das feinfühlige Phrasieren, wobei er davon ausging, daß Bach von den Gesetzen der Violine her gedacht habe und seine Musik deren Erfordernissen entsprechend wiederzugeben sei. Die Transparenz seines Spiels war die erfüllte Forderung, daß Bachs Musik als Architektur erkennbar werden muß. Mit äußerster Gründlichkeit bereitete er seine Abende vor und trug die Registrierung stundenlang aufs sorgsamste ein.

Wenn solche künstlerische Strenge sich mit einer Eigenschaft vereint, die er oft im Scherz als seine Schulmeisterseele apostrophierte, dann kann es nicht verwundern, daß das reine Musikantentum eines Tages seine Grenzen überschreitet zur Pädagogik hin; daß aus eigenem Wissen und Können das Bedürfnis wächst, anderen Wege zu weisen. „Als Musiker wollte ich zu Musikern von Bachs Musik reden." So ist das monumentale Bach-Buch von 1908 ausdrücklich eine „ästhetisch-praktische Studie" geworden, in der der Verfasser Wesen und Geist der Bachschen Kunstwerke und die beste Art ihrer Wiedergabe vermitteln wollte.

Zugleich hat dieser „Wälzer" von knapp 850 Seiten nichts geringeres bewirkt, als das Bach-Bild des 20. Jahrhunderts entscheidend mitzuprägen.

Am Anfang stand wie zufällig eine Frage Widors. Er selber hat in seiner Vorrede vom Oktober 1907 dargelegt, wie der Schüler dem Lehrer an einem Tag des Jahres 1899 die Choralvorspiele aus ihren zugehörigen Texten erläuterte und dem Meister völlig neue Perspektiven eröffnete; und wie dieser dann den Schüler gebeten hat, eine kleine Abhandlung über die Choralvorspiele für die französischen Organisten zu schreiben. Als sich die „kleine Abhandlung" zu einem kapitalen Werk ausgewachsen hatte, erfaßte Widor das freudige Gefühl, „daß durch dieses Buch dem Thomaskantor bei uns freie Bahn geschaffen werde". Das war 1904.

Vier Jahre später, mit der an Stärke nochmals fast verdoppelten deutschen Ausgabe, brauchte ein gleiches in Deutschland nicht erst bewirkt zu werden, aber die Folgen waren dennoch bedeutend. Das Werk traf nämlich wie ein Schiedsspruch mitten in die Diskussion um Stil und Wesen Bachscher Musik. Nicht glücklich waren die Antiwagnerianer, denen Schweitzer ihren vermeintlichen Verbündeten nahm. Hatten sie doch in Bach den Klassiker der „reinen" Musik gepriesen, der ohne dich-

1 «Ich wurde am 14. Januar 1875 in dem Städtchen Kaysersberg im Oberelsaß geboren, in dem Häuschen mit dem Türmchen links am oberen Ausgang des Ortes»

2 «Ein halbes Jahr nach meiner Geburt siedelte mein Vater als Pfarrer nach Günsbach im Münstertal über»

terisch-malerische Absichten abstrakte Tonlinien vollendet aneinandergereiht habe und daher der Antipode Wagners sei.

Dieses Ideal nun zertrümmerte der 33jährige Spezialist in Straßburg, indem er ihnen – wie zuvor dem Lehrer Widor – einen Bach enthüllte, der eine bildkräftige Tonsprache hat; dessen Verhältnis zum untergelegten Text „so lebendig ist, wie es nur vorgestellt werden kann". Empfindungen, Naturgewalten, Glaubenskraft, Visionen – der Thomaskantor gibt sie alle im Material der Töne wieder.

Daß Bach den Gefühlsinhalt nicht wie Wagner als dramatisches Geschehen darstellt, sondern an die Phantasie appelliert, konnte, Schweitzer zufolge, das Mißverständnis von der „reinen Musik" bewirken. Insoweit kommt er den Gralshütern dieser Auffassung entgegen, als er einen Unterschied zwischen Leipzig und Bayreuth ganz deutlich macht: Es sei völlig falsch, „die uns aus Beethoven und Wagner geläufige Dynamik auf Bach zu übertragen... Beethoven und Wagner dichten in Musik, Bach malt... Er schildert nicht das aufeinanderfolgende Geschehen, sondern greift den prägnanten Moment heraus, in dem für ihn das ganze Geschehen liegt, und stellt ihn musikalisch dar."

Das Buch von 1908 stellte in Deutschland dem 30 Jahre alten Standardwerk von Philipp Spitta eine Antithese entgegen. Wenngleich Schweitzer sich ausdrücklich als sein Schuldner wußte, der in den historischen Fragen von ihm abhängig sei, und auch einen anderen Ansatzpunkt wählte, so wird doch der Charakter Bachscher Tonkunst konträr gesehen.

Spitta verstand deren malerische Eigenschaften als spielerisch-flüchtige Zutaten, deren Vorhandensein oder Fehlen Wert und Verständlichkeit des Tonstückes in seinem eigentlichen Wesen nicht ändere. Sein „eigentliches Wesen" wäre danach eben „absolute Musik", indes

Schweitzer Bachs musikalischen Satz nur als den „in Tönen gehärteten Wortsatz" begreift und das Orgelbüchlein mit seinen 45 Chorälen geradezu das „Wörterbuch seiner Tonsprache" nennt, den Schlüssel zur Erkenntnis der Bachschen Musik überhaupt.

Der Gegensatz zu Spitta ist also unübersehbar. Und hierin folgte die Fachwelt dem Jüngeren. Mit seinem musikalischen Sachverstand und dem tiefen Verstehen Bachs – das vielleicht auf dem gleichen religiösen Seinsgrund beruhte – hatte Schweitzer Türen aufgestoßen. Durch sie drängten nicht nur Musikausübende, die sich die antiromantische Philippika hinsichtlich der Wiedergabe Bachs zu Herzen nahmen; auch die Wissenschaft schritt hindurch und schrieb das Thema der Bach-Ästhetik mit neuen Ansätzen fort. Dabei erging es dem Avantgardisten, wie er es mit seiner Leben-Jesu-Forschung noch einmal erlebte: Entdeckungen, von denen er noch nichts wissen konnte, bestätigten seine Thesen. Wie die Qumran-Funde erhärtet haben, daß Jesus in einem Endzeitbewußtsein gelebt hat, so stützte die Erforschung der musikalischen Figurenlehre des 17. und 18. Jahrhunderts die Ausführungen zur Tonsprache Bachs. Auf seinen Einsichten haben andere weitergebaut, sie verfeinert und ergänzt.

Das Stuttgarter Damaskus

Dem zweiten Schritt folgte der dritte: Zu Handwerk und Pädagogik trat nach den Gesetzen der schweizerischen Mentalität die Begutachtung des Handwerkszeugs. Das aber war die Orgel. Der Kampf um Bach dehnte sich auf ein neues Schlachtfeld aus.

Es genügte ihm nicht, auf der Orgel spielen zu können. Es hatte ihn schon in Kindheitsjahren gedrängt, ihr Inneres kennenzulernen – ein Erbe des Großvaters Schillinger, der sich auch mit dem Orgelbau beschäftigt hatte. Der Enkel verfuhr nicht wie die Archäologen, die über griechische Tempel schreiben, ohne etwas vom Architektenhandwerk zu verstehen (Werner Picht). Bei dieser Disposition mußte der Zeitpunkt kommen, daß Schweitzers auch hierin empfindlicher Nerv durch äußere Einwirkungen gereizt wurde. Das geschah schon 1896 in Stuttgart.

Der 21jährige war entsetzt, daß die so gepriesene neue Orgel in der dortigen Liederhalle eine Bachsche Fuge mit hartem Klang in ein Chaos von Tönen verwandelte, in welchem er die einzelnen Stimmen nicht auseinanderhalten konnte. Ihm wurde die Ahnung, ,,daß die moderne Orgel in klanglicher Hinsicht keinen Fortschritt, sondern einen Rückschritt bedeute, plötzlich zur Gewißheit".

Dieses Damaskus, wie er das Erlebnis nennt, hatte zur Folge, daß er in den nächsten Jahren viele alte und neue Orgeln prüfte und diesen Erfahrungsschatz 1906 – zwischen dem ersten und zweiten Bach-Buch – in einer Studie niederlegte, genannt ,,Deutsche und französische Orgelbaukunst und Orgelkunst".

Im Kampf gegen künstlerisch verfehlten Fortschrittsenthusiasmus geht diese Schrift ebenso wie das drei Jahre jüngere ,,Internationale Regulativ für Orgelbau" nicht so weit, die Orgel der Bach-Zeit als Ideal zu preisen. Es wird vielmehr ein Kompromiß befürwortet, der solche Instrumente für die besten hält, bei denen sich die Klangschönheit des 18. Jahrhunderts mit den technischen Errungenschaften des neunzehnten verbindet. In diesem Sinne ist die Barockorgel noch ,,nicht die wahre Orgel, sondern nur ihr Vorläufer. Es fehlt ihr das Majestätische, das zum Wesen der Orgel gehört".

Reine Denkmalspflege im Sinne eines Kults hätte Schweitzers Kunstverständnis ferngelegen. Die Kunst, doziert er, habe absolute, nicht archaistische Ideale. Es kam eine ganz schlichte Tatsache dazu: Neuere oder damals moderne Orgelkomponisten wie César Franck, Widor, Max Reger setzten die Konstruktionen des 19. Jahrhunderts für die Wiedergabe ihrer Werke voraus. Das andere Extrem, die moderne Fabrikorgel, prächtig anzusehen und mit allen technischen Raffinessen, verspottete er mit seinem plastischen Witz: „Eine Orgel ist wie eine Kuh, man beurteilt sie nicht nach den Hörnern, sondern nach der Milch."

So propagierte er eine von der Vernunft gebotene Mischung von Tradition und Fortschritt, die für ihn bezeichnend sein muß, da man sofort über eine Parallele fällt: Er hat auch später in Gabun genau diese Synthese praktiziert: so modern zu behandeln, wie es der medizinische Fortschritt gestattete, aber das äußere Bild der Heilstätte so umweltgerecht zu gestalten, wie es Herkommen und Gewohnheit seiner Patienten entsprach.

Schweitzer fand, daß die besten Instrumente zwischen 1850 und 1880 erbaut wurden, wobei er der französischen Orgelbaukunst den Vorzug gab, und hier insbesondere den Meisterwerken des Aristide Cavaillé-Coll. Er hatte auch Widors „Hausorgel" in St. Sulpice geschaffen. Dort traf Schweitzer den greisen Orgelbauer bis 1899 noch gelegentlich an. Diese Orgeln waren „technisches Handwerk", ehe die Fabrikorgeln aufkamen und mit äußerlich vollkommener, aber klanglich verarmter Technik das Handwerk verdrängten und den Kompositionen der alten Meister die Polyphonie verdarben.

Der Kritiker, der hier gegen den Zeitgeist zu einem Kampf um die Wahrheit antrat, focht auf zwei Ebenen. Es galt einmal, den Grundsätzen Gehör zu verschaffen, die er für den Orgelbau und die Wiedergabe der Werke als richtig erkannt hatte. Und es kam darauf an, möglichst viele alte Schöpfungen gegen den Neuerungseifer zu erhalten. Der eine Auftrag war eher literarisch, allgemeingerichtet, bewußtseinsbildend, der zweite ein stiller, persönlicher Feldzug, gegen Kirchenälteste, Pfarrer und Organisten. Wie manche „nahmen die Nachricht, daß die von ihnen wegen ihres Alters und ihres baufälligen Zustandes gering geschätzte Orgel schön sei und erhalten werden müsse, mit demselben ungläubigen Lachen auf wie Sarah die Verkündigung der ihr beschiedenen Nachkommenschaft".

Immerhin gab es wertvolle Siege. Die erste alte Orgel, die mit großer Mühe gerettet wurde, war das Werk Silbermanns in St. Thomas in Straßburg. Aus dieser Kampagne, die mit dem Weggang nach Afrika nicht beendet war, entstand später das Bonmot: „In Afrika errettet er alte Neger, in Europa alte Orgeln."

Auch in der Musikwelt allgemein konnte die zähe Reformarbeit des alemannischen Dickschädels Erfolge buchen. Es war ein erster Triumph, als der Kongreß der Internationalen Musikgesellschaft 1909 in Wien diese Gedanken aufnahm und Schweitzer und seine Gesinnungsfreunde zur Ausarbeitung des genannten Regulativs ermunterte. Es wurde, wenn auch mit Verzug, der Geburtshelfer der Orgelbewegung, die in den Zwanzigerjahren von Namen wie Gurlitt, Jahnn, Mahrenholz, Ramin, Straube getragen worden ist. Die Ideen der Jahrhundertwende fanden jetzt endlich weiten Widerhall. Die Qualitäten der alten Orgeln wurden den Neubauten nutzbar gemacht. Die Klarheit der polyphonen Linien, die Farbigkeit der Einzelstimmen, die Mischungsfähigkeit der Register sowie helle, unaufdringliche Mixturen galten für neue Instrumente nun als wünschenswert.

Doch die Frage etwa, „wie soll man auf den alten Orgeln Reger spielen?" beschäftigte auch die berühmte Organisten-Tagung 1925 in Hamburg und Lübeck. Man war sich klar darüber, schrieb ein Künstler unserer Tage, Heinz Wunderlich, „daß aus Rückblick und Einsicht schöpferisch etwas Neues erwachsen mußte". Das war ganz schweizerisch gedacht, und der ältere Pionier beobachtete denn auch aufmerksam von Lambarene her, wie die „Neuen" seinen Ideen folgten. Zur zweiten Tagung, 1926 in Freiburg, traf ein Grußwort ein:

„Nun hat eine jüngere Generation die Sache in die Hand genommen und weitergeführt. Sie hat ... die alten Orgeln wissenschaftlich studiert, wo wir uns noch dagegen wehren mußten, daß dieselben nicht verbrannt wurden. Und wir, die Kämpfer der ersten Zeit, freuen uns, daß die Jüngeren all dies über uns hinaus geleistet haben."

Es gehört in dem wahrlich nicht erfolgsarmen Leben des Protagonisten zu den eindrucksvollsten Wirkungen, daß seine Schrift über Orgelbau 22 Jahre nach Erscheinen – 1928 – als das im Prinzip nun anerkannte Programm der Reform des Orgelbaus in unverändertem Abdruck neu erscheinen konnte.

Es war einer der Jungen von damals, Karl Straube, der Albert Schweitzer später als die aus der Bach-Musik nicht wegzudenkende größte Autorität bezeichnete. Man muß sich dieses Urteil einen Augenblick vergegenwärtigen, um auch und gerade von dieser Seite den Entschluß zu würdigen, von all dem zu lassen, was so sehr Teil seines Lebens war, und nach Afrika zu gehen. Wenn Picht das Wortbild verwendet, man müsse den begleitenden Unterton der Orgel vernehmen, sonst komme die Symphonie dieses Lebens nicht zu Gehör – so war das aus dem Eindruck von 80 Lebensjahren gesprochen. Der 30jährige aber war bereit gewesen, den Ton der Orgel ausklingen zu lassen, weil das Dienenmüssen ihm als das Zwingendere erschien.

Die „Symphonie" wäre vielleicht unvollendet geblieben, hätte ihm nicht die Pariser Bach-Gesellschaft ein Tropenklavier mit Orgelpedal, in Zinkblech verkleidet, geschenkt. Es ging ihm wie Abraham – er wollte das Opfer darbringen, und also wurde es ihm erlassen. Das hat er nicht von Anbeginn in dieser Weise gesehen. Er glaubte noch in Afrika, daß seine Künstlerlaufbahn beendet sei, und hatte nicht den Mut zum Üben. Der Verzicht erschien ihm leichter, wenn er „Finger und Füße einrosten ließe". So steht es in „Leben und Denken".

„Eines Abends aber, als ich wehmütig eine Bachsche Orgelfuge durchspielte, überkam mich plötzlich der Gedanke, daß ich die freien Stunden in Afrika gerade dazu benutzen könnte, mein Spiel zu vervollkommnen und zu vertiefen." So entschloß er sich,. Kompositionen von Bach, Mendelssohn, Franck, Widor und Reger mit größter Gründlichkeit durchzuarbeiten und auswendig zu lernen, ohne daß zeitlicher Druck dahinterstand.

Die Methode bewährte sich so, daß ein Freund die zuversichtliche Prognose vernahm: „Wenn ich noch zwei Jahre im innersten Afrika gelebt habe, dann werde ich mich als Organist vollkommen fühlen. Ich werde die Ruhe gefunden haben, deren Bach bedarf." Und an anderer Stelle: „Viele Bachsche Orgelstücke lerne ich einfacher und innerlicher auffassen als früher."

Das Opfer hatte sich in unvorhergesehener Weise in ein Geschenk verwandelt; ein teures Geschenk freilich, das ohne den Tribut der Entsagung nicht zu haben gewesen war. Die Jahre der Stille haben die Reife und Verinnerlichung des Orgelspiels vermittelt, von denen in ungezählten Konzerten vor allem der Zwanziger und Dreißiger Jahre Zeugnis gegeben wurde. Daß durch die Konzertreisen überdies viel Geld hereinkam für die Bedürfnisse des Spitals, war eine zweite, materielle Metamorphose des Verzichts.

Albert Schweitzer, der die nicht überall anzutreffende Kunst des Künstlers beherrschte, abzutreten, ehe ein unvermeidliches Nachlassen der handwerklichen Mittel oder des Gehörs spürbar würde, nahm hierfür einen besonderen Anlaß wahr: die von ihm begründete Tradition eines Orgelkonzerts an Bachs Todestag. Am 28./29. Juli 1954 nahm er, 79 Jahre alt, mit einem wegen des Andrangs wiederholten Konzert auf der Silbermann-Orgel zu St. Thomas in Straßburg, die er einst gerettet hatte, öffentlich Abschied von Johann Sebastian Bach. „Als Schweitzer die Kirche verließ und von einer großen Menschenmenge, die ahnte, um was es ging, begrüßt wurde, fand eine große Künstlerlaufbahn ihr Ende" (Hans Martin).

Fortgeführt hat er musikhistorische Arbeiten im Dienste des Thomaskantors. Waren schon freie Stunden in den ersten afrikanischen Jahren dazu verwendet worden, die letzten drei Bände der amerikanischen Ausgabe der Orgelwerke zu bearbeiten, so stand er vierzig Jahre später noch immer in dieser Pflicht. Da waren es vor allem die Choralvorspiele, die zusammen mit Edouard Niesberger (New York) für einen amerikanischen Verleger zum Druck vorbereitet wurden.

Dem Mimen flicht die Nachwelt keine Kränze. Das Wort aus dem Prolog zum „Wallenstein" gilt auch in der Musik. Schallplatten bewahren, wenn sie auch das Erlebnis nicht konservieren können, immerhin einen Nachklang von Schweitzers Orgelkunst. Vor allem 1952 wurden wochenlang Bandaufnahmen in der Günsbacher Kirche produziert.

Fernab vom zivilisatorischen Musikleben blieb der alte Meister weiter in stiller Einkehr der Kunst verbunden. Bis etwa 1960, ehe das Orgelklavier nach Europa zurückgeschickt wurde (zwei reguläre Klaviere blieben da), hörten die Mitarbeiter, Gäste und Kranken regelmäßig dem Ton von Präludien oder Fugen in der Tropennacht zu.

Orgelklang unter Palmen, Bach im Urwald – das Bild hat etwas Elementares, das der Erscheinung Schweitzers zugehört und doch nach einem adäquaten Ausdruck seiner Urwüchsigkeit sucht. Rilke meinte einen anderen, als er 1910 seine „Aufzeichnungen des Malte Laurids Brigge" schrieb, aber es klingt wie ein Vorauswissen dieser in der Stille dienenden Kunst, welche Schöpfung um sich brauchte, um im letzten mit sich eins zu sein: „... Daß man dir ein Hammerklavier erbaut hätte in der Thebais, und ein Engel hätte dich hingeführt vor das einsame Instrument durch die Reihen der Wüstengebirge, wo Könige ruhen und Hetären und Anachoreten – einzelne Löwen nur hätten dich weit bei Nacht umkreist ...“

III

MATTHÄUS 10

Wer die Gottesdienste mit Predigt und Orgelspiel als so bestimmende Eindrücke der Kindheit im Pfarrhaus erfahren hat, daß er sich als Konfirmand, „von der Heiligkeit der Zeit bewegt, fast krank fühlte" –, der braucht, so scheint es, einen Beruf nicht zu suchen; er wächst hinein. Und so kehren denn die Leitmotive der Günsbacher Jahre in Straßburg wieder. Kindliche Ergriffenheit, das Erleben des Feierlichen, wenden sich nun ins Gestaltende: um anderen Erleben und Feierlichkeit zu vermitteln in Wort und Ton.

Albert Schweitzer empfand es „als etwas Wunderbares, allsonntäglich zu gesammelten Menschen von den letzten Fragen des Daseins reden zu dürfen". Doch über diesen Tätigkeitsbereich und diese Seite seiner Persönlichkeit ist zu Lebzeiten wenig gesagt worden, weil es dafür kaum gedruckte Quellen gab. Wer nicht gerade um die Jahrhundertwende in Straßburg gelebt hatte und mehr oder weniger zufällig von der Ausstrahlung dieses seelsorgerischen Wirkens erreicht worden war, der hat von Schweitzers fast liebster und besonders ernst genommener Arbeit kaum Kenntnis haben können. Er selber hat die Predigten nie veröffentlicht, weil deren überwiegende Zahl unter der Arbeitslast nur Skizze geblieben war. Doch nahmen sich Freunde der Texte an, und 1966 hat der Theologe Ulrich Neuenschwander aus der

Schweiz einen schmalen Band „Straßburger Predigten"
drucken lassen. Der geistige Urheber hat die Edition, die
zeitlich von der Jahrhundertwende bis zur ersten Rückkehr aus Afrika reicht, noch befürwortet, das Manuskript
der 17 Reden aber nicht mehr gesehen.

Er wäre keinem einzigen Gedanken seiner Pionierzeit
reserviert begegnet, wie demgegenüber viele Berühmt-
heiten im Alter skeptisch auf ihre Anfänge schauen. Bei
ihm nämlich fällt immer wieder auf, wie außerordentlich
früh sein Persönlichkeitsumriß fertig war. Noch in seinen
spätesten Tagen finden sich alle Forderungen und Ideale,
die er als 30- oder 45jähriger an seine Gemeinde herangetragen hat, bei ihm selber erfüllt. So sind die Predigten
ein frühes Lebensprogramm.

Der Vikar zu St. Nicolai (seit 1900) faßte sein Hirtenamt als Wegweiser zum schlichten Menschsein auf. Das
Evangelium holte er aus der Geschichtsferne eines fast
abstrakt gewordenen Lehrstoffes in jedermanns Alltag.
In ganz unakademischer Einfachheit suchte er seine Hörer zu erreichen: helfend, aufrichtend, erhellend. „Reli-
giös-seelsorgerisch" nennt Neuenschwander diesen Predigtstil. Grundsätzlich ist von der Publikation zu sagen,
daß sie zu den schönsten und wertvollsten Werken
Schweitzers gehört und im Zusammenhang mit den übrigen Selbstzeugnissen gesehen werden muß.

Was diese Predigten heute nach sechzig und siebzig
Jahren so modern erscheinen läßt, ist die Verbindung von
Glauben und Denken, von Andacht und Urteilskraft, die
Freiheit von der vorgestanzten Form. Während die Kirche sich gegen Anfechtung behaupten muß und ihr chri-
stologisches Erbgut vielfach nicht mehr angenommen
wird, herrscht in diesen Kanzelreden schon damals eine
dogmatische Unbeschwertheit, die die Predigten heute
im Wettersturz des starren Glaubens zu einem sturmge-
schützten Hafen macht.

Diese glückliche, zwanglose Verbindung von Denkwahrheit und Frömmigkeit konnte sich nur auf einem harmonischen Seinsgrund ereignen, der in beiden keinen Gegensatz, sondern Einheit sieht. „Je mehr ich Jesum zu verstehen glaubte", heißt es im März 1913 in der letzten Predigt vor der Abreise nach Lambarene, „desto stärker empfand ich es, wie in ihm der Glaube und einfaches, natürliches Denken sich durchdrangen. Je mehr ich in die Geschichte des Christentums eindrang, desto mehr wurde mir klar, wieviele Irrungen und Kämpfe darauf zurückgehen, daß man von den ersten Generationen an bis auf den heutigen Tag, immer und immer wieder, den Glauben und die Frömmigkeit gegen die Vernunft ausspielte und einen Zwiespalt in den Menschen hineintrug, wo Gott die Harmonie gesetzt hat."

Dieser Ton durchzieht fast alle Straßburger Predigten, nicht immer so unmittelbar wie hier, aber unüberhörbar in der Sache, in der Distanz zu Lehrsätzen und Wunderglauben. Das war ihm Herzensangelegenheit, da konnte er alle Register ziehen – Zorn, Humor oder den bildkräftigen Vergleich. Immer mehr war er zu der Überzeugung gekommen, daß die christliche Theologie viel zu kompliziert geworden sei und von den großen und einfachen Wahrheiten wegführe, die sich in Jesu eigenen Worten und seinem Leben enthüllen. „Manchmal meint man, daß die Welt nicht mehr den Weg zu ihm findet, weil er in den Lehren eingeengt ist, so, wie es herrliche alte Kathedralen gibt, an die die Häuser so nahe herangerückt sind, daß man sie nicht mehr in ihrer ganzen Größe sieht" (April 1904).

Als der liberale Gottesknecht von einem jungen Theologiestudenten erfuhr, daß ihm die Dogmatik am meisten Schwierigkeiten bereite, da sagte er augenzwinkernd: „Weisch, wenn der Herrgott in Dogmatik geprüft worden wäre, so wäre er bestimmt durchgefallen." Man erinnert sich an den Pfarrer Ludwig Schweitzer in Günsbach. Der konnte wohl zuweilen auf ein Bild des Herrn

44

über seinem Schreibtisch weisen und betonen: „Ich bin nur ein Laie. Er war auch einer."

Davon hatte sein Sohn, der Vikar, viel. Obwohl er einer der markantesten und kompromißlosesten theologischen Denker des 20. Jahrhunderts wurde und kräftig am Wissensgebäude seiner Zeit gerüttelt hat, so daß einige stabil erscheinende Wände dabei eingefallen sind, hat er gelegentlich mit Recht von sich gesagt, er predige nicht wie ein Theologe, sondern wie ein Laie. Der Hirte Schweitzer ließ den Privatdozenten gleichen Namens vor dem Kirchenportal stehen, ohne doch im Prinzip dadurch ein anderer zu sein. Die Kost, die er auf der Kanzel verabreichte, war höchstens kalorienärmer als im Hörsaal; schwächer an Wirkstoffen war sie nicht.

Die Einheit von Glauben, Denken und Menschsein wohnt in diesen Kanzelreden, eine große Schlichtheit des Herzens, ein inneres Aufgehobensein und Geführtwissen, dabei die genaue, höchst unsentimentale Einsicht, was die Stunde fordert.

Das Wort der Bibel hat der denkunabhängige Streiter Jesu nicht nur in Europa verkündet. Aber in Afrika klang es ganz anders. Zunächst freilich erklang es überhaupt nicht. Im Pariser Missionskomitee fand er ja einige rechtgläubige Christen vor, die wegen seines theologischen Standortes um das Seelenheil der Schwarzen fürchteten. Auch als er versicherte, er werde nur als Arzt hinausgehen und stumm wie ein Karpfen sein, waren ihre Bedenken nicht ausgeräumt, da seiner christlichen Liebe der rechte Glaube fehle. Der 30jährige Anatomiestudent hat ja dann gelassen darauf vertraut, „daß die Betreffenden noch einige Jahre Zeit hätten, um zur rechten christlichen Vernunft zu kommen".

Daß die dogmatischen Fragen in Wirklichkeit bei den Primitiven unerheblich sind und völlig zurücktreten hinter die einfachen Wahrheiten und Forderungen aus dem Geist des Evangeliums, war dann nicht überraschend für den neuen Missionsarzt und Prediger im Wartestand. Wichtig war nur die ethische Religion. Und da er bei den Missionaren nicht den geringsten Versuch machte, sie mit seinen theologischen Anschauungen zu behelligen, forderten sie ihn nach wenigen Monaten von sich aus zur Verkündigung auf.

Eine solche Predigt hat Schweitzer 1930 selber nachgezeichnet. Damals predigte er jeden Sonntagmorgen, weil er den Kranken Gelegenheit geben wollte, mit dem Evangelium bekannt zu werden. Es gibt sogar ein Foto aus der Zeit: der Docteur an einem tragbaren kleinen Harmonium im Freien; rechts und links Heilgehilfen als Dolmetscher für die drei geläufigsten Dialekte. (Heute verstehen die meisten Eingeborenen Französisch.)

Damals wie später war es nicht anders, daß Schafe und Ziegen blöckend und meckernd zwischen der lockeren Gemeinde streiften, bei der das Zuhören nur eine von mancherlei Formen der Anwesenheit war: Essen wurde gekocht, Fischnetze wurden geflickt, Kinder gewaschen und gekämmt. Der geduldige Vermittler des Bibelwortes wehrte ihnen nicht; dies hätte mehr Unruhe verursacht, als sie gewähren zu lassen.

„Bei der Predigt muß ich mich der größten Einfachheit befleißigen. Ich darf nichts voraussetzen. Meine Hörer wissen nichts von Adam und Eva, den Erzvätern, vom Volke Israel, von Moses und den Propheten, vom Gesetz, von den Pharisäern, vom Messias, von den Aposteln. Und da meine Gemeinde sich ständig erneuert, darf ich auch nicht daran denken, ihnen das Elementarste dieser geschichtlichen, uns von Kind auf geläufigen Vorstellung beibringen zu wollen. Ich muß das Wort Gottes fast zeitlos zu ihnen reden lassen. Weil ich auf diese Art so vieles beim Reden vermeiden muß, komme ich mir vor, als spielte ich Klavier, ohne die schwarzen Tasten berühren zu dürfen."

Er versucht ganz elementar auf das einzugehen, was

46

seine Schutzbefohlenen schon an sich erlebt haben oder erleben können. In größter Schlichtheit wird an Beispielen aus ihrem Lebenskreis die Frage des Petrus beantwortet, ob es genug sei, dem Bruder siebenmal zu vergeben. Der Prediger schildert, wie einer von ihnen beleidigt, betrogen und bestohlen wird. Sein neues Buschmesser vertauscht man ihm gegen ein altes, mit seinem Boot fährt ein anderer zum Fischen hinaus. Immer wieder „wird der Herr Jesus Meister über dein Herz" und kämpft den Zorn nieder. Zehn Büschel Bananen gibt er mit zum Verkauf; für neun bekommt er nur das Geld, denn es seien nur neun Büschel gewesen. „Schon willst du ihm ins Gesicht schreien, daß er ein Lügner ist. Da mußt du aber daran denken, wieviel Lügen, die nur du allein kennst, dir der liebe Gott verzeihen muß, und gehst still in deine Hütte." Auf Fragen des docteur, ob jemand etwas einzuwenden habe, antworten sie im Chor, daß es so recht sei, wie er es sage.

Am Ende des Gottesdienstes lernen die, die zum erstenmal hier sind und auch sonst von der christlichen Mission beider Konfessionen nicht erreicht wurden, zu beten. „Lange bleiben nach dem Amen die Häupter über die Hände gebeugt."

Schweitzer hat später auch immer Ärzte und Pflegerinnen, die nicht Theologen waren, im Spital predigen lassen gemäß der Lehre vom allgemeinen Priestertum.

Eine dritte Variante seiner Verkündigung waren jahrzehntelang die Abendandachten im Kreis der weißen Mitarbeiter. Hier las er in Deutsch (später, als Deutsch nicht mehr von allen Mitarbeitern verstanden wurde, auch noch in Französisch) einen Abschnitt aus der Bibel, stellte ihn in die geschichtliche Situation und erklärte den Sinn einzelner Textstellen. Doch suchte er nicht im Predigtstil lehrhafte Bezugnahmen etwa vom Handeln Jesu zu unserem eigenen Leben – vielleicht aus dem Gefühl: diese alle hier folgen ihm ja schon auf ihre Weise nach.

Schweitzer las sowohl aus dem Alten Testament wie aus dem Neuen, wobei er jeweils einem Propheten nachging oder einem Evangelium. Er bevorzugte auf der einen Seite Amos („mit ihm ist die Ethik in die Religion gekommen, zum allerersten Mal"), auf der anderen Matthäus, der ihm selber die Schlüsselerkenntnisse seiner Jesu-Forschung geliefert hatte.

Aber dem Teilnehmer der Abendandachten erging es hierbei seltsam. Der Interpret vermied jeden Bezug auf eigene Forschungsergebnisse. Er knipste das Licht der wissenschaftlichen Erhellung wieder aus. Es war, als wollte er sich am Abend seines Lebens den Texten mit der gleichen Unbefangenheit nähern wie vor der Studienzeit. Die Hörer sollten sich am Bibelwort erfreuen, ohne daß die Deutung intellektuell befrachtet war.

Ein langjähriger Helfer der Spätzeit, Siegfried Neukirch aus Freiburg, hat sich der Mühe unterzogen, die Interpretationen über Jahre hin mitzustenographieren. In Langschrift übertragen, ergab sich ein umfangreiches Schriftpaket. Es konnte naheliegen, den eilenden Stenostift in einer Art Eckermann-Funktion zu sehen. Mehr als bei jenem war es sogar ein Opfer, nach hartem Tagewerk den selbstgesetzten Auftrag durchzuhalten. Doch schon im Vergleich drängt sich der Unterschied auf. Wurde in Weimar in einem funkelnden Lebens-Resumee bewußt für die Nachwelt gesprochen, so galt es in Lambarene, einer abendlichen Ruhe erschöpfter Mitarbeiter eine besinnliche Viertelstunde zu bereiten, ihr Kraft zu geben für den nächsten Tag. Schweitzer wollte kein Vermächtnis in freier Rede liefern, Sein Erbgut ist anderer Art. Im Grunde hat das ungestaltete, nirgends auf Form bedachte Wort seines Alters nicht „Werkcharakter". Es entzieht sich der geistigen Hinterlassenschaft. Es will nicht „Œuvre" sein.

Die Abendandacht war etwas Einziges – in Erscheinungsbild und Stimme, mit Klavier und Petroleumlicht,

3 «Im Herbst 1885 bezog ich das Gymnasium zu Mülhausen im Elsaß»

4 «Dieser Neger beschäftigte mich sehr. Sein Antlitz sprach mir von dem Elend des schwarzen Erdteils»

Tischgemeinschaft und Urwaldgeschrei. Aber sie war wohl gedacht, zu verhallen wie eine musikalische Improvisation. Herausgelöst aus der atmosphärischen Einheit, als Druckwerk nüchtern auf sich gestellt, würden diese biblischen Erholungspausen ein leinenes Abstraktum werden, denen das „Leben" fehlt. Sie würden verarmen wie ein herrliches Faschingskostüm, das man am Aschermittwoch noch einmal trägt. Es hatte seine Stunde.

Die Entdeckung im Manöver

Die behutsame, introvertierte Art, in der Albert Schweitzer mehr mit als von der Bibel sprach, ließ, wenn man es nicht wußte, kaum ahnen, daß er sich mit ihr Jahrzehnte zuvor in unnachgiebigem Wahrhaftigkeitsstreben auseinandergesetzt und die theologische Wissenschaft nachhaltig beeinflußt hatte. Noch zum 90. Geburtstag, 1965, konnte Helmut Thielicke schreiben: „... Und mag auch manches überholt sein und zu gewandelten Fragestellungen geführt haben: die Vibration, die von diesem Motor ausgeht, ist auch auf unserem theologischen Schiff noch spürbar."

Neben dem Prediger hatte von Anbeginn der Forscher gestanden. Der Ehrgeiz und Leistungswille, „ein guter Theologe zu werden", hat denn auch schon in einem Alter, in dem der Student normalerweise noch etwas eingeschüchtert vor den Dimensionen der gewählten Fächer steht, zu wichtigen Ergebnissen geführt.

Schweitzer hatte intellektuelle Intuition, so, wie Goethe die Intuition des Schauens besaß, wie sie bei seiner Konzeption der Urpflanze hervorsticht oder, für unseren Erlebnisraum näherliegend, bei der Betrachtung des Straßburger Münsters. Es gibt die Episode am Ende der Sesenheim-Schilderungen, da Goethe in einer Runde lebhaft vorträgt, daß der Turm nicht ganz zuende ausgeführt sei. Auf die Frage eines „kleinen munteren" Mannes: „Wer hat Ihnen das gesagt?" antwortet Goethe: „Ich habe ihn so lange und aufmerksam betrachtet und ihm so viel Neigung erwiesen, daß er sich zuletzt entschloß, mir dieses offenbare Geheimnis zu gestehen." Der „kleine Mann", der Schaffner des Turmes, gab ihm recht.

Die ähnliche Gabe, einem Gegenstand durch intensives Einfühlen und Durchdringen Aufschlüsse abzugewinnen, bewies schon der 18jährige Student im ersten Semester, indem er auf nichts gestellt als auf das Wort der Bibel zu einer Schlüsselerkenntnis kam, um die ihn ergraute Forscher beneidet hätten. Das geschah im Herbst 1894, ausgerechnet im Manöver im unterelsässischen Dorf Guggenheim.

Wohl kannte der Studienanfänger den maßgebenden Kommentar seines Professors Heinrich Julius Holtzmann. Aber über der Vertiefung ins griechische Testament geriet unversehens dessen wissenschaftliche Hauptthese ins Wanken. Holtzmann hatte mit Erfolg den Vorrang des Markus-Evangeliums verfochten. Man war seither mit ihm der Ansicht, daß Markus, weil der älteste Evangelist, auch in seinen Aussagen für vorrangig zu halten sei, da die anderen Synoptiker darauf fußten. Die vorherrschende, daraus resultierende Lehrmeinung war, daß Jesus nicht eschatologisch, endzeitlich, gedacht und auch nicht geglaubt habe, der Messias zu sein oder zu werden, sondern aufgebrochen sei, ein ethisches Gottesreich auf Erden zu gründen.

Scharfsinnig stieß jetzt der Neuling auf eine Unstimmigkeit. Wenn Jesus – Matthäus 10 – die Jünger zum Predigen aussendet mit dem Bescheid, sie würden nicht einmal mit den Städten Israels zuende kommen bis zur Erscheinung des Menschensohnes (also bis zum Weltende), und sie wenig später unversehrt wieder bei ihm sind: konnte das, nach Holtzmann, unhistorische, nachträgliche Einfügung des Evangelisten sein? „Spätere wären doch nicht darauf gekommen, ihm Worte in den Mund zu legen, die sich nachher nicht erfüllten." Eine, in der Tat, ebenso einfache wie bestechende Schlußfolgerung. Sie erweist diese Textstelle mit Sicherheit als echt. Es ist der Schlüssel zur endzeitbewußten Denkweise Jesu. Diese wird aus dem Matthäus-Evangelium viel eher als aus Markus sichtbar. Matthäus hat, wie vermutet wird, noch eine verlorene Quelle benutzt, die Markus nicht zur Verfügung stand, eine Spruchquelle, auf der offenbar auch die Bergpredigt bei Matthäus und Lukas fußt.

In noch einem anderen Punkt stutzte der Rekrut am Ruhetag in Guggenheim. Er übersetzte sich die Anfrage des Täufers (Matthäus 11), ob Jesus der sei, „der da kommen soll" nicht auf hergebrachte Weise: als die Erkundigung nach dem Messias. Vielmehr habe Johannes dessen Vorläufer im Auge gehabt, den wiedererstandenen Elia. Der Messias der danielischen Heilsprophetie wurde in menschlicher Seinsform nicht erwartet. Jesus gibt, so Schweitzer, eine ausweichende Antwort, weil er den Täufer seinerseits für den Vorläufer hält (Matth. 11, 14), aber nicht öffentlich enthüllen will, daß er sich selber demnach in der Würde des kommenden, beim Anbruch des Gottesreiches erscheinenden Messias weiß – ein Geheimnis, das er zu diesem Zeitpunkt auch im vertrauten Kreise noch wahrt.

Werden die Kapitel 10 und 11 in dieser betonten Weise eschatologisch und messianisch ausgelegt, so fügen sich merkwürdigerweise andere dunkle oder umstrittene Passagen und Aussagen wie Steine in ein Mosaik.

So wird glaubhaft, daß Jesus durch das Ausbleiben der geweissagten vormessianischen Drangsal auf den als stellvertretendes Opfer und freiwilliges Sühnen verstandenen Leidensweg geführt wird. Und die Frage an die Pharisäer (Matth. 22, 41), wessen Sohn Christus sei, beweist in der Verbindung mit dem 110. Psalm, daß Jesus hier prüfend an sein verborgenes Wissen rührt, indem er, für die Zeitgenossen unerkennbar, die Synthese zweier prophetischer Vorstellungskreise, des davidischen und des danielischen, in seiner Person vollzieht. Die Rätselfrage kann nur deuten, wer davon ausgeht, daß Jesus sich als Abkomme aus Davids Geschlecht und zugleich als zukünftiger, überirdisch verstandener Messias begreift. Schließlich erklärt sich auch das selten erörterte Problem, was denn der sachliche Inhalt des Judas-Verrates war, als dessen Preisgabe von Jesu Erkenntnis, auserwählt zu sein, wie er es inzwischen seinen Jüngern kundgetan.

Es fügen sich hier Teile eines Gesamtkonzepts, wie es für Schweitzers Jesus-Forschung charakteristisch ist. Er war ja durchaus nicht der erste, der Jesus eine Messianitätsbewußtsein unterstellte und dessen Predigt als endzeitgerichtet verstand; seine Leistung liegt vielmehr darin, aus Einzelerkenntnissen und halben Schritten anderer ein geschlossenes Ganzes geformt zu haben. Dafür war die neue Auslegung von Matthäus 10 und auch 11, die der Studienanfänger wohlweislich für sich behielt, der entscheidende Anstoß.

Den ersten Versuch, die inzwischen ausgeformte Sichtweise darzustellen, unternahm Albert Schweitzer 1901, sieben Jahre nach dem Tage von Guggenheim, in seiner Habilitationsschrift. Sie trägt den Titel „Das Messianitäts- und Leidensgeheimnis – Eine Skizze des Lebens Jesu" und ist seinem Lehrer Holtzmann in Verehrung gewidmet. Aufgrund dieser Schrift setzte Holtzmann die Habilitation in der Fakultät gegen einige Widerstände durch, die Schweitzers bibelgeschichtlicher Auffassung galten.

Der Einsatz für den jungen Außenseiter war um so bemerkenswerter, als dieser die anerkannte Markus-Hypothese seines Lehrers zu widerlegen sucht. Welch vorbildliches Gelehrtentum, diese schwere sachliche Kontroverse, die die eigene Lebensarbeit infrage stellte, nicht gelten zu lassen vor dem einen Grund, einem starken Talent den Weg zu ebnen! Es zeigt sich aber auch kompromißlose Wahrhaftigkeit des Schülers, der das als richtig Erkannte nicht dem Vorwärtskommen opportunistisch opferte.

Der Hauptgedanke dieser hundert Seiten starken Arbeit ist, daß Jesus die spätjüdisch-messianische Naherwartung, was der Forschung so schwer fiel zu glauben, in ihrem ganzen Gotteseifer teilte und die Kraft seines ethischen Geistes einfach hineinstellte in die so verstandene Endzeit. In keinem Augenblick war dabei an ein ethisches Gottesreich auf Erden gedacht. Im Gegenteil waren Leidensankündigungen und Opfergang nach Jerusalem ein forciertes Bemühen, den Abschluß dieses Äons um so schneller herbeizuführen. Der Weg dahin öffnete sich für Jesus nach der Rückkehr der Zwölf, als er seinen Irrtum erkannte – den der Evangelist in seiner Überlieferungstreue dann einfach stehen ließ.

Seinen Beitrag zur Forschung sah der junge Privatdozent darin, nicht nur Jesu Verkündigung, sondern auch sein Verhalten und Handeln als eschatologisch bedingt verständlich gemacht zu haben. So konnte er seinem unmittelbaren Vorgänger Johannes Weiß („Die Predigt vom Reiche Gottes", 1892) vorhalten, er habe dieses Endzeitbewußtsein nur auf die Predigt beschränkt, und nicht einmal durchgehend, statt die ganze öffentliche Wirksamkeit Jesu von der neugewonnenen Erkenntnis aus zu beleuchten. Die Lehre des Nazareners und die Geschichte seines Wirkens bei Weiß erschienen dem Straßburger Kollegen in verschiedenen Tonarten gesetzt.

Die „Skizze" von 1901 hingegen beansprucht, daß sie „so vieles in dem Denken, Reden und Handeln Jesu, was bisher unbegreiflich war, begreiflich zu machen vermag", und sie erweise „so und so viele Stellen, die man bisher, weil unverständlich, für unhistorisch hielt, als durchaus echt". Die Glaubwürdigkeit der zwei ältesten Evangelien dränge sich auf Schritt und Tritt auf. Aber: „Ohne Matthäus 10 und 11 bleibt alles rätselhaft."

Diese Sichtweise, die sogenannte „konsequente Eschatologie" wurde dann fünf Jahre später in dem Buch „Von Reimarus zu Wrede – Die Geschichte der Leben-Jesu-Forschung" in konzentrierter Form erneut vorgetragen und in den mächtigen Rahmen eines 130 Jahre langen Wahrheitsringens gestellt. Die Erforschung des Lebens Jesu nennt Schweitzer die größte Tat der deutschen Theologie. „Sie stellt das Gewaltigste dar, was die religiöse Selbstbesinnung je gewagt und getan hat, – eines der bedeutendsten Ereignisse in dem gesamten Geistesleben der Menschheit."

Dem Pathos solcher Einleitungsworte erweist sich das Forscherdenkmal würdig. Es zeigt Irrende und Sehende, Scheitern und Ruhm, heroische Einzelgänger, die den Zeitgeist in die Schranken fordern, ehrt Verkannte und Verfemte und gibt Einblick, wie Generation auf Generation sich mit Meisterwerken des Scharfsinns durch die Probleme kämpft – auch solche, die heute nicht mehr zur Debatte stehen, aber einmal bezwungen werden mußten: etwa die Frage, wie das vierte Evangelium als Geschichtsquelle zu den drei übrigen steht.

Das Buch ist, vor allem in seiner stark erweiterten zweiten Fassung von 1913, eine Kulturgeschichte des jüngeren deutschen Protestantismus geworden, angefangen mit Hermann Samuel Reimarus (1694-1768), der als allererster das Leben Jesu historisch zu erfassen suchte – in einer „diesseitigen Eschatologie", irdisch-politisch –, bis hin zu dem Breslauer Neutestamentler William Wrede, der 1901, im selben Jahr wie sein achtungsvoller Straßburger Kritiker, eine entgegengesetzte Sichtweise vortrug, die Jesus alle Messianitäts-Vorstellungen absprach und ihn nicht endzeitbewußt reden und handeln ließ. So schloß sich der Kreis. Er schloß sich, arbeitszeitlich gesehen, in der verblüffend kurzen Spanne von sieben Monaten, vom Ende des Sommersemesters 1905 bis zum Februar 1906 – wobei der Verfasser seit Oktober 1905 außerdem Student der Medizin war.

Bildhaft wird beschrieben, wie sich im Arbeitszimmer die Bücher zu Türmen häuften, aus deren raschem Schrumpfen dann Kapitel um Kapitel wuchs. In Dutzenden, Hunderten Porträts des einen Mannes aus Galiläa gestaltete sich eine Gemäldegalerie, wie sie im historisch-theologischem Raum nicht wieder zu finden sein wird. Das ist keine Voraussage qualitativer Unwiederholbarkeit. Wissenschaft ist bescheiden. Wie sie sich selbst in ihren Spitzenleistungen als Schuldner der Vorgänger sieht, so bleibt sie auch stets der Nachfolge gewärtig. Wenn dieses große Werk dennoch als ein Abschluß gesehen wird, so liegen die Gründe in der Wissenschaft selber und den Wegen, die sie von da an eingeschlagen hat. Folglich ist auch die Frage, wie Schweitzers Forschungsergebnisse aufgenommen wurden, nur aus dem Gesamtzusammenhang der protestantischen Theologie dieser Jahrzehnte zu beantworten. Ihr Weg muß daher wenigstens angedeutet werden.

Das grundsätzliche „panta rei" der Wissenschaft schließt nicht aus, daß Entwicklungen an eine Grenze gelangen, von wo aus kein Weg mehr weiter zu führen scheint. Die innere Geschlossenheit von Schweitzers konsequenter Eschatologie, aufgrund derer ihm kaum etwas rätselhaft blieb, hatte nun doch augenscheinlich das Pendel so weit ausschwingen lassen, daß nach der immer wieder erfahrbaren Dialektik – sei es in Wissenschaft, Mode oder Kunst – ein Pendelschlag ins andere Extrem die Folge war.

Daß nicht allein die liberale historische Schule ihn verursacht hatte, sondern auch das ganze Zeitklima, bewies die radikale, geschichtsferne Theologie Karl Barths, deren Ausgangspunkt ein anderer war. Karl Barth trat mit einer schrillen Kampfansage in die Runde seiner Fachgenossen und forderte herrisch, endlich Ernst zu machen mit der Einsicht, daß wir von Gott nichts wissen können. In heftiger Wendung gegen die unheilige Allianz von Thron und Altar war sein Auftreten ein Elementarereignis, nicht zufällig am Ende des ersten Weltkrieges, als das „Gott-mit-uns"-Geschrei noch in den Ohren hing und die in beiden Lagern gesegneten Waffen gerade ihre blutige Arbeit verrichtet hatten.

Auch inmitten der historischen Richtung selber änderten sich Weg und Ziel. Es war, als hätte Schweitzer die historische Leidenschaft erschöpft. Die nachfolgenden Vertreter der sogenannten formgeschichtlichen Schule wagten keine Totalentwürfe mehr. Sie gingen mit immer feineren Methoden an die Texte heran, klopften Wort für Wort mit äußerster Vorsicht ab wie Archäologen einen kostbaren Fund und zweifelten schließlich, daß Jesus überhaupt noch historisch faßbar sei. Immer mehr verflüchtigten sich ihnen die so gesichert gedachten Selbstaussagen von seinem Wirken zu Glaubenshilfen der urchristlichen Predigt. Die Berichte über Jesus erkannte man nun als Botschaft der Urgemeinde, als Kerygma.

Aus dem verkündigenden Jesus wurde nun der verkündigte Christus, wobei diese auf verbreitetste Annahme gestoßene Theologie ihrem liberalen Herkommen nur insoweit die Treue hält, als sie dogmen- und wunderfeindlich ist und mit Rudolf Bultmann überall dort „entmythologisieren" will, wo ihr ein überlebtes Weltbild im Gewande des Glaubens konserviert und für den heutigen Menschen nicht mehr annehmbar erscheint.

Diese modernen Theologen gleichen nun aber einem hochspezialisierten Facharzt, der den Blick für das Ganze und die Fähigkeit zur umfassenden Diagnose verliert. Wie der Patient, so spürt auch die Theologie in solcher

Überfeinerung schließlich ein Unbehagen. Eine theologische Schule, bei der über der Verkündigung der Verkünder verloren geht, ja, die am Ende sogar bei sich „das Interesse an der Persönlichkeit Jesu ausgeschaltet" sieht (Bultmann) – eine solche Lehrmeinung gerät in die Gefahr, an ihrem ursprünglichen christlichen Auftrag vorbeizulehren. Sie verschüttet den Zugang zu den Quellwassern, auf die ein christliches Selbstverständnis angewiesen bleibt. Ein Erlöser, der so dünnblütig wird, daß der Suchende von ihm keine Kraftströme mehr empfängt, verliert die Macht über die Herzen. „Kerygma" kann auf die Dauer kein Ersatz dafür sein.

Solch Mißbehagen hat zur Rückbesinnung geführt. So hält es der Heidelberger Neutestamentler Günther Bornkamm in seinem Buch „Jesus von Nazareth" (1956, 9. Aufl. 1971) für übertrieben, „daß auf der einst so sicher gezeichneten Karte der eigentlichen Geschichte Jesu nach Meinung vieler heute ehrlicherweise nur noch ein weißer Fleck angegeben werden sollte." Doch setzt er bündig hinzu, niemand sei mehr in der Lage, ein Leben Jesu zu schreiben.

Auch der Schwund an Skepsis kann und will nicht ignorieren, daß das Bild differenzierter geworden ist, als es den Forschern an der Jahrhundertwende erschien. Das Gedankengut einer lange beherrschenden Methode mit Namen wie Hermann Gunkel (für Altes Testament und als Wegbereiter), Martin Kähler, Martin Dibelius, Karl Ludwig Schmidt, Rudolf Bultmann läßt sich nicht wieder vergessen, nur modifizieren. Auch ein „Kerygma"-Kritiker wie Werner Picht, Verfasser der gedankenreichsten, umfassendsten, aber esoterischsten Gesamtwürdigung Schweitzers (1960), schränkt bei großem Respekt für dessen Jesus-Forschung ein, daß manches sich als unhistorisch erweisen könne, was jener als historisch anerkannte. Manche Perikope werde dem Zwielicht der Ungewißheit nicht zu entreißen sein, die Rechnung kaum ein zweites Mal in so verblüffender Weise ohne Rest aufgehen wie bei der hypothetischen Lösung der konsequenten Eschatologie.

Mit „Ja-aber" antworten auch andere Autoren auf die Frage, wie Albert Schweitzers Jesus-Forschung heute in der theologischen Landschaft steht (eine Landschaft übrigens mit üppiger Vegetation; denn anders als vor dem Ersten Weltkrieg dringen seriöse Schriften nicht nur in Ausnahmefällen weit über die Kreise der Zunft hinaus ins Laienpublikum. Umgekehrt proportional zum rückläufigen Kirchenleben findet die Geschichte des Heiligen Landes aspektreiches Interesse). Teilweise wird sein Aufriß des Lebens Jesu quellenkritisch für zu schwach abgestützt gehalten, um sich breiter Zustimmung erfreuen zu können. Auch klingt Bedauern an, daß er die Ergebnisse der Formgeschichte später überhaupt nicht zur Kenntnis nahm und eine Auseinandersetzung damit für unnötig hielt.

Übereinstimmend wird aber konstatiert, die Ansicht vom eschatologischen Charakter der Botschaft Jesu habe sich in der neutestamentlichen Forschung fast überall durchgesetzt. Willy Bremi (Muttenz/Schweiz) sieht diese Auffassung so allgemein anerkannt, daß Schweitzers Name bei ihrer Erörterung gar nicht mehr erwähnt werde. Die Vibration des Motors – nach Thielicke – ist spürbar, aber man fragt nicht nach dem Fabrikat.

Doch können wir nach Bremis Worten heute nicht mehr so sicher wie die Generation Schweitzers die Frage beantworten, ob Jesus sich selber für den Messias gehalten habe. Indem die Wissenschaft sich in diesem Punkt überwiegend gegen Schweitzer entschied und der Konstruktion Wredes zu postumer Anerkennung verhalf, bleibt sie nun allerdings eine überzeugende Antwort schuldig, was denn dann der Hohe Rat an Jesus todeswürdig fand. Und: „Wie konnten die Jünger den Auferstandenen ausgerechnet als Messias verkünden, wenn nichts in Wort und Leben auf diese Würde wies?" (Otto Betz, Tübingen).

Es mag sein, daß das Pendel noch weiter zurückschwingen wird. Klaus Scholder (Tübingen) registrierte schon 1962, daß auch die Dialektische Theologie Geschichte zu werden beginne und die historische Fragestellung offenkundig erneut Gewicht bekomme. Dieter Georgi (Heidelberg) ergänzte 1966, daß das theologische Werk Schweitzers wirksamer geworden sei als seine Kulturphilosophie, und dieser Einfluß werde sich sogar noch verstärken. Die von ihm und seinem Schüler Martin Werner vertretene Gesamtschau, so betonte schließlich Heinz Zwicker (Zürich) 1965, sei von keiner Seite je wirklich stichhaltig bekämpft worden. Sie stehe gegenüber allen bisherigen Lösungsversuchen der Wahrheit am nächsten und die Zukunft werde sie bestätigen.

Der Professor ohne Lehrstuhl hat seine Thesen auch in Einzelfragen später nie mehr revidiert. Nach seinem Tode fand seine Tochter Rhena in einem Leinensack in Lambarene ein Manuskript, das Ulrich Neuenschwander 1967 herausgegeben hat: „Reich Gottes und Christentum". Es ist die letzte, hauptsächlich 1951 niedergeschriebene theologische Arbeit. Sie verfolgt den Reich-Gottes-Gedanken bis zu Amos und Jesaja zurück. Es war noch an eine Fortsetzung gedacht, doch die Zeit fehlte. Darüber blieb auch das fertige Manuskript ungedruckt. Darin kehren die Streitfragen der Jugend in gleicher Interpretation wieder. Nicht mehr im fachlichen Disput, sondern im einsamen Dialog mit der Bibel erwarb der alte Forscher noch einmal, was er schon besaß.

Es war nicht Unvermögen, im Urwald sich dem fachlichen Fortschritt zu stellen. Wer gehäufte Tische mit europäischen und amerikanischen Publikationen – Zeitungen, Zeitschriften, neuen Büchern – als Dauergast in seiner Kammer beherbergt hat und auf vielen Gebieten auf dem laufenden war, hätte auch auf diesem seinem ureigenen Wissensfeld mitgehen können; zeigt doch „Reich Gottes und Christentum", „mit welcher Intensität Schweitzer bis an sein Lebensende biblischer Theologe geblieben ist" (Neuenschwander). Aber er wollte von den Ufern seiner Erkenntnis nicht mehr abstoßen ins theologische Ungewisse hinein.

Einerseits glaubte er zuversichtlich, daß die anderen eines Tages in den Hafen zurückkehren würden, in dem er selber fest vor Anker lag. Er zweifelte ganz einfach, daß in der neuesten Jesus-Literatur sich ein Fortschritt in der Problemstellung erreichen lassen werde, der den früheren Entscheiden vergleichbar sei. Zum anderen hatten fachliche Einzelfragen in dem Maße für ihn an Gewicht verloren, wie das ethische Problem Jesu für ihn vorherrschend geworden war.

Nachfolge und Erlösung

Als Schweitzer immer deutlicher die Fremdartigkeit bestätigt sah, in der der historische Jesus unserer Zeit gegenübersteht, wurde für ihn zur zentralen Fragestellung, wie jener in seinem Anderssein dem modernen Menschen ohne falsche Modernisierung anzueignen sei. Der theologische Forscher gab den Auftrag weiter an den ethischen Denker, als der Schweitzer nicht nur im philosophischen, sondern auch im theologischen Bereich vor uns steht.

Er war in Theologie und Philosophie grundsätzlich kein anderer, sondern war genuiner Ethiker (Bremi). Der ethischen Grundlage versuchte er sowohl mit religiöser Denkwahrheit, wie mit philosophischer Vernunftwahrheit Ausdruck zu geben. Denn er war darüber hinaus Systematiker, der den persönlich verstandenen Ruf ins Allgemeingültige zu erweitern suchte. So wurde aus der individuellen Nachfolge Jesu die Jesusmystik; so

weitete sich die „ethische Improvisation" Lambarene zur
Lehre von der Ehrfurcht vor dem Leben.

Die Jesusmystik war der erste von drei prominenten
Lösungsversuchen, die das liberale Christentum des 19.
und frühen 20. Jahrhunderts einer Glaubensrevision un-
terwarfen und das „Schneckenhaus einer charakterlosen
Geschichtstheologie" zertrümmerten. Dafür stehen die
Namen Schweitzer, Bultmann und Barth. Nur der erste
von ihnen blieb vor der Osterschwelle stehen; der zweite
überschritt sie, der dritte, im „Römerbrief", setzte von
vornherein aus der entgegengesetzten Richtung
an.

Albert Schweitzer sprach immer wieder mit Stolz von
der Wahrhaftigkeit der liberalen Jesusforschung, die in
so vielem seinen eigenen Denkzielen entsprach. Aber er
wehrte sich gegen den „aussichtslosen Versuch, Jesum zu
modernisieren und das zeitlich Bedingte in seiner Verkündigung abzuschwächen und umzudeuten, als ob er
uns damit mehr würde". Er wollte keine unreine Vermi-
schung aus Geschichtserkenntnis und Religiosität, wollte
keinen Glaubensverschnitt. Es kam darauf an, das Wollen Jesu ohne Zwang in eine Weltanschauung zu trans-
ponieren, die nicht mehr die seine ist, und in ihr wirken
zu lassen.

„Es ist der Leben-Jesu-Forschung merkwürdig ergan-
gen. Sie zog aus, um den historischen Jesus zu finden, und
meinte, sie könnte ihn dann, wie er ist, als Lehrer und
Heiland in unsere Zeit hineinstellen. Sie löste die Bande,
mit denen er seit Jahrhunderten an den Felsen der Kir-
chenlehre gefesselt war, und freute sich, als wieder Leben
und Bewegung in die Gestalt kam und sie den historischen Menschen Jesus auf sich zukommen sah. Aber er
blieb nicht stehen, sondern ging an unserer Zeit vorüber
und kehrte in die seinige zurück. Das eben befremdete
und erschreckte die Theologie der letzten Jahrzehnte,
daß sie ihn mit allem Deuteln und aller Gewalt in unserer

Zeit nicht festhalten konnte, sondern ihn ziehen lassen mußte."

Für den kritischen Liberalen in Straßburg bedeutete diese Einsicht keinen Verlust. Es habe einen tiefen Sinn, daß wir beim Hören der Worte Jesu jedesmal den Boden einer anderen Weltauffassung betreten müssen. Denn in unserer welt- und lebensbejahenden Anschauung sei das Christentum in steter Gefahr zu veräußerlichen. Das aus der Endzeiterwartung zu uns redende Evangelium Jesu führe dagegen von dem breiten Wege der Reich-Gottes-Geschäftigkeit auf den Pfad der Verinnerlichung.

Erst in dieser geistigen Losgelöstheit von der Welt lerne der moderne Mensch Jesus „als denjenigen kennen, der Gewalt über ihn haben will". Denn der Wille, sagt Schweitzer, ist zeitlos. Um dieses zeitlose Verstehen „von Wille zu Wille" handelt es sich für ihn.

Aktiv kann Nachfolge natürlich nur in einem uns gemäßen Weltverständnis werden. Einander gegenüber steht daher, „daß Jesus eine übernatürlich sich realisierende Weltvollendung erwartete, während wir sie nur als Resultat der sittlichen Arbeit begreifen". Eschatologischer Glaube von einst, verbunden mit tätiger Liebe, setzt sich, Schweitzer zufolge, für den neuzeitlichen Menschen in Kulturwillen um. Nur darauf komme es an, daß wir den Gedanken des durch ethische Arbeit zu schaffenden Reiches Gottes mit derselben Vehemenz denken.

Schweitzers Verhältnis zu Jesus, „im letzten Grunde mystischer Art", reduziert sich in „Leben und Denken", 1931, auf eine Formel von spröder Knappheit: „Das wahre Verhältnis zu ihm ist das des Ergriffenseins von ihm. Alle christliche Frömmigkeit ist nur soviel wert, als in ihr Hingabe unseres Willens an den seinen statthat."

Er nennt die Bergpredigt die unanfechtbare Rechtsurkunde des freisinnigen Christentums. Die Wahrheit, daß das Ethische das Wesen des Religiösen ausmache, sei durch Jesu Autorität sichergestellt. Schon 1913 hatte er sich dagegen verwahrt, diese Auffassung als einseitig moralistisch und rationalistisch abzutun. Wirklich groß und lebendig begriffen, schließe sie die ganze Religion in sich. Denn Jesus selber sei seinem Wesen nach ein Moralist und Rationalist gewesen, im Geistesraum der spätjüdischen Metaphysik.

Zwei Grundgedanken tragen die christliche Botschaft: Nachfolge und Erlösung. Es liegt in Schweitzers moralischem Temperament, daß er sich für die Nachfolge entscheidet. Oder anders: Er glaubt, daß in echter Nachfolge Erlösung eingeschlossen sei. „Denn alles, was man Wirkliches über Erlösung aussagen kann, geht zuletzt darauf zurück, daß wir in der Willensgemeinschaft mit Jesus von der Welt und uns selbst frei werden und Kraft und Frieden und Mut zum Leben finden."

Standfeste Lutheraner wird diese elegante Wendung nicht befriedigen, wenn sie auch bei genauem Zusehen wissen, daß Luthers Rechtfertigungslehre die „guten Werke" keineswegs als nebensächlich ansieht. Das Arbeitsethos des lutherischen Protestantismus ist ausgeprägter, als es die Formel vom „Gerechtwerden allein durch den Glauben" zu gestatten scheint. Ist somit Schweitzers „sittliche Arbeit" durchaus im Luthertum auffindbar, so gilt dies von seinem Erlösungsbegriff natürlich nicht. Der bleibt vorchristlich, besser, vorchristologisch. Schweitzer schaltet das Osterlicht auf dem Wege seiner persönlichen Heilssuche aus. Das hat ihm bereits bei der Habilitation Schwierigkeiten bereitet und später den Weg nach Afrika erschwert.

Doch Schweitzers Kompromißlosigkeit im Denken wird von der Treue zum Herkommen, vom Sinn für Tradition, relativiert. So konnten kämpferisch aufgebaute Positionen auch wieder ohne die geringste Unverträglichkeit zurückgenommen werden, wenn er sich als Christ seiner Kirche sah. „Wir wissen, wieviel Kostbares das kirchliche, in griechischen Dogmen überlieferte und durch Frömmigkeit so vieler Jahrhunderte lebendig erhaltene Christentum in sich birgt, und halten an der Kirche mit Liebe und Ehrfurcht und Dankbarkeit" (1931).

Im Grunde ist es doch so, daß ihn die denkerische Leidenschaft immer wieder zu Systematisierungen zwang, die seine Menschen- und Gottesnähe zuweilen zu unsinnlicher Kühle abstrahierten. Aber damit wurde das Licht unter den Scheffel gestellt. In Augenblicken elementaren religiösen Erlebens wurde der Rationalismus porös. Dann konnte es zu so spontanem Ausruf kommen wie 1927, als das neue Spital eröffnet war: „Zum ersten Male, seit ich in Afrika wirke, sind meine Kranken menschenwürdig untergebracht ... Voll Dank schaue ich zu Gott empor, der mich solche Freude erleben ließ."

Der denkende, aber zugleich fromme und betende Christ hatte neun Jahre vorher in einer Predigt ein vorsichtigeres, man könnte sagen, deistisches Gottesverständnis bekundet: Es ginge nicht an, daß wir den Willen Gottes in allen Ereignissen entdecken wollten. Im Alter hieß es noch ausführender gegenüber dem amerikanischen Freund Norman Cousins: Man könne nicht den Begriff eines Gottes aufrechterhalten, der zugunsten der Gerechtigkeit interveniere. Gott gebe sich auf ganz andere Weise zu erkennen: durch die geistige Entfaltung des Menschen, dessen Aufgabe es sei, mit dem Bösen fertig zu werden. Es war die Antwort auf die betroffene Frage so vieler, denen auf rechtschaffenem Lebensweg Schlimmes widerfährt: „Warum läßt Gott das zu?"

Es bleibt ein liebenswerter Irrationalismus dieses Christenmenschen, daß man ihn nicht in Formeln pressen kann; daß das Ganze immer noch mehr als die Summe der Teile ist. Die Fotolinse dogmatisch ausgeruhter Kirchenchristen kriegt ihn nicht ins Bild, wenn sie aus seinen unkonventionellen Äußerungen ein Portrait fertigen will. Aber auch das „Freie Christentum", dem er nahe stand, kommt in dem Wunsch nach voller Identifikation mit der Tiefenschärfe nicht zurecht.

Rudolf Grabs hat einmal für Schweitzer, der in der simultanen Günsbacher Kirche großgeworden – und tolerant geworden – war, den Ausdruck vom „demütigen Agnostizismus" gefunden: im Unerkennbaren geborgen sein. Als der Achtzigjährige in einem Brief die Summe seines Glaubens zog, lieferte er eine Bestätigung, daß die Formel nicht unzutreffend ist: „Die theologische Frage des göttlichen Weltregiments kann niemand lösen, wie auch nicht die Frage des Weltverlaufs und der Art, in der wir Menschen durch ihn betroffen werden. Das einzige, was wir wissen, ist, daß wir durch die Liebe, die wir in der Welt betätigen, mit ihm in Verbindung treten und etwas von der Seligkeit erleben. Alles andere müssen wir dahingestellt sein lassen..."

IV

DU ABER FOLGE MIR NACH

Wer Albert Schweitzers Lebensspuren folgt, kommt bei aller gebotenen Nüchternheit nicht umhin, von Zeit zu Zeit zu staunen. Was eine einzelne Persönlichkeit allein mehr als auszufüllen schien, mußte seinen Platz mit anderen Ressorts teilen, denen der Betrachter wiederum eine allein beherrschende Rolle zuweisen würde, soviel forderten sie an Zeit und Kraft. Neben dem Orgelspiel standen die musikschriftstellerische Produktivität und der Kampf um die wahre Orgel. Diese dreifache Entfaltung harmonierte mit dem theologischen Lehramt, dem Vikariat, dem Konfirmanden-Unterricht, mit karitativen Pflichten und nicht zuletzt mit der biblischen Forschungsarbeit.

Und wollte man sich an diesem Punkt Ratlosigkeit gestatten, wie all diese Aufgabenkreise nebeneinander zu bewältigen waren, so meldet sich nun die Medizin zu Wort mit dem Anspruch, seit 1905 primus inter pares zu sein.

Neben einer enormen Konstitution – Schweitzer bekennt, in den ersten Studienjahren keine Müdigkeit gekannt zu haben und in Paris manchesmal morgens zum Klavier- oder Orgelunterricht erschienen zu sein, ohne daß er überhaupt im Bett gewesen war –, neben solchem Kraftvermögen des einst sterbensschwachen Kindes mag auch Goethes Selbstaussage übertragbar sein, er genieße

66

„die Glückseligkeit, sehr viel in kurzer Zeit denken und kombinieren zu können".

Aber eine außerordentliche körperlich-nervliche Substanz, hervorragende Konzentration, rasches „Umschalten" und völlige Präsenz im jeweiligen Gegenstand erklären nicht alles. Ein ärztlicher Beobachter, Hermann Baur, sah – neben äußerster Ökonomie im Tagewerk und der Erholung durch Tätigkeitswechsel – auch in der Askese und Konfliktarmut seines Lebens, in der inneren Freiheit und der Liebe selbst zum bescheidensten Tun Kraftquellen für die ungeheure Arbeitsfähigkeit, welche dieses ganze Leben gekennzeichnet hat.

Es war vom Aufbruch nach Afrika die Rede, von Opfer und Verzicht. Aber es muß noch im Zusammenhang dargestellt werden, wie es dazu kam. Dem Entschluß von 1904 fehlt noch der rationale Unterbau. Denn so muß der Schritt verstanden werden: als eine gewachsene Berufung, in der die suchende Bereitschaft und die Intuition des Augenblicks gleichermaßen enthalten waren. Der Augenblick hat dem Unternehmen die geographische Richtung vorgeschrieben und die besondere Art des Dienstes zur Folge gehabt. Das Dienen*wollen* stand schon lange fest.

Jede tiefere Beschäftigung mit Albert Schweitzer stößt schon bald auf sein außergewöhnlich früh entwickeltes ethisches Bewußtsein. Es war ihm mitgegeben als eine in diesem Ausmaß besondere Gabe, mit der er begnadet war und zugleich beschwert: beschwert, weil sie ihm unbefangene jugendliche Lebensfreude fast überhaupt nicht gönnte.

Eine Reihe von Erlebnissen seit der frühen Kindheit, besondere Lebensumstände, stießen auf diese ethischen Reserven wie auf leicht brennbares Material und entzündeten es. In „Kindheit und Jugendzeit" werden die Begebenheiten geschildert, die schließlich in zwei entscheidende, einander beeinflussende Gedanken einmündeten: das Ergriffensein vor dem Weh, unter dem Mensch und Tier leiden, und die Frage, ob Glück nicht ein Besitz sei, für den man zu zahlen habe.

Es ist wichtig festzuhalten, daß diese Willensbildung sich von früh an einer historischen Bezugsperson zuwandte. Der Einfluß, den Jesus auf Schweitzers geistiges Werden von Kindheit an ausgeübt hat, ist nicht hoch genug einzuschätzen. Eine große innere Nähe überbrückte Zeiten und Räume, und am Ende lesen sich Mitleid und Opferbereitschaft, Dankbarkeit und Verzicht in Schweitzers Leben wie Gleichnisse aus dem Neuen Testament.

Sein theologischer Lehrer Holtzmann konnte nicht ahnen, daß dieser junge Theologe, dem er den Weg ebnete, nicht in der Wissenschaft bleiben würde. Schon am Beginn der akademischen Laufbahn, 1902, war er Wissenschaftler auf Abruf. Sechs Jahre zuvor hatte sich der 21jährige dazu durchgerungen, sich vom dreißigsten Jahr an einem unmittelbaren menschlichen Dienst zu widmen. Er wollte seine glücklichen Lebensumstände nicht als selbstverständlich hinnehmen. Viel hatten ihn die Worte Jesu beschäftigt, „Wer sein Leben erhalten will, der wird's verlieren; wer aber sein Leben verliert um meinetwillen, der wird's finden" – und welche Bedeutung ihnen für sein eigenes Dasein zukomme.

An einem strahlenden Sommermorgen während der Pfingstferien 1896 in Günsbach wurde dieser Bezug gefunden. „In ruhigem Überlegen, während draußen die Vögel sangen", wurde der Student sich über seinen inneren Weg klar und daß er noch neun Jahre für die Kunst und Wissenschaft Zeit haben wolle. „Zu dem äußeren Glücke besaß ich nun das innerliche."

Das klingt so leichthin gesagt; keineswegs wie ein lebensweisender Entschluß. Ähnlich empfand auch die amerikanische Zeitschrift „Time" und bemerkte respektvoll-unterspielend, für einen 21jährigen Schwärmer sei nichts Besonderes an einer solchen Entscheidung – außer, daß er entsprechend handelte.

Die Verwirklichung erwies denn auch das ganze Unschwärmerische an dem Entschluß. Die Instinktsicherheit hinderte diesen „nüchternen Enthusiasten" daran, in jugendlichem Ungestüm ein Gelübde abzulegen, das dann vielleicht dem gereiften Mann wie eine Sklavenkette um die Glieder klirrt. Schweitzer nahm, das merkt man wiederholt, seine Entscheidungen ohne Bruch in sein Leben auf, und sie wurden mit ihm eins. Hatte die Zeit sie mit Patina überzogen, so erwiesen sie sich immer als richtig und gehörten zu ihm. Manches Menschen Wunsch, am liebsten das Leben noch einmal ins reine zu schreiben, hat für *diesen* nie Geltung gehabt, viel eher Fontanes „So und nicht anders":

Und sollt' ich noch einmal die Tage beginnen,
Ich würde denselben Faden spinnen.

Mit der ethischen Selbstverständigung des Studenten klingen die Leitgedanken der Jugend – Elend der Welt, Frage nach dem Recht auf Glück – wieder an, nun nicht mehr im piano, sondern im crescendo. Wenn er schreibt, er habe es damals den Umständen überlassen wollen, welcher Dienst sich mit der Zeit anbieten würde, so fügte es sich seltsam, daß genau an der vorbezeichneten Schwelle zum vierten Lebensjahrzehnt der entscheidende Ruf erging.

1931 hat der Urwaldarzt geschildert, wie in seinem randvollen Dasein im Herbst 1904 die Wende eingetreten war: „Eines Morgens fand ich auf meinem Schreibtisch im Thomasstift eines der grünen Hefte, in denen die Pariser protestantische Missionsgesellschaft allmonatlich über ihre Tätigkeit berichtete ... Mechanisch schlug ich dies am Abend zuvor in meiner Abwesenheit auf meinem Tisch gelegte Heft auf, während ich es, um alsbald an meine Arbeit zu gehen, beiseite legte. Da fiel mein Blick auf einen Artikel mit der Überschrift ‚Les besoins de la

Mission du Congo' (Was der Kongomission not tut). Er ... enthielt die Klage, daß es der Mission an Leuten fehle, um ihr Werk in Gabun, der nördlichen Provinz der Kongokolonie, zu betreiben. Zugleich sprach er die Hoffnung aus, daß dieser Appell solche, ‚auf denen bereits der Blick des Meisters ruhe‘, zum Entschluß bringe, sich für diese Arbeit anzubieten. Der Schluß lautete: ‚Menschen, die auf den Wink des Meisters einfach mit: Herr, ich mache mich auf den Weg, antworten, dieser bedarf die Kirche.‘

Als ich mit dem Lesen fertig war, nahm ich ruhig meine Arbeit vor. Das Suchen hatte ein Ende."

Wer ein Organ hat für den schicksalhaften historischen Augenblick, wird hier verweilen. In der bekannten Definition Stefan Zweigs war dies eine „Sternstunde", die sich darin erweist, daß „eine zeitüberdauernde Entscheidung auf ein einziges Datum, eine einzige Stunde und oft eine Minute zusammengedrängt ist", ein sublimer Moment höchster Verdichtung, der nicht nur über das eine Leben entschied, sondern durch die davon ausgegangenen Folgen zeichenhafte Bedeutung wahrt. Zweig hat in seinen „Sternstunden der Menschheit" auch Straßburg aufgesucht, würdigte aber einen anderen, den Hauptmann Rouget de Lisle, der hier – als „das Genie einer Nacht" – im April 1792 die Marseillaise schuf.

In dem Aufruf der Pariser protestantischen Mission – Verfasser war deren Leiter, der Elsässer Alfred Boegner – schwingt eigentümlicherweise genau der Ton, auf den Schweitzers inneres Instrumentarium gestimmt war. Der Appell zielte natürlich auf missionarische Aufgaben. Der Straßburger Missions-Förderer wußte aber, daß sein freisinniges christliches Denken der pietistisch-orthodoxen Gesellschaft nicht genehm sein würde. Andererseits wurden Ärzte dringend gebraucht und er selber wollte „wirken, ohne zu reden". Mit diesem glücklichen Kompromiß (schwer errungen allerdings durch ein zusätzliches Studium) betrat Albert Schweitzer, zwar frei, aber doch mit dem zunächst stärkenden Rückhalt einer Organisation, den Weg des persönlichen Dienens.

Den inneren Aufbruch kannte man lange nur aus dem Rückblick von 1931, aus dem damaligen Abstand eines Vierteljahrhunderts. Seit aber die Straßburger Predigten vorliegen, gibt es eine Quelle, die unmittelbar in das geistige Spannungsfeld dieser Wochen hineinführt. Wenn die Lebenswende bis dahin, mit einem technischen Bild gesprochen, nur durch ein Teleobjektiv gesehen werden konnte, so fährt jetzt eine Kamera zur Großaufnahme heran.

Die Not der Kongo-Mission hatte den Umschwung in Schweitzers äußerem Schicksal ausgelöst. Kurz darauf, am 6. Januar 1905, kam wieder das alljährliche Missionsfest. Der Vikar stellte seine Predigt unter das beziehungsreiche Wort Mark. 1,17: „Und Jesus sprach zu ihnen: Folget mir nach; ich will euch zu Menschenfischern machen." Wenn er sonst sein Hirtenamt als Lebenshilfe begriff, nicht richten wollte, sondern aufrichten, nicht forderte, sondern Wege wies, so hört man aus diesem Aufruf zum Missionsfest den grollenden Gewissensansturm eines mittelalterlichen Bußpredigers. Was den Primitiven im schwarzen Erdteil an Unrecht geschah und was sie an Not litten, mußte ihn im Innersten gepackt haben. Noch siebzig Jahre danach spürt der Leser, wie Schweitzers Geist ergrimmte wie der des Paulus in Athen.

„O diese vornehme Kultur, die so erbaulich von Menschenwürde und Menschenrechten zu reden weiß, und die diese Menschenrechte und Menschenwürde an Millionen und Millionen mißachtet und mit Füßen tritt, nur weil sie über dem Meere wohnen, eine andere Hautfarbe haben, sich nicht helfen können; diese Kultur, die nicht weiß, wie hohl und erbärmlich, wie phrasenhaft und gemein sie vor denjenigen steht, die ihr über die Meere nachgehen und sehen, was sie dort leistet, und die kein Recht hat, von Menschenwürde und Menschenrechten zu reden."

Und in derselben Predigt: „Unsere Staaten, die vielgerühmten *Kultur*staaten sind's draußen nicht, sondern nur Raubstaaten. Und wo sind in diesen Kulturstaaten die Menschen, die diese langwierige Arbeit unternehmen, jene Völker zu erziehen und ihnen die Segnungen unserer Kultur zu bringen. Wo sind die Arbeiter, die Handwerker, die Lehrer, die Gelehrten, die Ärzte, die dort, um an dieser Kulturaufgabe zu arbeiten, in diese Länder ziehen?"

Zuletzt ist noch dies wesentlich: Mission war für Schweitzer auch „Sühne für die Gewalttaten, die die dem Namen nach christlichen Nationen draußen begehen". Das Christentum, sagt er, werde zur Lüge und Schande, „wenn nicht für jeden Gewalttätigen im Namen Jesu ein Helfer im Namen Jesu kommt, für jeden, der etwas raubt, einer der etwas bringt, für jeden, der flucht, einer, der segnet".

Kein Wort des Predigers deutet an, daß er bereits selber auf dem Wege war, zu helfen, zu bringen, zu segnen. Aber die Nachlebenden verstehen den Appell vom Januar 1905 als biographisches Schlüsselwort. Und wenn der 86jährige schlicht von sich sagt, „ich mußte es ja tun" – hier, 56 Jahre vorher, klingt es schon an: „In dem, was in Jesu Namen getan wird, berechnet man nur das Muß, jenes geheimnisvolle ‚Muß' das in seinem Munde immer wiederkehrt . . ., und je geringer der ausgerechnete Erfolg, desto größer ist das ausgerechnete ‚Muß'."

Diese durch Glücksumstände erhaltene Predigt ist ein Geschenk. Sie führt direkt an eine schicksalhafte Wegbiegung im Leben Schweitzers und erweist einmal mehr, wie sehr Jesus von Nazareth bis in wörtliche Motivwiederholung hinein eine Antriebskraft seines Handelns war.

„Auf Vorposten des Reiches Gottes"

„Ich bin", steht in einem Brief von 1931, „sehr zurück-
haltend in Äußerungen über mein religiöses Empfinden.
Aber alles liegt im Schlußwort der ‚Leben-Jesu-Forschung': Jesus der Herr! Friede in Christo! Jesus hat mich
einfach gefangengenommen seit meiner Kindheit...
Mein Gehen nach Afrika ist ein Gehorsam gegen Jesus.
Meine Entwicklung ist ohne jeden Bruch vor sich gegangen..."
  Natürlich gab es auch andere Deutungen für den spek-
takulären Schritt; neben absurden – wie Liebeskummer
oder berufliche Enttäuschung – auch solche von Gewicht. August Albers, Prokurist des alten Beck-Verlages,
der später die „Kulturphilosophie" zum Druck annahm,
sah rückblickend in dem Entschluß von 1904 auch symbolische Bedeutung. Daß Schweitzer nicht in Europa
blieb, wo es doch so viel Elend zu lindern gab, sondern
dafür Westafrika wählte, habe nicht zuletzt seinen Grund
in dem Geschichtslosen, ganz Naturhaften des afrikanischen Bodens gehabt, das seiner neuen, jetzt betretenen
Geistesstufe mehr entsprochen habe als die überhistori-
sche, überraffinierte Altersatmosphäre Europas.
  Wenn man zuvor das Manuskript über den Verfall der
europäischen Kultur gelesen hatte und sich die zupak-
kende Persönlichkeit des Verfassers vergegenwärtigte,
dessen Philosophie „Schwielen an den Händen trug",
dann drängte sich solch Kausalitätsverhältnis auf. Man
brauchte ja nur – und sei es im Bild – gesehen zu haben,
wie Schweitzer Lambarene baute: kein Zweifel, daß dieses uranfängliche Tun in völliger Freiheit, ohne Reden
und Streit, seiner auf Klarheit und Einfachheit zielenden
Natur völlig gemäß war. Hier stimmte er im tiefsten mit
sich überein. Sein eigener Bauplan war mit dem Lambarenes zur Deckung gebracht.
  Doch wenn dies alles, mit einem beliebten Worte Golo

Manns, auch noch so „stimmig" ist, wenn auch alles so gefügig zusammenpaßt wie in einem Puzzlespiel, so haben wir es doch mit nachträglicher Harmonisierung zu tun. Es ist weder von Schweitzers eigener Interpretation her noch aus dem Verständnis seiner Natur zulässig, die Lebenswende anders zu sehen als eine von allen Begleiterwägungen freie, unreflektierte Berufung, bei der Fügung oder Zufall im entscheidenden Moment das Ziel bestimmten. Maßgebend ist einzig das religiöse Fundament. Allem Tatwillen und Pioniergeist fehlte sonst der letzte, bestimmende Beweggrund. Schweitzer ging allein deshalb fort, um „auf Vorposten des Reiches Gottes zu stehen". Die ursprünglich intuitive Wendung wurde dann völlig eins mit dem inneren Gesetz, so daß am Ende die Antriebe schwer zu unterscheiden sind. Dies ist ein Beweis für die auch von Nächststehenden lange bezweifelte Zugehörigkeit Lambarenes zu Albert Schweitzers Persönlichkeit. Er hat außerdem später sagen können, er habe seine Lehre von der Ehrfurcht vor dem Leben nur in Afrika entwickeln können; in Europa hätte dazu die Stille gefehlt.

In der Straßburger Gedächtnispredigt am 19. September 1965 führte Pfarrer Chr. Brandt den Bogen der Erinnerung noch einmal über die Jahrzehnte zurück. „Ich selbst", sagte der Geistliche, „dank meiner täglichen Beziehungen zu ihm, sah das grüne Heft auf dem Tisch. Auch ich wußte nicht, daß hier Christus rief."

Denn ein Jahr lang schwieg der Gerufene. „Außer einem treuen Kameraden wußte niemand um mein Vorhaben." Es ist nicht zweifelsfrei, um wen es sich dabei handelt. Albert Schweitzers Nichte Suzanne Oswald schreibt von ihrer Mutter Louise, daß sie ihm von den vier Geschwistern wohl am nächsten stand, und ihr habe er sich zuerst anvertraut, als er im Opfer das Glück des inneren Friedens fand.

Die Diktion vom „treuen Kameraden" läßt allerdings

eher darauf schließen, daß es Helene Breßlau war. Das Gästebuch im Günsbacher Pfarrhaus erlaubt diese Version auch vom Datum her. Ihr Name erscheint darin zum erstenmal am Pfingstmontag 1903, zusammen mit Elly Knapp und anderen Straßburger Freunden, die – so ergänzt nun wieder der „Ausblick vom Münsterturm" – mit dem Fahrrad kamen und einen wunderbaren Sommersonntag im Pfarrhaus verlebten.

Helene Breßlau war die Tochter des Historikers Harry Breßlau, dessen Urkundenlehre ein Standardwerk in dieser historischen Hilfswissenschaft wurde. Sie absolvierte eine dreifache Ausbildung: als Lehrerin, Fürsorgerin und – mit Hinblick auf Afrika – als Krankenschwester. Sie hatte auch etwas Musik und Kunstgeschichte studiert. Obwohl gebürtige Berlinerin, kam sie eher nach Straßburg als ihr späterer Mann, und dort hat sie ihn um 1902 kennengelernt.

Es gibt eine einzige Biographie über diese Frau aus großbürgerlich-jüdischem Hause, von der Leipzigerin Marianne Fleischhack, 1965 erschienen. Ein liebevollgefühlsbetontes Büchlein, das jedenfalls den Leser bedauern läßt, der warmherzigen Gefährtin des großen Mannes nicht mehr begegnet zu sein. Sie starb 1957 im 79. Lebensjahr in Zürich unmittelbar nach einem Lambarene-Aufenthalt. Daß es die einzige Schrift über sie ist, beantwortet die Lektüre durch sich selbst: Es fehlt an Material. Im ganzen Mittelteil fließen die Quellen so spärlich, daß sich Helene fast nur im Lebensgang ihres Mannes spiegelt. Solche Durststrecken ermutigen kaum zu biographischem Dienst, auch wenn man die Lücken, wie hier, geschickt überbrückt.

Schon die Fotos der jüngeren Frau zeigen ein Gesicht, dessen bestimmender Eindruck Güte und Mütterlichkeit sind. Sie hat Albert Schweitzer erst acht Jahre nach seiner lebenswendenden Entscheidung geheiratet. Sie hatte Zeit, sich über die Tragweite im klaren zu sein. Es war der freie Entschluß einer sozialen, ethischen Grundgesinnung. Für ihre Gemeinsamkeit hätten Worte gelten können, die der Vikar zu St. Nikolai stattdessen vier Jahre vor der eigenen Heirat in der Traupredigt für ein später sehr prominentes Paar, Theodor Heuss und Elly Knapp, gesprochen hat: „Das hohe Glück in diesem Augenblick", hieß es darin, „ist nicht, daß zwei Menschen sich innerlich geloben: wir wollen für einander leben, sondern daß dies in ihren Gedanken zugleich bedeutet: wir wollen miteinander für etwas leben ..."

So haben Albert und Helene Schweitzer es dann fünfundvierzig Jahre lang selber getan. Die Gefährtin dieses starken Mannes hat ohne Frage ein schweres Leben gelebt, eher deshalb, weil ihre Kraft später nur zeitweilig ausreichte, die Strapazen weiter mitzumachen, und er alles Private hinter seinem Lebensauftrag zurückstehen ließ – mit ihrer vollen Billigung.

Dieses willige Sichfügen in das Unvermeidliche, nicht zuletzt, weil seit 1919 ein Kind – Rhena – großzuziehen war, hat nicht immer ein schmerzliches Gefühl unterdrücken lassen, daß andere von zäherer Statur Jahrzehnte in der Tropenschwüle aushalten konnten, Frauen, die ihm in Verehrung und aufopfernder Hingabe zur Seite gestanden haben. Dieser stattliche und kraftausströmende Mann hat auf Frauen sehr anziehend gewirkt, wurde doch in den Zeiten des Ruhms mitunter gehässig von den „Urwaldbräuten" geschrieben. Seine Gesinnung hätte allerdings nicht zugelassen, diese Lage unritterlich zu mißbrauchen.

Aber auch auf den weiten Strecken, auf denen Helene nun wirklich ganz ereignishaft Schweitzers Leben teilte – nur fünf Jahre vor der Goldenen Hochzeit ging sie still davon –, wurde sie in den Würdigungen seiner Person eher übersehen, denn bescheiden und anspruchslos trat sie zurück, auch, wo sie dabei war. Auf eine entsprechende Bemerkung eines Zeitungskorrespondenten am

Glanztage von Oslo, daß ihr Anteil leider von den Bio-
graphen unterschlagen werde, sagte sie mit Überzeugung: „Gott sei Dank. An den alten Germanen fand ich
es immer so hübsch, daß die Frauen hinter der Kampfli-
nie standen und den Männern die Waffen reichten.
Übertragen wir das auf unsere Zeit: Die Frau reicht dem
Manne, was er braucht, das Brot, den Wein, ihre Geduld
und ihre Liebe." –

„Als ich mich bei Professor Fehling, dem damaligen
Dekan der medizinischen Fakultät, als Student anmel-
dete, hätte er mich am liebsten seinem Kollegen von der
Psychiatrie überwiesen." Mit dieser trocken vermerkten
Konfrontation begann die Doppelrolle als Lehrender
und Lernender, leitete sich die in der ersten Lebenshälfte
aufreibendste Periode ein, der an Mühsal nur noch die
Spätzeit vergleichbar war.

Noch war über dem großumrissenen Ziel Gabun nicht
näher bestimmt, wo genau die Tätigkeit beginnen sollte.
Diese Frage wurde erst nach dem Examen konkret. „Ich
erinnere mich noch an den Tag", hieß es in einer Ansprache zum 50jährigen Lambarene-Jubiläum, „da ich mein
Medizinstudium beendet hatte und mich mit Herrn Morel unterhalten konnte. Er war Missionar in Lambarene.
Er sagte zu mir: Kommen Sie doch zu uns! Und da er Elsässer ist und ich auch, so sagte ich mir: Ich gehe dorthin.
Ich habe es mir nicht lange überlegt, sondern mir gesagt:
Ich habe Vertrauen. Mein Vertrauen wurde nicht ge-
täuscht."

Léon Morel war seit 1908 Missionar in Gabun. Er hat
1963, zu Schweitzers halbhundertjährigem Dortsein, einen kleinen Bericht verfaßt, „Im Gabon vor 50 Jahren".
Wer heute, wenn er will, von Paris in 14 Stunden Lambarene erreicht, wird daran erinnert, daß damals zwischen dem Abgang eines Briefes und der „postwenden-
den Antwort" drei Monate vergingen. In diese
Gottverlassenheit zu gehen, war für den hochzivilisierten

Mitteleuropäer ein Opfer eigener Art. Wie dankbar es empfangen wurde, geht aus Morels Schilderung hervor.

Im ganzen Lande gab es einen einzigen (Militär)arzt, an der Küste. Da die Eingeborenen die Trennung von ihren Stammesbrüdern im Militärspital nicht ertrugen, suchten sie es kaum auf – ein Grund für den neuen Tropenarzt, von Anfang an die Kranken mitsamt den Familien zu beherbergen, damit sie sich wie zuhause fühlen. Tragische Fälle werden geschildert, in denen nur rasche chirurgische Hilfe lebenserhaltend gewesen wäre. Frau Morel besuchte zwar in Straßburg ein paar klinische Kurse – dort lernte sie 1912 den Assistenzarzt Albert Schweitzer kennen –, aber zu operieren wagte sie nicht. So war die Zusage, nach Lambarene zu kommen, wie die Anzahlung auf eine befreiende Tat.

Aber ein niederdeutsches Sprichwort sagt: Wat den eenen sin Ul, is den annern sin Nachtigall. Wenn Hellas lacht, weint Troja. Der Karfreitag 1913 hing wie eine schwere Wolke über dem Pfarrhaus. „Die Großmutter", so schreibt deren Enkelin Suzanne über Schweitzers Mutter, „war früh auf und ging mit starrem Blick umher. Sie war stumm. ‚Mutter!' rief der Sohn, als er an jenem Morgen mit seiner Frau zum Frühstück kam, ‚gibt es heute keinen Gugelhopf? Ich hoffe, zum Abschied...' Die Großmutter saß wie eine Statue am Tisch, jetzt kniff sie die Lippen zusammen und ging aus dem Zimmer. Bitter war das für den Sohn. Aber er wußte, was er ihr antat."

Am Nachmittag kroch dann die Münstertal-Eisenbahn hinter dem Schloßwald hervor. Die Reisenden bestiegen die letzte Plattform. Die Zurückbleibenden winkten. „Er winkte nicht. Er umfing, was da zurückblieb, wie in einer Umarmung mit seinem Blick..." Es war, wie sich bald herausstellte, mehr als ein Abschied von der Familie. Es war der Abschied von einem Zeitalter.

Das Buch, das diese Szene bewahrt und manche andere karge Zeile aus Schweitzers sonst nicht sparsamem Schrifttum lebendiger macht, erschien erst 1971 in Zürich unter dem Titel „Mein Onkel Bery – Erinnerungen an Albert Schweitzer". Wer sich mit seinem Leben beschäftigt, zieht aus dem Band Gewinn; mehr, er möchte ihn nicht missen. Die Nichte, ältestes Enkelkind der Großeltern in Günsbach, hat viele Geschehnisse über die Jahrzehnte in ihrer Atmosphäre, in Dialogen und Einzelheiten in sich aufgehoben, läßt sie so gegenwärtig werden, daß die Distanz des Nachgeborenen zum fröhlichen und ernsten Dabeisein schrumpft. So unmittelbaren familiären Einblick gab es bisher nie. Die Herzensgüte des „Pa' ain" (das kleine Mädchen konnte das „r" noch nicht sprechen) ist überall der bestimmende Eindruck – einfach durch die Art und Weise, in der er sich gab. Dem Onkel, der seinem Patenkind die reizendsten Briefe schrieb, teils in Französisch, teils in Deutsch, erwächst hier nach ungezählten Denkmälern verehrender Außenstehender der intime, schlichte, warmherzige Nachruf eines berufenen Sprechers aus dem Familienkreis der nächsten Generation.

Den Weggang hat Albert Schweitzer auch noch auf eigene Art beschrieben. Der Aufbruch verliert dabei seine Individualität, wird überpersönlich, unsinnlich und streng. Aber er gewinnt das Pathos des großen Augenblicks, wo Wort und Stunde sich zu unvergeßlichem Eindruck verbünden: Es handelt sich um den Schlußabschnitt der „Leben-Jesu-Forschung", der erst kurz vor der Abreise entstand. Es nimmt den oft zitierten Zeilen des letzten Absatzes nichts, wenn eine abermalige Darstellung sich damit schmückt:

„Als ein Unbekannter und Namenloser kommt er zu uns, wie er am Gestade des Sees an jene Männer, die nicht wußten, wer er war, herantrat. Er sagt dasselbe Wort: Du aber folge mir nach! Und stellt uns vor die

Aufgaben, die er in unserer Zeit lösen muß. Er gebietet. Und denjenigen, welche ihm gehorchen, Weisen und Unweisen, wird er sich offenbaren in dem, was sie in seiner Gemeinschaft an Frieden, Wirken, Kämpfen und Leiden erleben dürfen, und als ein unaussprechliches Geheimnis werden sie erfahren, wer er ist..."

V

EHRFURCHT VOR DEM LEBEN

Die frustrierende „afrikanische Prosa" hat dem Arzt von Lambarene manches Mal in gespieltem oder echtem Zorn den Stoßseufzer abgenötigt, was er doch für ein Dummkopf sei, der Arzt „dieser Wilden" geworden zu sein. Doch auf die Frage, ob er es je für falsch gehalten habe, daß er nach Afrika gegangen ist, entgegnete er, ohne nachzudenken: „Niemals, denn dann hätte ich den Gedanken der Ehrfurcht vor dem Leben nicht finden können."

Diese Antwort enthielt eine bemerkenswerte Veränderung der Sicht. Naheliegend und eindrucksvoll genug wäre der Hinweis auf die Hilfe an zehntausenden Schwarzen gewesen. Sie mußte, so erwartete der Fragende, die selbstüberzeugende Rechtfertigung sein, die den Aufbruch von 1913, ungeachtet gelegentlicher Resignation des Europäers in primitiver Umwelt, im Rückblick als richtig erwies. Aber der 86jährige räumte stattdessen seiner Philosophie Vorrang vor allen anderen Bemühungen ein, auch wenn keiner seiner Kranken etwas von dem einsamen Ringen um ein menschliches Grundgesetz wußte, dem vor Zeiten die Mußestunden des „Oganga" gegolten hatten.

Die „ethische Improvisation" Lambarene, so mochte er glauben, war dem Zeitenstrom ausgeliefert und vergänglich, während moralische Energien, einmal in die

Welt entlassen, sich mit ihrer Atmosphäre auf Dauer verbinden. Vor der Ethik des Alltags stand für ihn die Ethik aller Tage. So ist es auch vielfach verstanden worden, denn dem Kulturphilosophen galten viel mehr Interpretationen und Würdigungen als dem Arzt. Das ärztliche Handeln wurde meist mit Lambarene als Einheit gesehen, seltener davon als Gegenstand besonderer Betrachtung getrennt.

Dazu mag auch beitragen, daß Schweitzer nur noch gelegentlich praktizierender Arzt war, als er vom Scheinwerferkegel der Weltöffentlichkeit erfaßt wurde; ferner, daß er Problemen der Medizin – außer mit seiner Doktorarbeit – niemals ein Spezialwerk gewidmet hat, und die Dissertation ist noch wieder ausgesprochen historisch orientiert. (Sie versuchte zu beweisen, daß Jesus vom Standpunkt der Psychiatrie aus keineswegs in paranoiden Wahnideen, sondern vollkommen normal in der uns lediglich fremd gewordenen apokalyptischen Vorstellungswelt des Spätjudentums gedacht und gehandelt habe – eine Themenstellung, die um 1900 im Rahmen der intensiven Psychiatrieforschung natürlicherweise auftrat und einen cand. med., der zugleich Neutestamentler war, reizen mußte.)

Die Ehrfurcht vor dem Leben wurde der Inbegriff für Schweitzers Philosophie. Aber diese Ehrfurcht war längst vorher seine Lebenshaltung gewesen, gerade in kleinen Dingen des Alltags. Es schmerzte ihn schon, wenn man Blumen pflückte. „Mußte das sein?" fragte er traurig, als er Suzanne am Morgen seines Hochzeitstages im Waschhaus fand, wie sie die vielen Blumen der Dorfkinder zu Sträußen ordnete.

Die gelebte Achtung vor aller Kreatur war der eine Grundstein des späteren Denkgebäudes, das man hinter dem eingängigen Schlagwort so leicht übersieht. Der andere war die Kulturkrise. Sie spielte in Schweitzers Denken seit der Jahrhundertwende offenbar eine weit größere Rolle, als dies zwischen den arbeitsintensiven Konkurrenten Musik und Theologie sichtbar ist.

Der Studienweg in der Philosophischen Fakultät hatte unter dem Eindruck zweier widerstreitender Weltanschauungen gestanden. Nietzsches stolze Verachtung alles Schwächlichen arbeitete gegen Tolstois schlichte Frömmigkeit und gegen sein Bemühen, den Einzelmenschen religiös-ethisch umzuformen. Den Straßburger Studenten enttäuschte es, daß die Religion und die Philosophie nicht miteinander kraftvoll gegen Nietzsche auftraten und ihn zu widerlegen suchten. Aber seinem Empfinden nach „vermochten sie es nicht..., die ethische Kultur in so tiefer Weise zu begründen, wie es der Kampf, den Nietzsche gegen sie führte, erforderte". Er glaubte zu erkennen, daß seine Zeit einfach nicht mehr die nötige moralische Energie besaß.

Das erschien ihm um 1900 besonders deutlich. Es war die Zeit, als der cand. phil. mit einer dickleibigen Dissertation über Kants Religionsphilosophie promovierte. Allenthalben zog man Bilanz und legte vor sich selber Rechenschaft ab. Rundum herrschte gewaltiger Stolz auf die Errungenschaften und ein für den 25jährigen „unfaßlicher Optimismus". Er glaubte wahrzunehmen, daß das Feuer der Ideale herunterbrannte und „Nietzsches ‚Wille zur Macht‘ anfing, seine verhängnisvolle Rolle zu spielen".

Ein sieben Jahre älterer Zeitgenosse, Harry Graf Kessler, rief 1935 im Rückblick („Gesichter und Zeiten – Erinnerungen") die Eindrücke wach, die Nietzsche in ihm aufgerührt hatte. Hier war das Grundempfinden nicht Ablehnung, sondern Empfänglichkeit: „Unsere Generation war wohl die erste, die von Nietzsche tief beeinflußt wurde. Zu Anfang war unser Gefühl eine Mischung von angenehmem Gruseln und staunender Bewunderung vor dem Monsterfeuerwerk seines Geistes, in dem ein Stück nach dem anderen unseres moralischen

Rüstzeugs in Rauch aufging... Aber in dieser, wie uns schien, fragwürdigsten und tragischsten aller bisher dagewesenen Welten schien es uns nicht zweifelhaft, daß der Weg zu einem ihr gewachsenen Menschen nur über die von Nietzsche – als Samenkorn einer neuen Sittlichkeit – gepredigte heroische Gesinnung gehen könne.

Die Art, wie Nietzsche uns beeinflußte, oder, richtiger gesagt, in Besitz nahm, ließ sich mit der Wirkung keines anderen zeitgenössischen Denkers oder Dichters vergleichen. Er sprach nicht bloß zu Verstand und Phantasie... Er spannte zwischen uns und den Abgrund der Wirklichkeit den Schleier des Heroismus... Seit Byron hatte kein Rattenfängergenie so unwiderstehlich die Besten einer ganzen Jugend hinter sich hergezogen..."

Aus den vielschichtigen Analysen des schon in einem Dämmerzustand dahinvegetierenden Epochenrichters nahm Kessler vor allem den Ruf zum Europäertum als Auftrag in seine beginnende Diplomatenlaufbahn mit. Kessler spürte zwar ebenso wie Tolstoi, Rolland oder der junge Schweitzer etwas Ungesundes, Seelenloses, Eisiges in der satten Bürgerzeit, doch seine Schlußfolgerung war anders: Diese wollten den Menschen beeinflussen, damit die Welt sich ändere; er und mit ihm Viele nahmen Nietzsches Parole auf, daß der Mensch sich für die gegebenen Verhältnisse wappne und härte.

Wer in die Zeit horchte, konnte wohl dem Fortschritts-Enthusiasmus des arbeitsstolzen Geschlechts skeptisch begegnen. Von der Windstille der Jahrhundertwende mit ihrer, im heutigen Rückblick doch beneidenswerten Spannungsarmut ließ sich auch Schweitzer nicht bestechen. Illusionen, die Märchenwelt der Erwachsenen, waren seine Sache nie.

Es fügte sich, daß er damals zu einer Vortragsreihe in Paris – über Goethe, Hauptmann, Sudermann – ein Referat über Nietzsche ausarbeitete. Mitten hinein kam die Todesnachricht. So wurde es eine Gedenkrede; den lei-

denschaftlichen Denker hat Schweitzer auch im weltanschaulichen Gegner geachtet. Für die Herausforderung
zur eigenen Gegenwehr wußte er ihm Dank.

„Durch Nietzsche war ich schon als Student mit dem
Problem der Kultur und Ethik beschäftigt", schrieb der
89jährige in einem Brief und hob bemerkenswerterweise
hervor: „Das war entscheidend für meine Zukunft, daß
ich die Philosophie, ohne viel davon zu reden, als meine
Hauptaufgabe betrachtete. Schon als Student war ich im
Untergrund meines Denkens mehr mit Philosophie als
mit Theologie beschäftigt", über theologischen Problemen „ein Suchender in Philosophie geworden". Nietzsche, so bekannte er, habe ihn dazu gezwungen.

Dabei wurde der Dr. phil. im Grunde doch nie ein Philosoph vom Fach. Dazu fehlte es zu sehr am neutralen
Allinteresse. So lehnte er die Definitionsphilosophie ab,
„die Decartes, uns gebracht hat – ich hasse Decartes, soweit ich als Christ hassen darf", und bekannte freimütig:
„Ich kann das Spiritualistische nie verstehen – und vollends, was transzendental ist, habe ich nie kapiert."

Sein Denken scheute die Abstraktion und galt dem
Erfahrbaren – für einen Fachphilosophen käme das fast
einer Selbstaufgabe gleich. Sicher wurde das Angebot
von Professor Theobald Ziegler in Straßburg, in der Philosophie sich zu habilitieren, auch aus diesen Widerstän-
den, die dem Lehrfach galten, abgelehnt und nicht nur,
weil die Fakultät einen predigenden Privatdozenten un-
gern sah.

Soweit dieser philosophische Außenseiter sich überhaupt einer Schule zuordnen ließ, war er den Stoikern am
meisten verpflichtet und wünschte, man möchte ihn zu
ihnen zählen. Aber er liebte auch Hegel und schätzte die
englischen Philosophen des 17. und 18. Jahrhunderts.
Am frühen chinesischen Denken bewunderte er die
„menschliche Qualität". –

Schweitzer hat 1931 geschrieben, daß er damals um

1900 innerlich an einem Werk arbeitete, das „Wir Epigonen" heißen sollte. 1963 wurde ergänzend mitgeteilt: „So beschloß ich, in einer eingehenden Studie über den geistigen Zustand der Zeit, in der ich lebte, kritisch zu berichten. Das Werk sollte den Titel ‚Kultur und Ethik' führen. Da ich aber den Eindruck hatte, daß wir uns in einer Periode des geistigen Niedergangs befanden, war ich versucht, es ‚Wir Epigonen' zu benennen."

Das Buch wurde vielleicht nicht einmal angefangen. Berichtet wird lediglich von Vorstudien. In einem zeitlichen Sprung von zehn Jahren heißt es dann wortkarg, es hätten sich im Afrika-Gepäck genügend philosophische Werke befunden, damit an der geplanten Schrift weiter gearbeitet werden konnte.

Gut fünfzehn Monate lang jedoch dachte der Missionsarzt in Lambarene am mittleren Ogowe im heutigen Staat Gabun an kaum etwas anderes als an seine ärztliche Pflicht. Dann brach der Weltkrieg aus. Vorbei war es für den sofort internierten deutschen Staatsbürger im französischen Kolonialgebiet mit Plänen, wie sie in einem Brief vom Februar 1914 angedeutet waren: „Im Urlaub Sommer/Winter 1915/16 kommen wir sicher nach Dortmund..." (Dort hatte er schon 1909 ein Orgelkonzert gegeben.)

Als sich die Internierung nicht mehr mit den ärztlichen Notwendigkeiten vereinbaren ließ und gelockert wurde, blieb andererseits durch die Kriegsumstände doch mehr Zeit als bisher. Skalpell und Federhalter wurden austauschbar. Neben die helfende Tat trat die gestaltende Vernunft.

Was an Gedanken zur Kulturkrise gespeichert worden war, gab das Bewußtsein nun zur vertieften, am tragischen Weltgeschehen orientierten Beschäftigung frei. Der einsame Europäer zwischen Wasser und Urwald ging daran, am Wiederaufbau teilzunehmen, nachdem der Epigonen-Aspekt unzeitgemäß geworden war.

Im Verlauf seiner Auseinandersetzung mit der europäischen Kulturgeschichte glaubte Schweitzer als Ursache des Niedergangs und der Katastrophe zu erkennen, daß sich die Weltanschauung der Welt- und Lebensbejahung, die das Charakteristikum der europäischen Neuzeit ist, aus einer ursprünglich ethischen in eine nichtethische verwandelt hatte.

Die erklärenden Gedankenschritte können und sollen nur skizziert werden. Interpretationen ersetzen nicht das Original. Sie dürfen allenfalls beanspruchen, zur Beschäftigung mit den Quellen anzuregen, Vermittler zu sein. Überdies verstand Schweitzer mit seiner bildhaften Sprache, verwickelte Vorgänge so darzustellen, daß man sie auch ohne entsprechende Vorbildung versteht.

Mit dem Aufkommen der Renaissance, so lehrt „Kultur und Ethik" (1923), setzt sich in Europa ein neues Lebensgefühl durch. Die Fortschritte des Wissens, der Entdeckungen begründen eine gegenüber dem Mittelalter weltbejahende Grundeinstellung. Der neuzeitliche Mensch wird optimistisch, weil er durch Wissen und Können Macht über die Welt bekommt. Unter diesem Einfluß wandelt sich auch der Charakter des Christentums. Die weltnegierende, latente Endzeiterwartung, die sich nie ganz verloren hatte, periodisch sogar stark wieder aufgelebt war, wird von der Welt- und Lebensbejahung wie von einem Sauerteig durchmischt.

In langdauerndem Prozeß – hier als das entscheidende geistige Ereignis der Neuzeit angesehen – wird das Christentum weltbejahend. Dabei gelingt ihm eine fruchtbare Annäherung an die wiederentdeckte stoische Ethik der Spätantike. Beide, Christentum und Stoa, waren schon am Ausgang des Altertums eine Wegstrecke nebeneinander hergegangen. Zu fruchtbarer Vereinigung war es nicht gekommen, vor allem deshalb, weil die Antike ein grundsätzliches Fortschrittsdenken und somit den aktiven Willen zur Weltverbesserung nicht besaß. Jetzt aber,

inmitten eines neuen Weltbildes, wird der Graben überbrückt. Philosophie und Christentum – vor allem in der
Gestalt des Erasmus von Rotterdam – durchdringen sich
gegenseitig. Das Christentum wird denkend, die Philosophie religiös. Die Ethik, von Weltabkehr und Passivität
befreit, vermag fruchtbarer zu werden.

So entsteht ganz allmählich ein Klima der ethischen,
fortschrittsbetonten Weltbejahung. Der Bund, den Fort-
schrittsglaube und Moral geschlossen haben, läßt
schließlich die Menschen des 18. Jahrhunderts in außer-
ordentlichem Maße Kulturideale denken und verwirkli-
chen, so daß Schweitzer bewundernd von der größten
Kulturepoche in der Menschheitsgeschichte spricht.

Was ihn und uns daran beeindruckt, ist das enge Kausalitätsverhältnis: hier Ansprüche, Antriebe des Denkens; dort eine Verbesserung der öffentlichen Zustände.
Die Philosophie wird zur „Anführerin der öffentlichen
Meinung". Sie ist eine geschichtsbestimmende und kul-
turtragende Macht. Die Ideen des menschlichen Fortschritts besitzen erstaunlichen Einfluß auf die Wirklichkeit.

Besonders sichtbar umgesetzt werden Impulse der
französischen Philosophen, sowohl im Handeln Friedrichs des Großen, der wiederum Joseph den Zweiten zu
einer wahren Reformflut inspiriert, als auch in Frankreich selber. Die Menschenrechts-Deklaration von 1789
ist mit ein Werk der Ideen Montesquieus, Voltaires,
Rousseaus. Sie ist zugleich beeinflußt von der Verfassung
der Vereinigten Staaten, die ihrerseits sowohl vom Geist
der französischen Aufklärung profitiert hatte – der nun
aus der Neuen Welt zurückstrahlte – wie auch vom
Gleichheitsideal der Quäker.

Gewiß blieb Wünschenswertes genug. Sonst hätte
Schiller nicht „Die Räuber" mit dem Schlachtruf „in ti-
rannos" losgeschickt und nicht den Feuerbrand von
„Kabale und Liebe" auf die Frankfurter und Mannhei-

mer Bühne geschleudert. Doch nicht das Versäumte, sondern das Geleistete war das Kennzeichen der Epoche. In einer Zeit, in der ein Ansbacher Markgraf einen Schornsteinfeger vom Dach schoß, um seine Geliebte zu erheitern – die Witwe bekam fünf Gulden –, hob Friedrichs Auffassung der Regentenpflichten sich um so würdiger ab.

Mitten in das Loblied auf die optimistische Geistesströmung und ihren freudigen Tatwillen fällt ein Moll-Akkord. Der naiv-gläubige Rationalismus als Motor des moralischen Fortschritts genügte auf die Dauer dem kritischen Denken nicht mehr. Zwar vermochten die spekulativen Systeme von Kant, Fichte, Hegel ihn geistig zu veredeln. Sie übernahmen auch seine Vernunftideale. Aber nur wenige Jahrzehnte konnten diese Zauberschlösser ihrerseits den Wohnansprüchen einer veränderten Zeit genügen. Dann schlugen die unterdes erstarkten Naturwissenschaften „mit plebejischer Begeisterung für die Wahrheit der Wirklichkeit die von der Phantasie geschaffenen Prachtbauten in Trümmer". Obdachlos irrten seitdem die ethischen Vernunftideale in der Welt umher. Der Fortschrittsgedanke suchte einen moralisch unbeschwerteren Weg in die Zukunft. Er hieß: Realpolitik.

In solcher Weise sieht Schweitzer im Verlauf des 19. Jahrhunderts den einst mächtig gewesenen Bund von Lebensbejahung und Ethik, von Fortschrittdenken und Moral, zerbrechen. Den Rationalismus sieht er abgetan, mit ihm aber auch die von ihm hervorgebrachte optimistische und ethische Grundüberzeugung von der Bestimmung der Welt, der Menschheit, der Gesellschaft und des Menschen. Der Rückgang der Kulturgesinnung wird als der tragische Vorgang bezeichnet, der sich seit der Mitte des 19. Jahrhunderts in unserem geistigen Leben abspielte. „Das Entscheidende", so resümiert Schweitzer, „war das Versagen der Philosophie".

89

Die Philosophie hatte sich, seiner Sicht zufolge, nicht fähig gezeigt, die Welt- und Lebensbejahung und die Ethik, die hier als Kulturträger Geschwister sind, so im Denken zu begründen, daß sie von Geisteskrisen und unsicheren metaphysischen Beweisführungen unabhängig sind. Er geht daher an die heroische Aufgabe, für die „Zentralprovinz der Philosophie" ein neues Fundament zu finden, nachdem das alte sich als zu schwach erwiesen hatte. Das ist der Ansatzpunkt, von wo Albert Schweitzer kulturerneuernd zu wirken beginnt. Hier knüpft Ariadne den Faden, der aus den Irrgängen des Kulturniedergangs herausführen soll.

Es würde den Gedankengang zerreißen, wollte man hier der Frage nachgehen, ob die Philosophie tatsächlich, wie in Kultur und Ethik behauptet, die europäische Katastrophe durch ihre Konstruktionsmängel geistig vorbereitet hat oder ob andere Gründe entscheidender waren. Der sachgerechte Zusammenhang ergibt sich eher dort, wo es um die Einflußchancen einer erneuerten ethischen Philosophie geht. Vor der späteren Frage nach der Wirkung des schweizerischen Lösungsversuchs steht aber zunächst die Lösung selber, die jetzt in Umrissen darzustellen ist.

Während des Sommers 1915 kreisten Schweitzers Gedanken immerfort um den Punkt, Welt- und Lebensbejahung und Ethik nicht nur als Bündnispartner, sondern als „denknotwendige" Einheit zu erweisen. Aber über ein Ahnen der Zusammengehörigkeit gelangte er nicht hinaus. „Ich irrte in einem Dickicht umher, in dem kein Weg zu finden war. Ich stemmte mich gegen eine eiserne Tür, die nicht nachgab. Alles, was ich aus der Philosophie über Ethik wußte, ließ mich im Stich. Die Vorstellungen vom Guten, die sie ausgebildet hatte, waren alle so unlebendig, so unelementar, so eng und so inhaltslos, daß sie mit Welt- und Lebensbejahung gar nicht zusammenzubringen waren."

In diesem Zustand, die gesuchte Erkenntnis nicht fassen und aussprechen zu können, kam der Hilferuf einer erkankten Weißen von der Missionsstation N'Gomo. Schweitzer hielt sich gerade mit seiner Frau, ihrer Gesundheit wegen, am Meer auf. Er bestieg den Schleppkahn eines eben abfahrenden kleinen Dampfers und brach nach N'Gomo auf, das von der Küste aus vor Lambarene liegt. Hier die berühmte Stelle in „Leben und Denken": „Langsam krochen wir den Strom hinauf, uns mühsam zwischen den Sandbänken – es war trockene Jahreszeit – hindurchtastend. Geistesabwesend saß ich auf dem Deck des Schleppkahnes, um den elementaren und universellen Begriff des Ethischen ringend, den ich in keiner Philosophie gefunden hatte. Blatt um Blatt beschrieb ich mit unzusammenhängenden Sätzen, nur um auf das Problem konzentriert zu bleiben. Am Abend des dritten Tages, als wir bei Sonnenuntergang gerade durch eine Herde Nilpferde hindurchfuhren, stand urplötzlich, von mir nicht geahnt und nicht gesucht, das Wort ,Ehrfurcht vor dem Leben' vor mir. Das eiserne Tor hatte nachgegeben; der Pfad im Dickicht war sichtbar geworden. Nun war ich zu der Idee vorgedrungen, in der Welt- und Lebensbejahung und Ethik miteinander enthalten sind! Nun wußte ich, daß die Weltanschauung ethischer Welt- und Lebensbejahung samt ihren Kulturidealen im Denken begründet ist."

Es war September 1915. Im Artois und in der Champagne berannten englische und französische Regimenter unter steigendem Kräfte- und Materialeinsatz die deutsche Front...

Schweitzer, der es als Gnade verstand, in einer Zeit der Zerstörung kulturaufbauend arbeiten zu können, begann nun, die Formel zum System zu erweitern. Dabei galt es zu erfragen, wie Ehrfurcht vor dem Leben erklärbar sei und wie sie in uns entstehe. Ein Mann, dessen Weg so auffallend durch die Einheit von Denken und Tat gekennzeichnet war, konnte die Bausteine seiner Weltsicht wohl nur der ihn umgebenden Wirklichkeit entnehmen. Dahin wurde er auch durch die Gewißheit gedrängt, daß der Sinn des Lebens sich nicht aus dem Sinn der Welt ableiten läßt, wie es die abendländische und asiatische Philosophie vergeblich versucht hat. Der Sinn der Welt bleibt dunkel. In dieses Nichterkennen müssen wir uns fügen. Wir stehen ratlos vor zugleich wunderbar schöpferischer und tragisch zerstörender Kraft. Will man ethische Welt- und Lebensbejahung ergründen, so läßt sich dies nur auf unspekulativem Denkweg erreichen.

In uns und in allem Sein ist elementarer Wille zum Leben. Nur diese naturhafte Einsicht, so erläutert „Kultur und Ethik", führt weiter und macht uns vom Zwang zum Weltbegreifen frei. Bei der Umkehr aus der metaphysischen Sackgasse prägt Schweitzer einen Satz von schlagkräftiger Einfachheit: „Ich bin Leben, das leben will, inmitten von Leben, das leben will". Er nennt ihn die unmittelbarste und umfassendste Tatsache des Bewußtseins.

Alles wahre Erkennen geht, dieser Beweisführung zufolge, in Erleben über. Fremdem Willen zum Leben kann ich verstehend nur begegnen in Anlehnung an den, der in *mir* ist. Wie in mir Furcht, Schmerz, Verlangen sind – so auch ringsum. Dieses Analogie-Erleben drängt mich zu innerer Teilnahme; es nötigt mich, fremdem Leben Ehrfurcht zu erweisen. Als gut gilt dabei: Leben erhalten, Leben fördern, entwickelbares Leben auf seinen höchsten Wert bringen; als böse: Leben vernichten, Leben schädigen, entwickelbares Leben niederhalten. „Damit ist das denknotwendige Grundprinzip des Sittlichen gegeben."

Schweitzer nennt dies den denkend gewordenen Willen zum Leben. Nun bietet die Natur aber das tragische

Schauspiel, daß der Wille zum Leben sich zwiespältig offenbart. Eine Existenz setzt sich auf Kosten der anderen durch. Der Wille zum Leben befindet sich in Selbstentzweiung. Die Natur sei schön und großartig, von außen betrachtet, aber in ihrem Buche zu lesen, sei schaurig.

Diese Wahrheit lädt dem Wanderer durch die Zentralprovinz der Philosophie das Gepäck der Resignation auf. Es drückt ihn nieder, aber es ist ihm verboten, es in Lebensverneinung abzuwerfen. Schopenhauers Ausweg gilt als unstatthaft, nicht zuletzt, weil der Mensch mit solcher Flucht seine Kompetenz überschritte und sich anmaßte, den Sinn der Welt zu verstehen (Martin Werner). So ist Schweitzers Antwort auf die Herausforderung des Sinnzwiespalts ein durch Resignation gegangenes Ja. „Im Münstertal", so erzählt Hans Walter Bähr, „wies er mich einmal, während wir auf einem Feldweg entlanggingen und über sein Denken sprachen, auf einen Baum hin, der trotz vieler Hindernisse sein Wachstum fortsetzte. ‚Das ist mein philosophischer Baum, denn er lehrt das Dennoch.'"

Sinnzwiespalt und Selbstentzweiung gelten nicht nur für die Natur. Auch der Mensch ist ihnen unterworfen. Auf tausend Arten steht sein Leben mit anderem in Konflikt. Er ist unter das Gesetz gestellt, dadurch fort und fort schuldig zu werden.

Im Grundsatz duldet die aktiv-fördernde, weltzugewandte Hingabe, die nicht nach Welterkennen fragt, keine Wertunterschiede. Das Leben als solches ist ihr heilig. Denn wer von uns wisse, was das andere Lebewesen an sich und im Weltganzen für eine Bedeutung habe? In der Praxis ist die Einsicht nicht durchführbar. Die „ins Grenzenlose erweiterte Verantwortung gegen alles, was lebt" stößt sich an tagtäglichen, sie behindernden Zwängen. Das ist dem Verfasser von Kultur und Ethik bedrückkend klar.

In dieser Lage habe der „denkend gewordene Wille

zum Leben" von Mal zu Mal Entscheidungen zu treffen, die getragen sein müßten von nie abstumpfendem Verantwortungsgefühl. Gedankenlosigkeit nennt Schweitzer, der der bisherigen Ethik vorwirft, sich zu einseitig nur mit dem Menschen beschäftigt zu haben, einen Hauptgegner der Ehrfurcht vor dem Leben und das gute Gewissen eine Erfindung des Teufels.

„Muß ich den Leoparden töten, tut es mir weh. Nie töte ich den Alligator, der auf der Sandbank schläft, weil ja kein Müssen vorliegt. Alle Schwarzen und Weißen flehe ich an, nicht gedankenlos das Gewehr auf ein Tier zu richten, wenn sie auf dem Strome fahren. Die Wilden begreifen es oft."

Kaufte Schweitzer Eingeborenen einen jungen Pelikan ab, den diese den Eltern fortgenommen hatten, so war das Tier aus rohen Händen zunächst einmal befreit. Aber nun war er gezwungen, täglich Fische zu fangen, weil der Vogel sich noch nicht allein ernähren konnte. So wurde der Ziehvater zugunsten der einen Kreatur gegenüber der anderen schuldig, wie er es in seinem liebenswerten Kinderbuch „Ein Pelikan erzählt aus seinem Leben" beschreibt – wobei sich dem Text von brummigem Humor und Selbstironie der Witz der Fotos von Anna Wildikann glücklich zugesellt.

Wo hingegen Konflikte vermeidbar seien, müsse ich mich darum bemühen, auch zum Nachteil der eigenen Bequemlichkeit: Wenn ich im Sommer nachts bei der Lampe arbeite, halte ich lieber das Fenster geschlossen und atme dumpfe Luft, anstatt Insekt um Insekt mit versengten Flügeln auf meinen Schreibtisch fallen zu sehen.

Wo der Mensch so handelt und so handeln kann, also die Selbstentzweiung aufhebt, ist er anders als die naturhafte Welt. In der Natur, so lehrt diese Anschauungsweise, äußert sich der Wille zum Leben in blindem Durchsetzungsdrang; in uns will er mit sich selber in Frieden existieren. Der Schöpferwille, in der Natur dunkel und rätselhaft, offenbart sich in uns als Wille zur Liebe, der den Sinnzwiespalt zu überwinden sucht.

Die soziologische Frage: ist Mitmenschlichkeit nicht einfach übernommene Konvention, ein durch zivilisatorischen Lebensstil aufgezwungenes Rollenverhalten, besteht für Schweitzer nicht. Ihm gilt Hingabewille als Schöpfungsgeheimnis – nicht von außen herangetragen, sondern dem Menschen mitgegeben. Er bedarf allerdings im sokratischen Sinne der Denkerziehung, um sich dieser Gabe bewußt zu werden. Sie wird in ihm geweckt.

In dieser Tiefenschicht gewinnt die Ehrfurcht vor dem Leben religiösen Charakter. „Sie endet in Mystik."

Gottsucher und Rationalist

Die Grenzstation von philosophischem Denken und Religiosität bei Albert Schweitzer nötigt zum Aufenthalt. Da beide Bereiche an vielen Stellen seiner Werke angesprochen und zusammengesehen werden, würde flüchtiges Darüberhinwegschreiben nicht der Bedeutung gerecht, die er diesem Aspekt eingeräumt hat.

Durch tätige Hinwendung und durch Innerlichkeit sieht er seine Weltanschauung mit dem Christentum wesensverwandt. Dabei hatte sich aber erwiesen, daß seine Konzeption allein dem Denken gehorcht und der christlichen Lehre eigenständig gegenübersteht. Dennoch fühlt sie sich kulturell keineswegs selbstgenügsam und autonom. Ihr Repräsentant ließ noch im Alter keinen Zweifel daran, daß Jesus von Nazareth für ihn die höchste geistige Autoriät geblieben war. Die philosophische Ethik ist daher bestrebt, diese Autorität mit ihren Mitteln zu bestätigen, den Weg vom Denken zur Religion zu bahnen, wie ein Brief von 1931 postuliert.

Hatte aber nicht schon seine Jesusmystik eine tragfähig geglaubte Grundlage für zeitgemäßes Handeln im

Geiste Jesu geboten? War darin nicht der Ewigkeitsgehalt der Botschaft aus der zerbrochenen Gußform der einstigen Verkündigung befreit und modernem Weltverständnis angepaßt worden? Ist zusätzliche philosophische Schützenhilfe daher nicht Ausdruck eines Zweifels am Durchsetzungsvermögen des älteren Entwurfs und vielleicht an der heutigen Lebensmächtigkeit des Evangeliums überhaupt?

Der christliche Rationalist hat sich in der Tat in diesem Sinn geäußert, wobei die Bedenken gerade dem Inbegriff des Christentums galten, der Liebe: Ehe das „eiserne Tor" aufging, so sagte er einmal im Gespräch (1954), „war für mich Liebe der Mittelpunkt. Aber Ethik ist mehr! Es gibt keine Kultur ohne Ethik, wohl aber Liebe ohne Ethik. Wenn man da drinnen in seiner Brust Ehrfurcht vor anderem Leben spürt, so ist das mehr als Liebe; es umfaßt auch die Ethik."

Der Eindruck, daß Liebe als Bauelement der Seele nicht genügend trage, um auch die Vernunft zu befriedigen, wurde schon 1919 in einer Predigt formuliert. Der alte und neue Vikar fragte, warum auch die Frömmsten sich durch Vorurteile und Volksleidenschaften zu Urteil und Handeln hinreißen ließen, das gar nichts Christliches mehr habe, und antwortete: weil es ihnen an einer logisch begründeten Sittlichkeit fehle. Vernunft und Herz müßten miteinander wirken, wenn eine wahre Sittlichkeit zustande kommen solle.

Er erkannte nichts Größeres als die Gebote Jesu; sie aber einfach immer nur zu wiederholen, als müßten sie sich zuletzt dennoch allgemeine Anerkennung verschaffen, das sei, als wenn man mit schönen Farben auf eine nasse Mauer malen wollte. Wir müßten erst die Voraussetzungen für das Verständnis der Gebote Jesu schaffen. Das aber hieße: mit einem vom Denken her erschlossenen moralischen Gesetz.

Diese Erkenntnisse relativieren die Jesusmystik, aber

5 «Ich wohnte in dem theologischen Studienstift zu St. Thomas»
in Straßburg

6 «Am 1. Dezember 1899 erhielt ich ein Predigtamt zu St. Nicolai
in Straßburg»

sie lassen sie in ihrem Recht. Was im letzten Kapitel der Leben-Jesu-Forschung steht, wird nicht zur überwundenen Geistesstufe, sondern bleibt *ein* Weg zum Ziel. Denn im selben Jahr 1931, da Schweitzer in dem Brief seine Kulturphilosophie als Weg vom Denken zur Religion anbietet, wird in der Autobiographie die Jesusmystik von neuem vorgestellt und als Forderung christlichen Handelns bestätigt.

Die Zweispurigkeit dieses Kulturbemühens hat auch einen sehr fruchtbaren Nebeneffekt. Die religions-neutralen Gedankenschlüsse erreichen auch christliche Dissidenten und Andersgläubige. Von einer Morallehre im Gewande christlicher Verkündigung werden sie nicht angesprochen. Vor allem aus dem asiatischen Religionskreis kam vernehmliches Echo. So schließt sich ein Kreis. Schweitzers Denken hatte sich in Zwiesprache mit indischer und chinesischer Gedankenwelt geschärft. Nun gibt er in glaubensunabhängiger Gestalt zurück, was er von dort empfing.

Der philosophisch-religiöse Weltbürger hat darüber hinaus zwei Schriften östlichem Geist gewidmet: „Die Weltanschauung der indischen Denker" (1935) und vorher, 1923, die Vorträge vor englischen Missionaren: „Das Christentum und die Weltreligionen". Diese letztere Abhandlung gehört ungeachtet des Titels viel eher zu den kulturphilosophischen als zu den theologischen Werken des Elsässers aus dem missionsfreundlichen Pfarrhaus, denn der Weg der Auseinandersetzung ist rational-philosophischer Art. Untersucht werden die asiatischen Religionen auf ihren ethischen Gehalt und vor allem auf ihr Begreifen von Welt und Sein. Es ist eine Szene wie bei Rubens. Am Ende reicht der moderne Paris den goldenen Apfel der bescheidensten Religion: die das Gott- und Weltgeheimnis unerklärt anheimstellt. Das Christentum ist die Aphrodite schweizerischer Wahl. –

Während neuzeitliches Lebensgefühl zwischen Ver-

nunft und Glauben einen tiefen Graben zu sehen ge-
wohnt ist, gelingt es diesem Denker in seiner ungezwun-
genen, heilen Natur, den Graben zu überbrücken, Ratio
und Religion in sich zu vereinen. Auch auf den Geleisen
der Vernunft verläßt er den religiösen Traggrund nicht.
Die Religiosität hat sich nicht nur als schicksalwendend
für ihn erwiesen, sondern schimmert Jahre später auch
vom Grunde seiner Philosophie wieder herauf.

Es ist daher unmöglich, aus Schweitzers Lebensganz-
heit den Philosphen chemisch rein herauszudestillieren,
den Rationalisten vom Gottsucher zu trennen. Natürlich
ist die Ehrfurcht vor dem Leben ohne die christlich-reli-
giöse Komponente lebensfähig und so ja auch vielfach in
der Welt wirksam geworden. Aber man muß sich bewußt
bleiben, daß sie letztlich so nicht verstanden werden will;
vielmehr sei die Ehrfurcht vor dem Leben nichts anderes
als das große Gebot der Liebe Jesu, vom Wege des Denkens aus erreicht. An anderer Stelle liest es sich so: Durch
die Ehrfurcht vor dem Leben werden wir auf eine elementare, tiefe und lebendige Weise fromm.

Das Liebesgebot des Neuen Testaments war auf dem
Boden der Theologie als Jesusmystik artikuliert worden.
Auf profanem Grund verfremdet es sich zu einem weltli-
chen Sittengesetz, lesbar von jedermann. Aber der Verfasser sieht darin nicht ihren eigentlichen Sinn. Auch als
Kulturphilosoph bleibt er in erster Linie Christ. Kultur
und Ethik, das kulturaufbauende Gedankenwerk der europäischen Geisteskrise, ist Gottesdienst mit den Kräften
der Vernunft.

Diese Gedankenkoalition, die für ihren Verfechter tief
befriedigend war, ist allerdings nicht immer ohne Einwände hingenommen worden. Wer bei der Übersetzung
der Bergpredigt ins Philosophische die Unterschiede
übergeht, muß theologischen Widerspruchs gewärtig
sein.

Die Liebestätigkeit der Christentum-Gründers ruht

geistig in der Gotteskindschaft; diejenige des „13. Jüngers", wie man Schweitzer in Amerika genannt hat, findet ihre Grundvoraussetzung im Willen zum Leben. Für Jesus ist Ethik das Visum zum Reiche Gottes, für diesen ist sie denkend gewordener Wille zum Leben. Einem Moralgesetz mit transzendentem Bezug begegnet ein anderes, das sich an den Grundtatsachen des Daseins orientiert. Beide in eins zu sehen, geht nicht ohne Zwang. Für Schweitzer gibt es eine Behelfsbrücke zwischen beiden: Gott als unendlicher Wille zum Leben. Nur trägt sie nicht, wenn Jesus darüber hinweggehen soll. Sein Gottverständnis war anderer Natur.

„Es ist selbstverständlich, daß eine theologische Ethik das nicht mitmachen kann", urteilte Karl Barth über die Lehre von der Ehrfurcht vor dem Leben – derselbe Theologe übrigens, der am Ende seiner akademischen Laufbahn überraschend selbstbeschränkende Worte gegenüber dem Mann aus dem anderen Lager gefunden hat. In einem Anflug von Resignation fragte er, ob Theologie nicht eine Luxusbeschäftigung sein könnte, bei der die sie Ausübenden möglicherweise „auf der Flucht vor dem lebendigen Gott begriffen" seien, indes Schweitzer vielleicht das bessere Teil erwählt habe „und mit ihm die Besten, die da und dort ohne alle theologische Besinnung versucht haben, Wunden zu heilen, Hungrige zu speisen, Durstige zu tränken, elternlosen Kindern eine Heimstatt zu bereiten".

Eine so grundsätzliche Äußerung, auch wenn sie hier nicht ganz sachgerecht eingefügt ist, sollte im Zusammenhang mit dem Namen Barth doch erwähnt sein. Als Mensch sah er sich als Schweitzers Schuldner; als Theologe fand er keinen Zugang zu den theologischen, mehr noch den philosophischen Beweisführungen des elf Jahre Älteren. Jener mag diese und andere Absagen im Ohr gehabt haben, als er ironisch äußerte: „Die christliche Theologie hat es schwer gefunden, meine Gedanken gelten zu lassen, obwohl es den *Christen* nicht schwerfiel."

Doch immerhin ist er selber Zeuge dafür, daß der synonyme Austausch von ethischer Welt- und Lebensbejahung und galiläischem Menschendienst sich gedanklich nicht gerade aufdrängen muß. Er habe, schrieb er dem amerikanischen Freund Charles Joy, bei der Darstellung der Ehrfurcht vor dem Leben nicht an Jesus, sondern an Buddha gedacht.

Beanstandungen von theologischer Seite – und auch von philosophischer, etwa, ob diese Lehre wirklich in ihren Schlußfolgerungen überall zwingend und denknotwendig sei – gehören mit ins Bild, entscheidend sind sie nicht. Denn noch nie haben innere Unstimmigkeiten eines geistigen Entwurfs seinen Einfluß gehemmt. Es gibt kein eindrucksvolleres Beispiel für die Verträglichkeit von fehlerhaften Prophetien oder Beweisführungen und ihrer Geschichtsmächtigkeit als die Sozialphilosophie von Karl Marx.

Neues Haus auf altem Grund

Geistesgeschichtlich ist Albert Schweitzer die lebendige Gegenregulation gegen die doktrinären philosphischen Systeme des 19. und beginnenden 20. Jahrhunderts; gegen die Lebensverneinung Schopenhauers, die Machtphilosophie Nietzsches, den Pessimismus Spenglers (H. Baur). Er setzt sich innerlich vor allem mit Friedrich Nietzsche auseinander, für den Selbstbeschränkung ein Verlust an Persönlichkeit ist. Sein christlicher Widersacher legt dagegen dar, daß solche bequeme und populäre Egozentrik schließlich nur in flaches sich-ausleben münden kann. Sei eigener Imperativ ist anstrengender, dafür aber der herrischen, ichbetonten Lebensweisung des Vorgängers moralisch überlegen.

Das hinderte ihn nicht, dessen radikalen Wahrhaftigkeitswillen hoch zu achten. Dem „Gedankenaufwühler" wußte er sich tief verpflichtet. Nietzsche und Schopenhauer haben ihm überdies manche Denkansätze geliefert, und der Nachfolger wehrte sich nicht dagegen, als eine Synthese beider bezeichnet zu werden. Auch anderes war schon vorgeformt oder wurde im Weltbild von Zeitgenossen unabhängig von Schweitzer ähnlich gesehen:

Franz von Assisi hatte die Verbrüderung der Menschen mit der Kreatur als eine himmliche Botschaft verkündet. Jean Paul forderte, die Kinder zu erziehen im Bewußtsein der „Achtung für Leben überhaupt". Hermann Hesse, geschult am indischen Geist, lehrte, mit Pflanzen und Tieren „wie mit schwächeren Geschwistern" zu leben. Im „Felix Krull", in dem erhebenden Speisewagenkapitel, blitzt die Weltschau des alten Thomas Mann harmonisierend auf: Er lädt den Menschen, den Träger der wachsten Empfindung, dazu ein, jedes Sein in der Schöpfung zu begrüßen mit „Allsympathie".

Goethes Werther hingegen empfindet schmerzlich das unvermeidliche Schuldigwerden: „Da ist kein Augenblick..., da du nicht ein Zerstörer bist, sein mußt; der harmloseste Spaziergang kostet tausend armen Würmchen das Leben, es zerrüttet ein Fußtritt die mühseligen Gebäude der Ameisen und stampft eine kleine Welt in ein schmähliches Grab." Schweitzer formuliert denselben Gedanken so: „Wenn ich auf einsamen Pfade wandle, bringt mein Fuß Vernichtung und Weh über die kleinen Lebewesen, die ihn bevölkern."

Absolute Originalität ist nicht von vornherein ein Verdienst. Ein so eigenständiger Denker wie René Descartes (1596–1650) hat die Welt moralisch mehr zurückgeworfen als vorwärtsgebracht. Schweitzer trug den gelegentlichen Vorwurf, ein Eklektiker zu sein, gelassen. Es war ihm selbstverständlich, auf alten Fundamenten zu bauen. „Wir schenken der Welt wieder, was unsere gro-

ßen Denker geschaffen haben", sagte er 1959 vor
Schülern in Marl, in Anlehnung an einen Satz von 1923:
„... bin ich mir bewußt, ... nur mannigfache Ansätze zu
dieser Denkweise, die in dem bisherigen Suchen nach
Weltanschauung zutage getreten waren, zusammenzu-
denken und zu Ende zu denken." Nicht nur als Christ
wußte er sich in der Nachfolge.

Aber er wußte auch, wo er neue Wege ging. Er sah sich
als der erste im abendländischen Kulturkreis, der einerseits rückhaltlos eingestand, daß wir jedes Bemühen um
Verstehen des Weltganzen aufgeben müssen, und sich
dessenungeachtet zur Welt- und Lebensbejahung bekannte. Während es bis dahin Weltanschauungen der
Resignation, solche der Welt- und Lebensbejahung und
andere gab, die dem Hingabewillen zu genügen suchten,
aber keine von ihnen die drei Elemente miteinander ver-
söhnte, erkannte Schweitzer in der Ehrfurcht vor dem
Leben das Bindeglied, welches alle drei eint.

Die Formel gehört wohl ihm allein. „Da hat mich einmal jemand gefragt, wo die Ehrfurcht vor dem Leben bei
Goethe steht. Ich habe gesagt, mir sei das nicht bekannt.
Goethe hat wohl manches über die Ehrfurcht ausgesagt,
nicht sehr konkret, etwas unscharf, aber über die Ehrfurcht vor dem Leben verlautet nichts. – Ja, dann steht
es wohl bei Plato, sagt er. – Bei Plato steht es auch nicht.
Dann wollte er wissen, wer es denn zuerst ausgesprochen
hat. Da hab ich geschwiegen. Ich konnte ihm doch nicht
sagen, daß ich es war."

Indem Schweitzer den Dienst am Leben auf Lebens-
anschauung gründet, die nicht nach Welterkenntnis fragt,
wird seine Ethik gänzlich frei von Erkenntnistheorie und
Metaphysik. Martin Strege nennt dies eine entscheidende Wendung in der Geistesgeschichte. Dem abstrak-
ten Denkprinzip des naturfernen Gelehrten Descartes
(„Ich denke, also bin ich") steht der konkrete Erfah-
rungsgrundsatz des naturnahen Kulturerneuerers

Schweitzer gegenüber („Ich bin Leben...") Soweit die Welt uns zugänglich ist, so sagt er uns, erfassen wir sie nicht durch Denken, sondern durch Erleben.

Seine Erkenntnisse klingen einfach, faßbar, anschaulich, aber es bedurfte einer ganz bestimmten Situation, daß jemand kam, der die Ethik mit neuer Denkweise wieder in den Mittelpunkt stellte und eine elementare Lösung fand. Die Umstände ihres Werdens, ihrer Reife sind schon heute klassisch zu nennen, unabhängig davon, daß wir erst fragen, welchen Zukunftseinfluß auszuüben sie berufen ist. Viel später nannte Schweitzer Lambarene „ein Symbol meiner Gedanken". Das Symbol war aber schon dagewesen, ehe die Gedanken sich artikuliert hatten, ehe der Denker dem Tatchristen die Formel lieferte, das Wort fand, das dann Flügel bekam und heute vielfach seinen Urheber nicht mehr kennt.

Zum allerersten Mal ist die Kernaussage der schweizerischen Kulturphilosophie 1919 auf einer Kirchenkanzel vom Verfasser selber vorgetragen worden – auf dem liebgewordenen Platz in St. Nicolai an der Ill. Die Schlußworte der Doppelpredigt über die Ehrfurcht vor dem Leben lauteten: „Ich, der ich sonst Angst habe, Einfluß auf Menschen auszuüben, wegen der Verantwortung, die man dabei übernimmt, möchte Gewalt besitzen, euch zu verzaubern, daß ihr mitfühlend werdet, bis jeder von euch den großen Schmerz erlebt, von dem man nicht mehr loskommt, wissend werdet im Mitleiden; denn ich dürfte mir dann sagen, daß ihr auf dem Wege zum Guten seid und ihn nicht mehr verlieren könnt. Und keiner lebt sich selber: Möge uns das Wort verfolgen und nicht zur Ruhe kommen lassen, bis man uns ins Grab bettet."

Veröffentlicht war das afrikanische Manuskript, weil unfertig, damals noch nicht. Das geschah erst 1923, mitten in der Inflation. Verschiedene Verleger hatten abgewinkt. Dann versuchte es Emmy Martin, als sie einmal nach München fuhr, bei Beck. Die Hoffnungen waren gering. Als Emmy Martin etwas später schrieb, Beck würde das Buch nehmen, war er außer sich vor Freude. August Albers hatte das Manuskript entgegengenommen und im Verlag durchgesetzt, just, als der Nihilist Adolf Hitler in München zum ersten Mal nach der Macht griff.

In eigentümlichem Zusammentreffen war dort einige Jahre zuvor ein anderes philosophisches Werk erschienen: Oswald Spenglers „Untergang des Abendlandes". Schon im Titel ist der weltanschauliche Gegensatz zu „Verfall und Wiederaufbau der Kultur" (mit dem 2. Teil „Kultur und Ethik") geradezu schlagend dokumentiert. Trotzdem kam es zu freundschaftlichem Umgang der Antipoden. „Eines Tages gingen wir zu dritt – Albers in der Mitte, Spengler und ich rechts und links – zum Essen. Plötzlich mußte ich geradeheraus lachen, und ich sagte, er erinnere mich an einen Metzger, der seine besten Ochsen ausführt."

In den Bilanzen war Spengler der einträglichere „Verlagsochse", denn ein reißerischer Pessimismus, der dem Vorübergehenden im Schaufenster entgegenschlägt, verkauft sich besser als der mühsame Versuch eines Rückgewinns verlorener Kultur.

„Betrachte die Blumen am Abend, wenn in der sinkenden Sonne eine nach der anderen sich schließt: Etwas Unheimliches dringt dann auf dich ein, ein Gefühl von rätselhafter Angst vor diesem blinden, traumhaften, der Erde verbundenen Dasein." Diese Zeile von poetischen Glanz eröffnet den 2. Band von Spenglers Kulturphilosophie und ist sehr aufschlußreich. Der Verfasser war Naturwissenschaftler und leitete aus der Naturanschauung die Sichtweise vom Werden und Vergehen auch der Menschheitskulturen ab.

Das Werk, geprägt von der Krise der alten Ordnungen nach 1900, 1914 fertig konzipiert, 1918 veröffentlicht, hat bei der von Resignation erfüllten Generation, die aus dem Kriege kam, starken Widerhall gehabt. Unbestreitbar sind Spengler hervorragende Charakterisierungen besonders von Spätkulturen gelungen. Ernst Troeltsch hat damals in einer Rezension gewaltiges Wissen an dem Verfasser gerühmt, brillante Darstellung und geistige Selbständigkeit, aber er bemängelte die völlige dogmatische Willkür, die mit Epochen schalte und walte.

Im Vergleich und Gegenüber der Kontrahenten aus dem Harzstädtchen Blankenburg und dem Vogesendorf Günsbach ist interessant, daß der fünf Jahre ältere Elsässer seine Erkenntnisse ebenfalls aus naturhaften Vorgängen gewann – freilich mit welch unterschiedlichem Ergebnis! Auch sein Werk entstammte dem gleichen negativen Kulturbefund, kam aber aus dem Tatchristentum zu ganz anderen Lösungen. Hier gilt nicht blinder Schicksalsablauf, nicht die düstere Unausweichlichkeit vorausbestimmter Geschichte, sondern der Mensch, von dessen Gesinnung abhänge, ob dem Unheil zu steuern sei.

Nur der zweite Versuch konnte und kann zukunftweisend sein. Er war nicht sensationell wie der andere, dafür konstruktiv; nicht in Resignation erstarrt, sondern erfüllt vom Glauben an den Geist. Und so ist Schweitzers Kulturphilosophie kein fachwissenschaftliches Werk herkömmlicher Art geworden, sondern eher ein moralisches Bekenntnisbuch, das seine leicht eingängigen Leitgedanken den Denksystemen der Vorgänger gegenüberstellt – dieselbe Methode wie in den viel fachlicheren theologischen Schriften – und diese Leitideen in vielfachen Abwandlungen wiederholt. –

Goethe nannte den „Faust" sein Hauptgeschäft. Sechzig Jahre war er um seine Formung bemüht. Auch in Schweitzers weiträumiger Entfaltung gab es eine gleich lange Konzentration auf ein Hauptgeschäft. Seit den Anfängen des Jahrhunderts bis zum Tode 1965 kreisten seine Sorgen und Hoffnungen um geistige Erneuerung.

Die Ehrfurcht vor dem Leben ist Schweitzers Credo, sein eigentliches Vermächtnis, die Zentralprovinz inmitten eines weiten Horizonts. Doch blieb es nicht bei dem in zwei Teilen veröffentlichten, in zwei weiteren fragmentarisch hinterlassenen Hauptwerk. In kleineren Schriften und Reden wurde das Thema immer wieder variiert.

Unausgesprochen steht über allem als Motto ein Satz von 1931: „So stehe und wirke ich in der Welt als einer, der die Menschen durch Denken innerlicher und besser machen will."

Dabei haben ihm viele Vorausgegangene geholfen. Er wußte ihnen Dank und beschritt in der wunderbaren Übereinstimmung von Leben und Lehre seinen eigenen beschwerlichen, redlichen, glaubwürdigen Weg.

„Das abendländische Denken", schrieb der Gründer des deutschen Freundeskreises, Richard Kik, schon 1930, „mag manchen Goldbarren in seinen Gewölben von dem und jenem berühmten Denker deponiert haben; jener Arzt hat in der Stille des Urwaldes das Gold eigenen und fremden Denkens in gültige Goldmünzen geprägt. Albert Schweitzer hat die Ethik wieder aus den verborgenen Kapiteln der philosophischen Systeme hervorgeholt und in die Mitte seiner eigenen Lehre und seines eigenen Wirkens gestellt."

VI

DAS DORF DES SONNENKÖNIGS

Den Tiefpunkt in Albert Schweitzers Leben zeigt ein Foto vom Frühjahr 1918 im Interniertenlager St. Rémy de Provence. Vor einer Gartenmauer auf einer aus Ästen zusammengehämmerten Bank hockt er in einem schwarzen Arbeitskittel, mit einer Schirmmütze und klobigen Holzpantinen. Dem Gesichtsausdruck fehlt die so bezeichnende Einheit von Energie, Gewißheit und Kommunikation. Die Lebensfreude, das Zutrauen in die eigene Kraft, die Genugtuung über das Gelingen nach harter Mühe, – all das, was den früheren Lebensgang kennzeichnete, ist mit harter Hand aus dem Dasein gewischt, zumindest betäubt und unterdrückt. Dem 43jährigen ist das Aufbauwerk zerschlagen. Der Dschungel deckt schon gierig die mühevolle Kulturarbeit wieder zu. Stattdessen machen sich körperliche Mattigkeit breit und die quälende Frage, wie es weitergehen soll.

All das ist diesem Schnappschuß mitgegeben. Doch bewahrt er noch einen anderen Eindruck auf. In Gesicht und Haltung liegt eine rührende Ergebenheit in das Schicksal. Sie war nicht nur die Nachhut einer entschwundenen besseren Zeit; sie gehörte ihm an. Wenn man Schweitzer einen demutvollen Menschen nennen konnte – nie war er es mehr als hier.

Demut ist kein Verlust an männlichem Stolz. Ihr haftet nicht die Sklavengebärde an, die Nietzsche an ihr sah.

Demut ist in Wahrheit nur in der Seele des Freien zu erfahren. Er beugt sich nicht äußeren Mächten, sondern er stellt anheim, was Menscheneinfluß oder -einsicht übersteigt. Der Demütige kennt nicht den Prometheustrotz; darum zerbricht er nicht. Er fängt Schicksal auf und überwindet es. Jenes „nicht wie ich will, Herr, sondern wie du willst" kann Thema einer schönen, folgenlosen Sonntagspredigt sein. Schweitzer lebte danach. So erwies er sich der Nachfolge, die ihm immer gegenwärtig war, auch in der großen Kraftprobe würdig.

Die Krise der europäischen Kultur hatte ihren Interpreten eingeholt. Dessen ungeachtet sann er hier in der Internierung weiter darüber nach, wie die Ursachen, Auswirkungen und das erkannte Heilmittel schriftstellerisch darzustellen seien. In der düstersten Lebensphase benutzte der gestrandete Urwalddoktor nicht nur einen Tisch als Orgelmanual, um auch ohne Instrument in Übung zu bleiben, sondern arbeitete am geistigen Wiederaufbau der Zivilisation.

Am 8. August 1918 – noch brüllten die französischen Geschütze vom Vogesenkamm herüber – kehrten Albert und Helene ins Heimatdorf zurück. Im Tagebuch notierte Vater Louis: „Mit ihnen an Mamas Grab. Wir haben angefangen, den Mohn einzuernten." Die Zeile hätte auch vom Sohn stammen können. Die seelische Zuwendung und der körperliche Anspruch stehen schmucklos und unvermittelt nebeneinander. Es gibt keine Empfindsamkeitspause. Die Scheu in der Gefühlsäußerung zeigten übrigens beide Elternteile. Albert Schweitzer hatte viel davon. Die Herzlichkeit seiner Natur und seiner Ausstrahlung war davon unabhängig und unberührt.

Zwei Anstellungen im Herbst 1918 verhalfen den Zurückgekehrten, kurz bevor die Tochter Rhena geboren wurde, zum Lebensunterhalt: eine Assistenzstelle am Straßburger Bürgerspital (in der Hautklinik) und das wiedererworbene Vikariat an St. Nicolai. Praktisch war es eine ganz reguläre Pfarrtätigkeit mit allen Pflichten, denn Pfarrer Gerold, der wegen antideutscher Äußerungen von der deutschen Regierung seines Amtes enthoben worden war, war von der französischen noch nicht wieder eingesetzt, und Pfarrer Ernst hatte seine Stelle wegen nicht genügend französischer Gesinnung aufgeben müssen.

Konnte etwas für das vergiftete Klima der Grenzprovinz bezeichnender sein? Auch Schweitzer war ihm ausgeliefert. Der Vermittelnde, der Kosmopolit, wird in solchen Perioden genauso wenig geschont wie der Parteigänger der Gegenseite. Zurückhaltung im nationalen Triumph wird stets als mangelnde Loyalität ausgelegt. Der Friedfertige ist zuzeiten nirgends daheim. Daß ein Elsässer als deutscher Staatsbürger in französisches Kolonialgebiet gegangen war, hätte jetzt als eine – freilich unbeabsichtigte – patriotische Vorleistung auf den Wechsel der Staatsbürgerschaft gewertet werden können. Doch der Afrika-Remigrant hatte keinerlei Nutzen von seinem humanitären Vermittlerdienst. „Im Elsaß war er genauso angefeindet wie Romain Rolland in Frankreich" (Minder). Die Universität Straßburg nahm keine Notiz von ihm.

Das mußte ihn besonders schmerzen. Dort hatte ihn früh der Erfolg begrüßt. Von dort war er mit schwerem Herzen geschieden. Das jetzige Totschweigen mochte der Hauptgrund gewesen sein für sein resigniertes Gefühl eines unter ein Möbel gerollten und dort verlorenen Groschens.

Dieses Gefühl wich einer neuen Zuversicht, als aus zwei Ländern unerwartete moralische und materielle Hilfe kam: aus Schweden und aus der Schweiz.

Im Norden konnte Schweitzer ein erstes Echo auf seine Gedanken zur Kulturerneuerung vernehmen aufgrund des denkwürdigen Rufes von Erzbischof Nathan Söderblom. Die Vorlesungen in Uppsala, die Vortrags-

109

und Orgelreise im Frühjahr 1920, waren auch finanziell so ertragreich, daß die Fortführung des afrikanischen Werkes erstmals kein utopischer Gedanke mehr war. Zunächst konnten die Schulden abgetragen werden, hatte doch der Aufenthalt in Lambarene länger gedauert, als 1913 veranschlagt war. „Gestern", so erfuhr das Patenkind in Colmar im Juni 1920 aus Schweden, „habe ich der Pariser Missionsgesellschaft die 17 000 frc., die ich ihr schuldete, schicken können. Was das bedeutet, kannst Du nicht ahnen. Ich bin langsam wieder ein ganz anderer Mensch, wie eine Tanne, die sich aufrichtet, nachdem sie die Schneelast abgeschüttelt hat."

Menschen im südlichen Nachbarland griffen im mehrfach fördernder Weise in das ächzende, knarrende Räderwerk des schweitzerischen Lebenskarrens, bis er endlich auf glatter Straße wieder munter lief: Die Universität Zürich verlieh dem Theologen 1920 das erste Ehrendoktorat (dem später allein in dieser Fakultät mindestens vier weitere folgten: Edingburgh, Oxford, Marburg, Tübingen); um den Basler Pfarrer Hans Baur entstand der erste ausländische Freundeskreis; schließlich übernahm der Verlag Paul Haupt in Bern 1921 die deutschsprachige Erstveröffentlichung des Afrika-Buches „Zwischen Wasser und Urwald".

Dieses erste nicht fachgebundene, sondern erzählende Buch, nach der Schwedenfahrt in wenigen Wochen zu Papier gebracht, bewahrt seinen Reiz nach einem halben Jahrhundert uneingeschränkt. Dieser aufsehenerregende Erlebnisbericht brachte aber um so mehr damals für viele die erste fesselnde Begegnung mit einem Afrika, das noch wirklich dunkel war; machte bekannt mit einem willensmächtigen Unternehmen, das dreißig Jahre später internationale Berühmtheit erlangen, den Rang eines moralischen Denkmals erwerben und Tausende Besucher anziehen würde.

Im Schlußwort spricht der Verfasser von der „Brüder-

schaft der vom Schmerz Gezeichneten". Er hatte nicht
nur fremden körperlichen Schmerz erlebt, er hatte auch
eigenen erfahren. Der Appell wollte Menschen zum Helfen aufrütteln, daß sie „das ärztliche Humanitätswerk in
den Kolonien" üben. Als Beauftragte der Brüderschaft
sollten Ärzte hinausgehen, um unter den Elenden in der
Ferne zu vollbringen, was im Namen der Menschheits-
kultur vollbracht werden müsse.

Es ist das erinnerungwürdige, sicher erste Dokument
der Welt, in der zur Entwicklungshilfe aufgerufen wird,
vierzig Jahre, ehe der Ausdruck dafür gefunden war.
Schwarz auf weiß steht das prophetische Wort: „Früher
oder später wird sich die Idee, die ich hier ausspreche, die
Welt erobern, weil sie in unerbittlicher Logik sowohl das
Denken wie das Herz zwingt." Geschrieben im August
1920 in Straßburg, „bei der Kirche zu St. Nicolai". Der
Name Brüderschaft der vom Schmerz Gezeichneten ist in
der Zeit der knappen Parolen ein altmodisches Begriffs-
gehäuse. Was aber davon an Impuls und Nachfolge ausgegangen ist, hat keine Statistik bewahrt.

Während der Assistenzarzt und Vikar in der Knob-
lochgasse in der Straßburger Altstadt zur Untermiete
wohnte, galt die Hauptsorge der Gesundheit seiner Frau.
Nach einem Zwischenaufenthalt im Günsbacher Pfarrhaus konnte er ihr eine zehnjährige Erholung zwischen
Schwarzwaldtannen im eigenen Heim verschaffen: Ein
anderthalbstöckiges Fachwerkhaus wurde am Rande von
Königsfeld erbaut. 1923 zogen Helene und Rhena hier
ein. Für den Mann und Vater gab es nur Stippvisiten.

1921 hatte er seine beiden Stellungen aufgegeben, für
den Lebensunterhalt „hinfort auf die Feder und die Orgel
zählend"; mehr: Es begann die systematische Vorbereitung für einen zweiten Afrika-Start. Nur durch öffentliches Wirken und Werben konnte er die Mittel dafür zusammenbekommen. Das Angebot eines theologischen
Lehrstuhls in Zürich hatte er aus diesem Grunde ausge-

schlagen. Dafür reiste er durch Europa: Vorlesungen, Konzerte und Lichtbildvorträge führten ihn abwechselnd nach Schweden, Dänemark, England, zu den Eidgenossen, nach Barcelona und nach Prag.

Was nüchterne Geographie nur grob umreißt, ist wesentlich feiner gesponnen in einer Schilderung, die sich unter dem nicht verkaufsstarken Titel „Emmy Martin – die Mitarbeiterin Albert Schweitzers" versteckt. Das Buch wurde von Robert Minder und Hans Walter Bähr zum 80. Geburtstag der ältesten Mitarbeiterin (31. 12. 62) herausgegeben. Es enthält als zentralen Bestandteil eine Würdigung von Minder. Sie ist biographisches Filigran. In kunstvollem Geflecht von geschichtlich schon verblaßten oder Geschichte gewordenen Bezügen werden zwei Einzelschicksale, Emmy Martin und Albert Schweitzer – ihres überwiegend in der Spiegelung des seinen – in ihre gemeinsame Kulturlandschaft hineingestellt. Mit der Eleganz eines Artisten, der fünf Ringe wirft und fängt, jongliert er mit dem europäischen Kulturinventar von Schweitzers früher und mittlerer Lebenszeit.

In dieser Rückschau sind die sorgenvollen und zugleich aufbaufreudigen Jahre zwischen 1918 und 1924 gegenwärtig, manchmal auf erfrischende Art: „Öl, Schokolade, Hühner, Axt und Beil schleppt heut der Doktor nach Königsfeld", notierte die verwitwete Helferin am 17. November 1923. Sie wohnte damals mit ihrem zehnjährigen Sohn Hans seit drei Jahren (und noch für sieben weitere) in einer Mühle im badischen Dorf Kork. Zweckentfremdet, diente die Mühle weniger der Ernährung als der Kunst. Aus ganz Europa kamen die Freunde hierher, um zu musizieren. Schweitzer selber war auf dem Wege von und nach Königsfeld regelmäßiger Gast. Den Jungen begrüßte er mit Ausrufen aus „Winnetou" und „Lederstrumpf".

Die bedeutende Erscheinung dieser Frau wird mit Recht monographisch gewürdigt. Kein anderer hat ne-

7 Dampfer auf der Reede von Lome in Togo

8 Blick von der evangelischen Missionsstation Lambarene –
Schweitzers Wirkungsstätte 1913 bis 1917 und 1924 bis 1927 –
auf den Ogowe. Das heutige Spital liegt drei Kilometer stromauf
(links hinter der Palme)

ben dem Gründer über fünfzig Jahre am Lambarene-Werk mitgearbeitet. Erst Ende 1971 nahm der Tod die 88jährige aus der Pflicht.

Die Musikerin in Kork und später im Günsbacher Haus war der europäische Pfeiler des Spitals, wenn sie auch zehnmal „nebenbei" in Lambarene gewesen ist. Ihre Hilfe ist unschätzbar. Wofür jede Firma oder Behörde einen ganzen Mitarbeiterstab eingesetzt hätte, das bewältigte sie größtenteils allein: unendliche Korrespondenzen, Einkäufe, Versendungen, Reiseplanungen, Auswahl von neuen Mitarbeitern. Anpassungsfähig war sie nicht nur in der Handschrift, die später (ebenso wie Mathilde Kottmanns und Emma Haussknechts) dem schweitzerischen Schreibduktus zum Verwechseln glich – auch der Arbeitsstil wurde wohltuend abgeschaut: Es ging in seiner Umgebung stets höchst unbürokratisch, aber äußerst konzentriert und ökonomisch zu.

Einzelwürdigungen bei einer gemeinschaftlichen Aufgabe sind immer nur wie die Spitze eines Eisberges. Schon vor der zweiten Ausfahrt zum Äquator und danach, als sich lange noch keine große Zeitung für ihn regte, hatte der musizierende Theologe, der vortragsreisende Tropenarzt viele Helfer um sich gesammelt. „Die Geschenksendungen", schreibt Minder, „die aus den verschiedensten Ländern eintrafen, bewiesen schon damals seine Wirkungskraft auch auf die Ferne. Wäsche aus Schweden mit gräflicher Krone; eine Riesenkiste aus dem bäuerlichen Emmental, wo beim plätschernden Brunnen tagaus tagein Schweizer Freundinnen Säcke und Säcklein für Lambarene nähten; eine Instrumentenkiste, daß dem Chirurgen das Herz im Leibe lachte; ein Moskitonetz aus Indien, handgewebt in purpurroter Seide, mit großen vergoldeten Ringen und meergrünseidenen Schnüren und Quasten. Es wurde mitgenommen, konnte nicht gebraucht werden und blieb doch wie ein Gruß aus Tausend und einer Nacht."

Wer in mittleren Jahren ein an Hilfe und Opfer appellierendes Vorhaben verwirklicht, sieht die Altersgenossen kaum daran beteiligt. Sie mögen Verbundenheit und Sympathie beweisen, aber mitmachen werden sie kaum, weil jeder um diese Zeit seine vorgeplanten eigenen Wege sucht. Zur aktiven Teilnahme ist daher die Generation berufen, die als nächste folgt. In der noch wandlungsfähigen, unsortierten Bereitschaft ihrer Aufbaujahre ist sie zur Mitarbeit prädestiniert, auf Zeit oder auf Dauer, amateurhaft oder professionell.

So geschah es auch hier. Auf mannigfache Weise, entsprechend den vielerlei Zugangsmöglichkeiten zu dieser Persönlichkeit, wurden Verbindungen geknüpft. Der eine suchte einen Klavierlehrer und erschien in dem Haus am Nikolausstaden in Straßburg, in dem, wie es hieß, ein ausgezeichneter Organist wohne; der werde Rat geben können. Aus dem Rat wurde ein Lebensbündnis und ein geistiges über das Leben des Älteren hinaus. Andere hatten den Schwesternberuf erlernt und hörten von einem Urwaldspital in Französisch-Äquatorialafrika. Ein Elsässer leite es und brauche dringend Hilfe. So fuhren sie hin – und blieben. Wieder ein anderer stieß über philosophischen Studien auf „Kultur und Ethik". Den eben entstehenden Vortrag des jungen Hilfsschullehrers über Spengler für die Volkshochschule in Ulm ergänzte ein kurz zuvor noch ungeahnter, zukunftsfreudiger Aspekt.

Man denkt an die Metapher, die Goethe gegenüber Eckermann verwendete, als er die Stufenfolge eines langen Lebens mit dem Aufenthalt in einem Sommerbad verglich: vor allem die als nächste nach uns selber eintreffene („Kurgast"-)Generation ist es, „mit der man eine gute Weile fortlebt und sich auf das innigste verbindet".

Albert Schweitzer als Arzt

Im Februar 1924 reiste der 49jährige nach einer Günsbacher Abschiedspredigt unter dem Leitwort „Er zog seine Straße und war fröhlich" zum zweiten Mal in den Gabon – ohne seine Frau, deren Gesundheit die Mitfahrt nicht gestattete. Europa entließ ihn ohne Aufsehen. „Man kann sich nicht vorstellen, wie unauffälig sich bis gegen 1950 die Abreisen Schweitzers und seine Wiederankunft in Europa vollzogen. Das Rampenlicht hatte ihn noch verschont. Es war die schönste Zeit" (Minder). Begleiter war diesmal ein 19jähriger Oxforder Chemiestudent, Noel Gillespie, Sekretär, Gehilfe und Englischlehrer des 30 Jahre älteren Elsässers, der der Mutter in London in wiederholten Briefen versicherte, „daß ich Ihr Kind wohl behüte".

Am Ostersonnabend 1924 hielten beide Einzug zwischen Wasser und Urwald, und Schweitzer ging wie ein Träumender auf den überwucherten Pfaden. „Dornröschenhaft sieht es hier aus. Gras und Gestrüpp wächst, wo einst Baracken standen, die ich mit großer Mühe errichtet hatte."

„Schon kommen die Kranken", ergänzte der junge Engländer in einem Brief. Es gäbe aber auch viel Arbeit, um die Schäden zu reparieren, die sieben Jahre Unbewohntsein angerichtet haben. Beides nahm den „Heimkehrer" in den folgenden drei Jahre mit Ausschließlichkeit in Anspruch, wobei er in der zweiten Hälfte, unterstützt durch die ersten Ärzte und Pflegerinnen, nur noch Baumeister war.

Dr. Schweitzer, aus dessen Feder ein Handbuch der Tropenmedizin den Rang eines aus einzigartiger Erfahrung erwachsenen Standardwerkes hätte erwerben können, hat stattdessen nur im Rahmen seiner Erlebnisberichte aus der Praxis erzählt. Dadurch ist nun nichts systematisch-Zusammenfassendes, nur Fragmentarisches von seinem an Zeitumfang intensivsten Arbeitsgebiet niedergelegt. Aber gerade die in „Wasser und Urwald" und in den „Mitteilungen aus Lambarene" tagebuchartig aufgezeichneten Begebenheiten, die täglichen „Fälle", zeigen ihn als Arzt viel näher, als ein Fachbuch dies je hätte leisten können: die behutsame, geschickte Chirurgenhand, das fährtensichere Gespür des guten Diagnostikers, den Einfallsreichtum bei aussichtslos erscheinenden Krankheitsbildern, die unlernbaren ärztlichen Qualitäten, die der verehrende Bonner Kollege Paul Martini an ihm rühmte: Verantwortungsbewußtsein, Ehrfurcht, Demut, Liebe und Wahrhaftigkeit.

Schweitzer war nie Mediziner aus Leidenschaft, wie er stattdessen Musik, Theologie, Predigtamt begeistert und Philosophie mit bohrendem Ernst betrieben hat. Doch gerade er, ein anderer König Midas, besaß als Arzt die Gabe, daß ihm sein Tun unter den Händen zwar nicht zu Gold wurde, aber meist zu Erfolg und Segen gedieh.

Dabei behauptete er, zu weich für diesen Beruf zu sein. Er litt zu sehr mit den Leidenden, wovon sein Wort zeugt: Der Schmerz ist ein furchtbarerer Herr als der Tod. Eine rührende Geste der Dankbarkeit galt daher auch einem der Befreier auf diesem Gebiet, Carl Ludwig Schleich, dem Erfinder der Infiltrations-Anästhesie. Manchmal mußte der Operierte, wenn er erleichtert und fassungslos feststellte, daß „böses Wurm" verschwunden, vor dessen Portrait sich verbeugen.

Trotz mancher verlorenen Schlacht gegen die tropischen Leiden – viele Patienten kamen zum weißen Doktor erst, wenn der Kollege Medizinmann mit seinem Witz am Ende war – wuchs das Vertrauen in seine Kunst in beängstigender Weise und zeigte sich manchmal ergreifend: Der docteur pflegte abends noch einmal zu den Kranken zu gehen. Einmal unterließ er es vor Müdigkeit. Als er am nächsten Morgen gleich den ersten fragte: Wie hast Du geschlafen? entgegnete dieser karg: Ich habe

116

nicht geschlafen. – Warum hast Du nicht geschlafen? – Du bist nicht gekommen, mir gute Nacht zu sagen.

Humor half ihm auch hier auf diesem Gebiet, auf dem es gemeinhin nicht viel zu lachen gibt. Als er 1925 einmal zu Einkäufen in Cap Lopez war, mußte er eine indische Schiffsbesatzung gegen Dysenterie behandeln. Da die indischen Namen nicht auseinanderzuhalten waren, nahm er seinen Sagenschatz zu Hilfe. So stand dann im Notizbuch: Parzival, noch 39,6; soll zwei Chinineinspritzungen bekommen. – Hagen: noch drei Tage lang 0,08 Emetin subcutan, dazu Elkossan 8 Tabletten.

Entsprechend verzeichnete er vergnügt, wie sein erster Heilgehilfe Joseph, ein gelernter Koch, bei der Anatomie die Gastronomie nicht vergessen konnte und dann beide miteinander verband: „Diese Frau hat Schmerzen in den oberen linken Koteletten und im Filet."

Die ärztliche Tätigkeit in Schweitzers Leben hat durch Umstände, die sich seinem Einfluß entzogen, wesentlich länger gedauert, als ursprünglich geplant. 1929 hatte er einen Nachfolger in Aussicht, der sich nicht nur für einige Zeit, sondern auf Dauer der Spitalarbeit widmen wollte: Dr. Erich Dölken aus Thun. Er starb schon auf der Fahrt nach Afrika, wahrscheinlich an unerkannter Herzmuskelerkrankung.

Der Zweite Weltkrieg zwang den 65jährigen erneut in die volle ärztliche Tagespflicht. Der normale Austausch von Medizinern und Pflegerinnen war viele Jahre unterbrochen. „Wie lange noch werde ich diesen Energieaufwand leisten müssen? Wann werde ich in Günsbach ausruhen dürfen?" fragte ein bedrückter Brief am Tage vor dem deutschen Einmarsch in Frankreich.

Zum Glück ahnte Schweitzer nicht, wie seine Karten gemischt waren. Noch der 82jährige war ohne Hoffnung an die Galeere geschmiedet – ein Lebenslänglicher, wie es schien. „Noch vor wenigen Jahren", hieß es 1957 im Gespräch mit Norman Cousins, „glaubte ich, meine

‚Projekte auf lange Sicht' gingen endlich ihrer Lösung entgegen. Ich hatte einen Arzt hier, der, wie ich hoffte, mich ablösen und das Hospital weiterführen würde, wenn ich stürbe. Ich glaubte auch, nun würde ich bald Zeit haben, meine Bücher zu beenden. Aber er mußte fort..., und ich mußte wieder die ganze Bürde auf mich nehmen. Die Ärzte, die ich jetzt habe, sind sehr gut, aber sie sind sehr jung, und deshalb kann ich die Oberaufsicht über das Hospital nicht abgeben. Es dauert zwei Jahre, bis ein Arzt hier in Lambarene wirklich zuhause ist..."

So waren die fünfunddreißig Jahre Afrika, die als „Extrakt" bleiben, wenn alle Europa-Aufenthalte abgezogen sind, weit überwiegend auch Jahre unmittelbarer ärztlicher Fürsorge und Verantwortung. Daneben hat Schweitzer die Hilfe und Opferbereitschaft der anderen immer tief dankbar empfunden. Er wußte, daß das verzahnte Räderwerk des Hôpital Dr. Albert Schweitzer ohne die vielen Ungenannten nicht „lief". Eine schlichte Zahl belegt das Ausmaß äquatorialen Vertrauens und damit der nötigen Aufwendungen, ihm gerecht zu werden: Kamen 1913/14 täglich dreißig Kranke – und das war für vier Hände viel –, so werden heute 300 bis 400 Kranke täglich versorgt. Der Einschnitt des Jahres 1965 änderte daran nichts.

Unter den hunderten medizinischen Fachleuten, die dort im Laufe der Jahrzehnte länger oder kürzer Einblick genommen und mitgearbeitet haben, hat der Münsteraner Kinderarzt Hermann Mai diesen Bezirk von Albert Schweitzers Wirken besonders gründlich studiert und immer wieder beschreibend gewürdigt. Seit Mitte der Fünfziger Jahre war er in vielen Urlauben in Gabun und dehnte diese „Zweitpraxis" nach der Emeritierung, als Schweitzer schon gestorben war, sogar zu längeren Aufenthalten aus. Unter seiner Leitung entstand eine moderne Kinderklinik am Rande des alten Spitals. Die medizinische Fakultät der Universität Münster ehrte seinen fortdauernden persönlichen Einsatz in der Dritten Welt („schließlich bin ich erst 70") im Juni 1972 mit der Ehrendoktorwürde.

Unter den nicht zahlreichen Fachbeiträgen über die rein medizinische Seite des humanitären Markenzeichens Lambarene stellen Mais Arbeiten allein einen beachtlichen Teil. In den Jahren, als das Werk mitsamt dem Gründer ins Wellental des Ruhmes tauchte und viele flüchtige Augen hier Mängel, Primitivität und Rückständigkeit zu sehen glaubten, war es gelegentlich wohltuend, solche Einwände ohne jede Emotion, allein durch nüchterne Kennerschaft, erledigt zu sehen.

Der eilige Besucher registrierte stirnrunzelnd die Unordnung und – nach europäischen, aber daher unsachgemäßen Begriffen – die Unhygiene eines Spital-Dorflebens mit großer Patienten-Fluktuation. Über dem Vordergrund entging ihm die glückliche Verbindung von Tradition und Fortschritt. „Unbeirrbares Festhalten an der Grundidee kennzeichnen in Anlage und Wirkungsweise das Hospital ebenso wie der Einbau moderner Geräte und die Verwendung neuer technischer Hilfsmittel", schrieb Mai in Schweitzers letztem Lebensjahr. Und an anderer Stelle (1961): „Wer im Operationsraum hier mitten im Urwald arbeitet, kann nur staunend und befriedigt zugleich anerkennen, wie zweckmäßig dieser eingerichtet und ausgestattet ist ... Der Fortschritt, den die instrumentellen und apparativen Möglichkeiten in Lambarene seit dem Beginn im Jahre 1913 genommen haben, ist weitaus bedeutender und ausgreifender als in vielen damals schon und heute noch als modern geltenden Häusern."

Die vorherrschenden Gründe, das Krankendorf im Inneren Gabuns aufzusuchen, sind nur zum Teil noch die gleichen wie in der Anfangszeit. Als der ärztliche Pionier noch im Hühnerstall operierte, aber auch beim Neubeginn 1924 dominierten Brüche (Hernien) Hautgeschwüre, Malaria (z. T. mit ihrer schwersten Form, dem Schwarzwasserfieber), Schlafkrankheit, Lepra, Elefantiasis, Herzkrankheiten, Knocheneiterungen und Dysenterie (Ruhr). Doch auch Geisteskrankheiten, Sonnenstich, schwere Unfallverletzungen, Beriberi und die Himbeerkrankheit (Frambösie) fehlten im diagnostischen Spektrum nie.

Die Bruchleiden, offenbar wegen konstitutioneller Bindegewebsschwäche der dortigen Bantustämme, und die Malaria, allerdings heute ohne die extremste Form, und die Lepra haben ihre Anhänglichkeit bewahrt. Die Unfallchirurgie nimmt sogar zu, weil die Begegnung von Vorzivilisation und hochentwickelter Technik blutige Lernprozesse mit sich bringt.

Die Schlafkrankheit ist stark zurückgegangen, nachdem die frühere Kolonialmacht ihre Ursachen wirksam bekämpft hat. Die fressenden Beingeschwüre verlieren ihren Nährboden im zunehmenden Gebrauch von Schuhen. Schwere Mangelkrankheiten wie Beriberi – sie grassierten auf Holzplätzen mit großer Arbeiterzahl beim Dauergenuß von geschältem Reis – sind einsichtigerer Ernährungsweise gewichen. Im Spital selber bereichern die vielen vom Erbauer gepflanzten Obstbäume seit Jahrzehnten nicht nur die Mahlzeiten der Weißen im Speisesaal; auch die Eingeborenen profitieren davon.

Wenn die Elefantiasis unverändert Leiden schafft, die Tbc Kopfzerbrechen macht, alle möglichen Wurmkrankheiten unbewältigt sind und Krebs zunehmend in Erscheinung tritt, so hat sich das Bild auf noch einem Gebiet sehr zu Lasten des Spitals, aber paradoxerweise gerade darum erfreulich gewandelt: Es häufen sich die Geburten dort, seit die Landesregierung jene Familien mit Prämien belohnt, die ihren Nachwuchs nicht mehr unter den sterblichkeitsfördernden Dorfverhältnissen in die Welt entlassen. Schon 1965 stieg die Zahl der Spitalentbindungen auf über 400.

Albert Schweitzer war medizinisch nicht spezialisiert. Das Tropenhospital verlangt den allround-Praktiker. Doch auf zwei Gebieten hat er, weniger heilkundlich als psychotherapeutisch, mit seiner Begabung, auf den Kern eines Problems zu stoßen und es von dort her zu lösen, ganz spezielle Erfolge erzielt. Er hat sowohl Lepröse wie Geisteskranke aus ihrer Lethargie befreit, indem er ihnen Pflichten gab; unter anderem auch so: Jeden Besucher ruderten Leprakranke ins Spital. Mit dem vom Friedensnobelpreis finanzierten Lepradorf „aus einem Guß" hat er außerdem für diese Dauerpatienten räumlich mustergültig gesorgt. In gemäßigter Isolierung fanden die Kranken Bleibe und Geborgenheit. Durch gesonderte ärztliche Pflege im Lepradorf wurden Tropenkrankheiten, die die Lepra begünstigen, niedergehalten. Damit wurde ein wertvoller Nebenerfolg erreicht: Die als leicht infizierbar geltenden Kinder blieben, statt getrennt zu werden, im Familienverband. Keines von ihnen ist erkrankt.

Jeder Lambarene-Besucher kannte den Renommier-Kranken des Dorfes, den lebendigen Beweis, wie günstige Lebensbedingungen und Beschäftigung ein Dauerleiden in Lebensbejahung wenden können: Victor, mit verkrüppelten Füßen und fingerlosen Händen, schnitzte Pirogen, Masken, Krokodile, ja Musikinstrumente – kunstvoll und exakt. Die Werkstatt wurde zum florierenden Geschäftsbetrieb, was man wiederum in der Spitalleitung aus verschiedenen Gründen nicht gerne sah.

Heute ist die Leprösen-Behandlung sogar erweitert: hin zur Rehabilitation. Mit chirurgischen Eingriffen und Gymnastik soll erreicht werden, daß diese, landläufig gesehen, unheilbar Kranken (15 000 allein in Gabun), deren Leiden auch bisher schon mit Sulfonamiden wenigstens zum Stillstand gebracht wurden, in den normalen Lebens- und Arbeitsprozeß zurückkehren können. In dieser Aufgabe sieht Lambarene heute eine Hauptfunktion, seit Schwerpunkt-Behandlungen möglich sind; seit der vermehrte Gesundheitsdienst in der äquatorialen Republik für andere Krankheiten und Kranke gegenüber dem Hôpital Schweitzer schon Alternativen bereithält.

Die Geisteskranken sah man oft, von einer Pflegerin angeführt, im Gänsemarsch zur Arbeit im Gemüsegarten ziehen. So trugen sie zum Gemeinschaftsleben bei. Wenn man das normale Los dieser Armen im Stammesverband kannte, dann war dies eine sensationelle und pädagogisch einflußreiche Therapie. Dem Lambarene-Oberhaupt lagen sie ganz besonders am Herzen. Er hat sogar die Hütten für die Geisteskranken auch mit ihnen selber gebaut. Er habe in den letzten Jahren durch tüchtige Pflegerinnen viel dazugelernt, bekannte der unermüdlich Aufnahmebereite im 90. Lebensjahr.

In späten Jahren gesellten sich auch Ehrungen von ärztlicher Seite zu der fast unüberschaubaren Kollektion von Auszeichnungen, die dem elsässischen Polyhistor seit dem Zürcher Auftakt von 1920 zuteil geworden waren. Er zeigte sich hierüber besonders erfreut. Denn: „Warum sie bloß so viele Schulen nach mir nennen?! Ich habe doch ein Spital gebaut", staunte er einmal – wohl wissend, daß seinen Gedanken nichts förderlicher ist, als daß junge Menschen sie mit ins Leben nehmen. Heute tragen auch eine Reihe von Krankenhäusern seinen Namen, Spitäler vor allem der Dritten Welt, die sichtbar aus dem Geist von Lambarene entstanden sind: in Südafrika, Brasilien, auf Haiti, vor der Küste Südkoreas, in Peru.

1952 empfing der 77jährige in Günsbach die Paracelsus-Medaille, die höchste Ehrung der deutschen Ärzteschaft, zusammen mit August Heisler. Er gratulierte dem Landarzt, seinem Königsfelder Freund, mit der immer griffbereiten Selbstironie: Er selber sei ja nur Tropenarzt, „die niederste Kaste der Landärzte". 1958 schloß sich daran die medizinische Ehrendoktorwürde der Universität Münster. Er nahm sie erst im folgenden Jahr in einem Festakt in Empfang.

Das war 46 Jahre nach dem Beginn des ärztlichen Berufsweges, der nie Karriere war, vielmehr als ihr genaues Gegenteil begann und sich auch fernerhin ihren geläufigen Maßstäben entzog. Nie hat dieser „Negerdoktor" einen Lehrstuhl gehabt, Examina abgenommen und auf Kongressen referiert. Er hat sich in der Zunft keinen Namen gemacht. Der Name kam zu ihm. So wurde ein Mediziner ohne Laufbahn der berühmteste Arzt seiner Zeit.

Ein historisches Dokument

Zu den Abweichungen von der Norm gehörte auch, daß der Chefarzt sein Spital selber errichten mußte. Das war nicht *nur* Mühsal und Verlust kostbarer Zeit. Zu Schweitzers realistischem Urteil und Wirklichkeitssinn hat beigetragen, daß er immer sehr erdnah war. Nie verfiel er dem Übel so vieler Intellektueller, leeres Stroh zu dreschen, weil er wußte, wie die volle Garbe aussieht, und weil ihm keine Arbeit zu gering erschien. Doch niemand zählte die Stunden, die im Grunde Sisyphusarbeit waren, weil der endgültige Standort erst spät besiedelt werden konnte. So wurde Lambarene dreimal gebaut.

Der Platz auf der evangelischen Missionsstation wurde dem Urwald 1924 erneut abgetrotzt. Doch schon damals waren die Grenzen in der Ausdehnung abzusehen, so daß Schweitzer nur wider Willen an derselben Stelle erneut angefangen hat. Em Ende eines halbjährigen Aufenthaltes von Emmy Martin, im Oktober 1925, nahm Schweitzer sie mit zu einem drei Kilometer stromauf gelegenen Hügel. Sie arbeiteten sich durch übermannshohes Elefantengras, durch Gestrüpp und Schlinggewächs. „Auf dieser Höhe", sagte er, „stand vor etwa fünfzig Jahren das große Dorf des ‚Sonnenkönigs' N'Kombe. Hier hätte ich jetzt bei meiner Rückkehr das Spital gebaut, wenn ich die Mittel dazu gehabt hätte und wir die nötigen Materialien und Handwerker hätten beschaffen können. Hierher werde ich es verlegen, wenn ich auf der Missionsstation nicht mehr genug Platz habe." Der Tip stammte von Missionar Morel.

Kaum war die europäische Statthalterin abgereist, da zwangen die Verhältnisse zum Handeln. Eine Dysenterie-Epidemie im Gefolge von Hungersnot schwemmte so viele ansteckend Kranke ins Spital, daß sie auf dem begrenzten Raum nicht mehr isoliert werden konnten. Sie verseuchten das ganze Areal. Zum einzigen Mal hatte Lambarene eine Sterblichkeitsquote, die den Grad des Unvermeidbaren überstieg.

Im Juli 1924 war Mathilde Kottmann als erste Pflegerin nach Gabun gekommen, im Herbst 1925 stieß Emma Haussknecht dazu. Auch drei Ärzte lösten einander ab: Viktor Nessmann, Marc Lauterburg, Fritz Trensz. Bis auf den Schweizer Lauterburg gehörten sie alle dem Elsaß an. Von dem Zwang befreit, allein den ganzen ärztlichen Betrieb aufrechtzuerhalten, konnte Schweitzer die Rodungs- und Bauarbeiten im ehemaligen Dorf des Galoa-Königs leiten.

Selten, daß aus der Zeit, bevor das Fotografieren zum Volkssport wurde, einem Erlebnisbericht eine ebenbürtige Bildquelle zur Seite steht. Die ,,Mitteilungen aus Lambarene" von 1924–27 ergänzt ein Fotoband, der heute den Rang einer historischen Bilddokumentation besitzt: ,,Albert Schweitzer baut Lambarene". Marie Woytt-Secretan, eine der frühen Helferinnen, später Ehefrau des Schweitzer-Neffen Gustave Woytt, zimmerte dieses Denkmal in Wort und Bild, mit Fotos aus eigenem und fremdem Bestand, in der Editionsreihe ,,Die Blauen Bücher".

Schnappschüsse aus der alten Zeit 1913/14 und solche der ersten Jahre im neuen Spital umrahmen den großen

Mittelteil des werdenden Krankendorfes gegenüber der katholischen Mission. Man sieht den zwergenhaft erscheinenden Kampf gegen die Urwaldriesen und wie sie dann doch gefällt am Boden liegen. Erd- und Rodungsarbeiten mit den Mitteln von damals waren im Grunde nur ein Guerillakleinkrieg gegen die übermächtige Vegetation. Aber wie immer bei Guerillas, ist die Übermacht der anderen Seite nur Schein. Schließlich zeugt der planierte Bauplatz, zeugen die Gerippe der Baracken von den neuen Herren am Platz. Der „Oganga" dirigiert seine lustlose Schar von ungelernten Arbeitern – Leichtkranke oder ihre gesunden Familienangehörigen –, und nicht immer weiß er einen gelernten Zimmermann auf dem Bau. Schließlich fügen sich die Rippen zu Dach und Wand; der Mensch macht es sich in der Urwelt wohnlich. Am Ende zieht im Lasten-Einbaum das Klavier zur neuen Wirkungsstätte.

In diese bebilderte Chronik sind eingestreut Portraits vom Baumeister, die ihn in seinen besten und stärksten Jahren zeigen. Der gut Fünfzigjährige hat sich, gemessen an St. Rémy, wie Phönix aus der Asche erhoben. Alles an ihm ist Spannkraft und robuste Lebensfrische, bei der dem flüchtigen Beschauer höchstens die Sensibilität entgeht, die in diesem Motor wohnt. Der Schaffenswille erlöst sich in dieser Zeit nur in zupackendem Tun, nicht zugleich in schriftstellerischer Produktivität. Aber es verbindet sich damit zufriedenes Wissen, daß das materielle Lebenswerk in Konturen nun sichtbar steht.

Das alles haftet diesen alten Bildern an. Aber eigentlich ist damit nicht alles gesagt. Denn sie sind mehr als eine fotografierte Schweitzer-Story. Sie sind das Gleichnis von aller Tage Anfang. So hat der Mensch immer begonnen, und so wird er es immer tun. Es war ja nicht hergeholt und Zufall, daß man von Schweitzer als vom „Faust im Urwald" sprach. Ihm selber, der betont Goethes Vorbild suchte, konnte der Vergleich nicht entgangen sein; er ist sinnbildhaft, so wie Faust, am Meeresufer Land kultivierend, seinerseits Sinnbild ist: Im Anfang war die Tat.

Wenn er so großen Wert darauf gelegt hat, seine Schutzbefohlenen mit Uranfängen von Zivilisation vertraut zu machen, mit europäischem Pflichtgefühl; wenn es ihm darum ging, an einem Punkt von grundauf Kultur aufzubauen – hier hat er es ihnen vorgemacht und an sich selber erprobt. So war Lambarenes Entstehen eine Parabel für *aller* Kultur Beginn.

Der Bauplatz, damals und später, hat manche Anekdote gestiftet. Die bekannteste: Der Doktor schleppt Holz. Ein Genesender, der in der Missionsschule Lesen und Schreiben gelernt hat, schlendert vorbei. Aufgefordert zu helfen, entgegnet er: Ich trage kein Holz, ich bin ein Intellektueller. – Hast du aber Glück, ich wollte auch immer ein Intellektueller werden, es ist mir aber nicht gelungen . . . Wie im Brennglas erfaßt die Szene nicht nur Schweitzers Wesen, sondern auch die Problematik des jungen Afrika, die der alte Mann mit Sorge sah.

Der ungefällige Patient war bestimmt nicht der spätere gabunesische Arbeitsminister. Der nämlich kam am 14. Januar 1961 ins Spital, gratulierte dem Medizinmann zum 86. Geburtstag und fragte: Haben Sie schon einmal einen Minister operiert? – Nicht, daß ich wüßte. – Doch, mich haben Sie an einem Leistenbruch operiert. Als ich gesund war, mußte ich Steine klopfen und Holz holen. Es ist aber lange her.

Und dann gab es da augenzwinkernd die Bemerkung: „Wenn einer bei mir gearbeitet hat, gilt er als ‚ausgebildet‘. Er wird leicht die Arbeit finden, denn die Leute sagen: ‚Ja, wenn er’s bei *dem* ausgehalten hat . . .‘ “.

Das war zwar übertrieben, aber durchaus nicht fishing for compliments. Schweitzer wußte, daß er schwierig war. Dem aus seinem Leben erzählenden Pelikan hat er die Worte in den Schnabel gelegt: „Daß einer ein so gutes

126

Herz haben und so brummig sein könne, kam mir in meiner Unerfahrenheit merkwürdig vor."

Längst nicht jeder mußte auch die brummige, heftige Seite seines Wesens erfahren, aber einer erfuhr beide im Wechsel eindrucksvoll, und er hat diese Begebenheit so plastisch beschrieben, daß sie nicht vorenthalten werden darf: Helmut Thielicke berichtet in einer der schönsten und treffendsten Würdigungen, die der 90. Geburtstag 1965 hervorgebracht hat, von einem Erlebnis seiner Jugendzeit:

„Als junger Student" – das war um 1927/28 – „durfte ich ihn zu einem Vortrag begleiten und holte ihn mit dem Wagen ab. In zwei Szenen, die wenige Minuten aufeinander folgten, manifestierte sich das Menschliche-Allzumenschliche Albert Schweitzers und versorgte mich mit Antitoxinen, die alles Mythisch-Übersteigerte im Ansatz erstickten: Zuerst herzte und küßte er ein kleines Kind, das ihm auf der Treppe begegnete. Er tat das mit einer Inbrunst und mit Lauten des Entzückens, daß ich spontan darin erfuhr, was völliges, ausfüllendes Glück ist und daß sich dieses Glück nur im Wunder der Liebe ereignet. Der kleine Mensch war dem großen Mann wie ein Gruß des lieben Gottes, der ihn hinriß und in dieser Begegnung für Augenblicke förmlich aufgehen ließ.

Der Widerschein des Lächeln war noch kaum von seinem zerklüfteten, bärtigen Gesicht gewichen, als er wenige Augenblicke darauf im Auto sich über irgendein Büroversehen ärgerte und einen Wutanfall von geradezu konvulsivischer Wildheit bekam. Ich dachte mir: Jetzt sprengt er den Wagen in die Luft, und drückte mich in die Polster, um Deckung zu nehmen.

Dieses beides also, überlegte ich mir, ist in ihm beieinander. Was er mit ‚Ehrfurcht vor dem Leben' meint, ist wohl anders als eine blasse und verblasene Idee von Sanftheit. Weil ich längst wußte, daß Jesus von Nazareth ebenfalls sehr anders war, als er auf den asthenisch-lep-

127

tosomen Bildern der Nazarener erschien, war mir das eine interessante Erfahrung. Sie hat mich immer nahe bei den Elementen dieser Natur gehalten und gegen pathetische Übersteigerungen immun gemacht." –

Der Aufbau war am 21. Januar 1927 soweit fortgeschritten, daß das neue Spital bezogen werden konnte. „Das ist eine gute Hütte, Doktor, eine gute Hütte", klang es von den Feuern der Schwarzen. Das einstige Dorf des Sonnenkönigs – eines Louis Quatorze im Kleinformat – trug den Namen Adolinanongo: „der über die Völker schaut". Welch symbolhafter Name für eine Stätte, die ihren Neubegründer später als Briefschreiber, als Gesprächspartner, als Besucher und Besuchten weltweiten Verpflichtungen unterwarf.

Der Umzug eröffnete für Lambarene eine vierzigjährige Periode ruhigen, stetigen Ausbaus, bis der Einschnitt von 1965 wieder zu Grundsatzbeschlüssen zwang. Denn was damals mit guten Gründen als zweckmäßig gelten konnte, wird heute von veränderten Lebensformen in Frage gestellt.

Der Gabunese, auch im Wald, verändert sich schnell. Daß er mit dem Transistorradio zur Heilbehandlung erscheint, ist kaum noch erwähnenswert; schon fährt mancher im eigenen Wagen vor. Im sozialen Katarakt Afrikas veraltet die gute Hütte von einst. Neue Wohnformen und Behandlungsräume fordert die Zeit heute auch im tropischen Regenwald.

Dazu sind erste Schritte getan. Außer der genannten Kinderklinik ist eine Zahnstation errichtet worden – ebenfalls aus deutscher Initiative, von dem Zahnarzt Hans-Günther Hilgers, der dort auch bereits einheimische Assistentinnen ausgebildet hat. Augenweiden wie diese Bauten signalisieren ein neues Zeit- und Menschenbild – und vermitteln den Trugschluß größerer Möglichkeiten. In Wahrheit fließen die Spenden weit spärlicher, seit der große Name nicht mehr „zieht". Da-

9 «Du kommst hier in Goethes Haus! Ihm habe ich den ganzen
Bau zu verdanken»

10 Das Lambarene-Spital: ein afrikanisches Dorf

bei wären sie nötiger als zuvor. Der Sachverhalt zeigt das klar:

Der „grand docteur" – was nicht „groß" hieß, sondern „alt" – hatte billige Arbeitskräfte. Er forderte zwar für die Behandlung nichts, dafür mußte, wer irgend konnte, sich die Heilung durch seiner Hände Arbeit verdienen. Der heutige Verwaltungsdirektor, seit 1971 der Süd franzose Max Caulet, beliebt und schon von Angesicht die „dynamische Persönlichkeit", die die Firmenchefs so schätzen, ist dem neuen gabunesischen Gesetz unterworfen, wonach der Staatsbürger für jede Arbeit bezahlt werden muß. Im übrigen will auch ein Europäer heute nicht mehr so entbehrungsreich leben, wenn er sich für mehrere Jahre in die Dritte Welt verpflichtet hat. Daraus folgt mehreres: Aus der Not der Bezahlung und des vermehrten Anspruchs von Schwarz und Weiß wird die Tugend der Modernisierung gemacht. Fachleute haben die Ungelernten verdrängt. Das alles kostet aber viel mehr Geld. Neue Quellen mußten fundig werden. Auch die deutsche Entwicklungshilfe ist beteiligt – wie denn heute ein solches Unternehmen ohne staatlichen Beistand nicht mehr gedeihen kann. Doch reichen die Steuergelder nicht aus. Wenn nicht auch weiterhin die vielen Einzelnen, wie zu des berühmten Mannes Zeit, mit fünf Mark dabei sind, wird Lambarene seine Zukunftsaufgaben nicht bewältigen.

Zum Glück fehlt es diesmal wenigstens nicht an Grund und Boden. Man braucht nicht weiterzuwandern, nur auszubauen. So wächst neben dem alten Krankendorf, das als historische Stätte erhalten, für einige Bereiche auch in Benutzung bleibt, eine moderne Spitalanlage heran. In der Konzeption paßt sie sich dem bisherigen Rahmen an. Ein europäisches Krankenhaus mit zehn Stockwerken und Besuchszeit von halb drei bis vier verträgt das äquatoriale Afrika auch fernerhin nicht. –

Im Juli 1927 verließ Albert Schweitzer den französi-

schen Kongo, zehn Jahre nach der ersten Zwangsrück-
kehr; diesmal als freier Mann, der das Gefühl mitnehmen
konnte, es geschafft zu haben. Jetzt waren die Kranken
auch in seiner Abwesenheit versorgt. Während Mathilde
Kottmann zu ihrem ersten Europa-Urlaub mit nach
Hause fuhr, blieb Emma Haussknecht als Schweitzers
Stellvertreterin im nicht-medizinischen Sektor zurück.

Diese Elsässerin war – dreißig Jahre lang – die stärkste
Kraft, die der afrikanischen Lebensarbeit ihres verehrten
Landsmannes vergönnt gewesen ist. In der vielseitigen
Befähigung war sie für Lambarene ein nicht meßbarer
Gewinn. Lehrerin von Beruf, hat sie beim Bauen, in
Pflanzung und Garten unablässig gedient, Korrespon-
denzen und Buchhaltung geführt. In Lichtbild-Vorträ-
gen, auch in Englisch, warb sie in Europa und USA. 1933
schrieb Schweitzer in einem Brief: ,,Während meiner
Abwesenheit hat Fräulein Emma die Bauten des Spitals
nicht nur erhalten, sondern noch vermehrt." Das bewies
ihre geistige Selbständigkeit, ihren zupackenden, praktischen Verstand. Ihr Einfluß auf Europäer und Eingeborene war groß. Sie starb 1956, 60jährig, an Krebs. Ihre
Urne wurde unter Palmen, in Sichtweite von Schweitzers
Schreibtisch, beigesetzt.

Zehn Jahre nach der Zwangsaufgabe war Lambarene
kein Faß der Danaiden mehr. Fortschritt und Erfolg
wurden sichtbar, weil das Werk inzwischen viele Hände
gefunden hatte. Hier bestätigte sich eine Zeile aus Romain Rollands Romangebirge ,,Johann Christof", die
wie eine Variation zu Schweitzers eigenem Grundthema
,,Kein Sonnenstrahl geht verloren", klingt: ,,Nichts verliert sich, wie man so vielfach zu beobachten im Leben
Gelegenheit hat; keine Anstrengung ist vergeblich. Jahre
hindurch erfährt man nichts davon; eines Tages merkt
man dann, daß der Gedanke doch seinen Weg gefunden
hat."

130

VII

DIE SCHÖNEN JAHRE

Auf dem Kalender stand der 22. März 1932. Im über-füllten Opernhaus von Frankfurt war Goethes 100. Todestag feierlich begangen worden. Festredner: Albert Schweitzer. Festredner zum zweiten Mal, denn vier Jahre zuvor hatte er den Goethepreis der Stadt empfangen. Jetzt, nach beendeter Feierstunde, zerstreute sich die Versammlung. Einige gingen zum Goethedenkmal hin-über, das mit Kränzen und Blumen geschmückt war. Zwischen die Umstehenden trat plötzlich der Ehrengast von vorhin mit einem schlichten Strauß von Efeu und Tannen. Er legte ihn nieder mit den Worten: „Diese Zweige habe ich ihm aus dem Pfarrgarten von Sesenheim mitgebracht."

Feurige Kohlen auf das Haupt des Olympiers? Kaum. Schweitzer hat sich dem Weimarer zeitlebens tief ver-pflichtet gefühlt, und mit Gesten der Überlegenheit ver-trug sich schon seine Grundanlage nicht. Er wollte nur daran erinnern, daß auch strahlende Weltgeltung sich nicht frei weiß von Schuld. Er war damit Goethes Geist sogar sehr nahe, denn das Schuldigwerden ist ein wieder-kehrendes Motiv seiner Dichtung – vielleicht aus der all-zeit wachen Erinnerung an Sesenheim. Schuld war auch ein urschweizerischer Beweggrund, ein Baustein Lam-barenes. Denn sein Gründer verstand ja den Dienst dort auch als Sühne für des weißen Mannes Frevel an Afrika.

131

Nichts konnte für den Landsmann der Friederike Brion bezeichnender sein, als daß er auf dem Umweg über Sessenheim, wie der Ort eigentlich heißt, nach Frankfurt fuhr. Vom Ruhm ließ er sich nicht blenden; von jenem des Vorausgegangenen so wenig wie später von seinem eigenem Ruf. Er suchte den Menschen Goethe, und schon die erste seiner insgesamt vier Reden beweist, daß er ihn gefunden hatte.

Alle seine Ansprachen sind Korrekturen an der Schablone, wonach ein mächtiger Geist mit kühlem Herzen über andere Schicksale dahinschritt, sie am Wege lassend. Wohl kam das vor. „Goethe ist sich nicht immer gleich geblieben; er hat zeitweise nur sich selbst gelebt." Umso mehr erkannte Schweitzer an, wenn der vom Schicksal so Begünstigte, dessen Menschsein immer in latentem Konflikt mit seinen ungefährdeten Verhältnissen stand, sich als stiller Helfer erwies.

„Es ergriff mich wunderbar", heißt es daher in der Frankfurter Rede von 1928, „daß derjenige, den wir als Olympier ansehen, sich im Novemberregen und Novembernebel auf den Weg machte, um einen geistig in schweren Nöten gefangenen Pfarrerssohn zu besuchen und zu versuchen, ihm geistig aufzuhelfen. Über einem Mal leuchtete mir aus dem Olympier der tiefe, schlichte Mensch entgegen. Ich lernte Goethe lieben. Wenn mir dann in meinem Leben es vorkam, daß ich Arbeit auf mich nehmen mußte, um dem oder jenem Menschen Menschendienst, der ihm nottat, zu erweisen, da sagte ich mir: das ist deine Harzreise."

Nicht nur dieses Zitat, sondern auch der leise Charme und die ganz eigene Intimität der Efeu-Idee beweisen, daß hier schon vor der Preisverleihung von 1928 eine lange gewachsene geistige Zugehörigkeit bestand. Die Ehrung der Goethestadt hat nur zufällig zutagegebracht, daß Goethe neben Jesus, Paulus und Bach geradezu der vierte Eckpfeiler von Schweitzers Existenz gewesen ist.

„Goethe ist die Persönlichkeit, mit der ich am tiefsten befaßt war. Paulus, der, wie ich meine, entscheidenden Einfluß auf mich hatte, gehört einer Zeit an, die von der unseren zu weit entfernt und zu verschieden ist. Die Einzelheiten seines Lebens sind zu wenig bekannt, als daß ich mit ihm Umgang pflegen und mich mit ihm besprechen könnte", das heißt also, wie es mit Goethe geschah.

Dieser Ton geradezu familiärer Vertrautheit gegenüber einer fremden Individualität über mehr als hundert Jahre hinweg ist vom Gefühl einer Wesensverwandtschaft bestimmt. Irgendwann mußte der Nachlebende sein Spiegelbild gefunden haben, sonst würde auch nicht so viel in seinem Erinnern an Goethe so klingen, als sei es auf den Interpreten selber gemünzt.

Beide als geistige Dioskuren zu sehen, erfordert zunächst einen Gewaltakt der Einbildungskraft, denn etwas Grundsätzliches scheint sie doch scharf zu trennen: Goethe hielt sich allen Metamorphosen offen, indes Schweitzer sehr früh einen fest umrissenen Grundplan seines Lebens entworfen hat und nie mehr davon abgewichen ist.

Der erstere häutete sich wie eine Schlange zu immer neuer Erscheinung, so daß Caroline Herder ratlos schrieb, sie wisse ihn nicht zu entziffern. Er begriff Wandlung als Lebensform (Pyritz), und Wieland begrüßte ihn in Weimar mit einem Hymnus, in dem es hieß:

…Entschlüpfte plötzlich dem satten Blick
Und kam in andrer Gestalt zurück;
Ließ neue Reize sich uns entfalten;
Und jede der tausendfachen Gestalten,
So ungezwungen, so völlig sein,
Man mußte sie für die wahre halten:

Demgegenüber war der Frankfurter Stadtrat durchaus im Irrtum, als er aus äußerem Ereigniswechsel oder mancher Einzelparallele in Schweitzers Leben auf seine „faustischen Wandlungen" schloß, wie es in der sonst gültig formulierten Verleihungsurkunde hieß.

In Wirklichkeit hat sich in ihm nie etwas grundlegend wandeln können, weil die ethische Zentralkraft als beschwerliche Gnade von früh an beherrschend war. Zuerst wurde er sich ihrer elementar bewußt, fand dann auf theologisch-religiösem Grunde, an einer geschichtlichen Größe orientiert, einen vorgezeichneten Weg und verwirklichte den Auftrag materiell und ideell, in tätiger Hilfe und in gedanklichem System.

Im Rückblick erscheint alles übersichtlich, ganz und gar folgerichtig, wie es wohl *vor* den jeweiligen Entscheidungen nicht immer war. Aber sicher ist, daß es für faustische Wandlungen in dieser eisernen Gußform der leidenden und tätigen Selbstvervollkommnung keinen Spielraum gab.

Doch hüten wir uns vor einer Schubladen-Mentalität, die die sichtbaren Gegensätze zufrieden und sorglos archiviert. Auch Goethes Schlangenspiel und Maskenkunst waren nur täuschende Schleier vor einem festen Gestaltgesetz. Goethe erweist sich in Wahrheit anders, wenn man liest, was er 1782 dem Weimarer Freunde Knebel anvertraute: „... im Innersten meiner Pläne und Vorsätze und Unternehmungen bleib ich mir geheimnisvoll selbst getreu und knüpfe so wieder mein gesellschaftliches, politisches, moralisches und poetisches Leben in einen verborgenen Knoten zusammen."

So entdeckt nähere Prüfung hinter der Vielfalt der Ausdrucksformen die Wesenseinheit, die unverwechselbare Urform. Und so führt schließlich doch zu Albert Schweitzer hin, über alle Barrieren unterschiedlicher Anlagen und Lebensdispositionen, eine Brücke existenzieller Gemeinsamkeit, ein morphologischer Viadukt. Mehr, es gibt an nicht wenigen Wegkreuzungen frappierende Übereinstimmung. Sie geht – ungesucht – bis zum gemeinsamen Wohnquartier, wodurch dann diese Seelenfreundschaft zwischen Ill und Ilm doch in immer stärkerem Licht erscheint:

Im Mai 1898, nach dem ersten theologischen Staats-
examen, mußte der Doktorand zunächst das Thomasstift
verlassen. Er suchte Unterkunft in der Stadt. Ein Freund
kam und sagte, am Alten Fischmarkt (nahe dem Münster) hinge ein Schild: Zimmer zu vermieten. Schweitzer
ging hin. Es war Goethes Zimmer. Liebenswürdiges Spiel
des Zufalls – oder Fügung: ein geistiges Spannungsverhältnis unterbewußt in gelenkte Schritte umgesetzt?

Um 1900 war in Straßburg kein Kult um Goethe. Sein
Zimmer wurde vermietet wie irgendein anderes, erinnerte sich der 86jährige in Lambarene. Abermals zog ein
Student dort ein. Das Mobilar war unverändert. Da stand
noch immer der Tisch, an dem liebesfrohe Briefe an Friederike geschrieben worden waren, wo ein ungestümes
neues Lebensgefühl in der deutschen Dichtung Epoche
gemacht hatte – „Mir schlug das Herz: Geschwind zu
Pferde!" An diesem Tisch wurden nun, 130 Jahre danach, die Seminarübungen Windelbands über Plato und
Aristoteles ausgearbeitet, Schweitzers „eigentlich
schönste Erinnerungen aus der Studienzeit".

Schon das Thomasstift war übrigens goethescher Boden: dort hatte er studiert, mit Unlust ein wenig Jura, mit
Interesse Medizin. Erst 1870 war die Hochschule zur
heutigen Place de l'Université umgezogen.

In Straßburg gab es noch einen dritten Kreuzungspunkt, an dem beider Lebensspuren sich – allerdings
flüchtiger – trafen. Der Schaffner des Münsters, dem
Goethe in den letzten Straßburger Tagen begegnet war,
hieß Johann Andreas Silbermann, in der großen Orgel-
bauer-Familie einer der berühmten Meister. Zu seinen
Werken gehörte auch die Orgel von St. Stephan in Mülhausen, an der Schweitzer 125 Jahre später zum Organisten wurde.

Daß sein bescheiden so bezeichnetes „armes Gestirnlein sich in der Anziehungskraft Goethescher Sonne gra-
vitierend erfaßt hat", beruht aber wohl am stärksten auf

135

der gleichen Ansicht der Welt und unseres Platzes darin. Durch Goethes philosophisches Denken fühlte Schweitzer sich bestätigt, vielleicht auch mit inspiriert.

Die Wertschätzung seiner Denkart kam schon in der Kulturphilosophie von 1923 zum Ausdruck und wurde später in allen vier Goethe-Reden moduliert: „Von dem rätselhaften Eigenleben der Natur überwältigt, verharrt er in großartig unfertiger Weltanschauung. Forschend schaut er in alles hinein, fragend über alles hinaus." Wer von sich selber sagt, er käme um den Verzicht auf Welterkennen nicht herum, für den war die Naturnähe und philosophische Genügsamkeit des Vorgängers so etwas wie geistige Waffenbrüderschaft.

Goethe ließ sich von den Sirenenklängen der philosophischen Geistesgrößen seiner Zeit, vom Zauber der Spekulation, nicht betören. Wohl lenkte er sein Schiff, Schiller zuliebe, darauf zu. Aber er bedurfte nicht der starken Seile, mit denen Odysseus sich an den Mast binden ließ, um der Lockung der Sirenen nicht zu erliegen. Goethe blieb Pantheist, der Gott inmitten der Schöpfung fand und dem Menschen die Aufgabe zuwies, sich darin zu bewähren.

Schweitzer seinerseits formulierte in einem Brief an Oskar Kraus in Prag: „Ich sehe meine Philosophie als ethisch gewordenen Pantheismus..." –

Der zweite Goethepreisträger (nach Stefan George) baute sich von der Preissumme in Günsbach ein Haus. Das Haus sei ihm von Goethe geschenkt, sagte er; so, wie Bach geholfen habe, Lambarene zu bauen. Das elterliche Pfarrhaus war kein Erbe, sondern eine Amtswohnung. Mit dem Tode des alten Pastors Ludwig Schweitzer 1925 – wieder, wie schon beim Tod der Mutter, ein Zeitpunkt, als der Sohn Albert in Afrika war – gab es also kein Heimatrecht mehr im Pastorat.

Auch das Königsfelder Eigentum stand, wie sich schon spüren ließ, auf unsicherem Grund. Helene Schweitzer war Jüdin. Sie hätte nach 1933 dort keine wirkliche Bleibe mehr gehabt. Sie hat dann zwar nach Hitlers Machtantritt vorwiegend in der Schweiz gelebt, doch gab es nun jedenfalls, statt der Provisorien, auch ein eigenes elsässisches Heim.

In der Hauptsache diente es als der europäische Stützpfeiler des Spitals. Seit Ende 1930 wurde es durch Emmy Martin, die von Kork hierher umzog, der organisatorische Gegenpol zum Doktorhaus in Adolinanongo. Auch die Pflegerinnen konnten sich künftig hier erholen.

Albert Schweitzer, der als Kind Schläge eingesteckt hatte, weil er häusliche Wohltaten hartnäckig zurückwies, um sich in nichts von den Dorfkameraden zu unterscheiden und nicht als Herrenbüble zu gelten, ist dem Dorf immer verbunden geblieben. Er hat sich den eigenen Grund und Boden bewußt nicht in Straßburg und schon gar nicht in Paris gesucht. In große Verhältnisse hineingezwungen, blieb es ihm Bedürfnis, auch die Freundschaft der kleinen Leute zu behalten, in deren Mitte er aufgewachsen war. Er vergaß nicht, worin dieser und jener ihm einst überlegen gewesen war. „Der konnte besser Kopfrechnen; der machte weniger Fehler im Diktat; der wußte immer alle Geschichtszahlen; der war der erste in Geographie . . .“ Diese Treue – zu Menschen und Dingen – zeigt auch die Geschichte von dem Rock, wie Frederick Franck („Tage mit Albert Schweitzer“) sie erfuhr und wiedergab:

„. . . es war 1905. Ich erinnere mich sehr gut, denn ich sagte zu meinem Freund, dem Schneider in Günsbach: ‚Du mußt mir einen Gehrock machen, denn ich muß vor dem König in Spanien spielen.‘ Er fiel aus allen Wolken. ‚Du meinst im Ernst, Albert, ich muß den Gehrock machen, in dem du vor einem König spielen willst?‘ Dann sagte er mit sorgenvollem Gesicht: ‚Ich will mein möglichstes tun.‘ Es wurde ein wirklich schöner Gehrock; solide war er gemacht, und ich habe ihn immer zu allen großen Gelegenheiten getragen... Ich trug ihn, als ich Theodor Heuss 1908 in St. Nicolai in Straßburg traute, ...als ich den Goethepreis bekam, als ich den Nobelpreis erhielt, und als die Königin von England mir einen Orden verlieh. Und Theodor Heuss sagte, als er ihn das letzte Mal sah: ,Schau mal, Albert, du siehst wirklich elegant aus. Du mußt in Günsbach einen sehr guten Schneider haben!"

Franck: „Hier unterbrach ich ihn: ,,,Sie wollen damit sagen, daß Sie noch denselben Gehrock tragen?'"

„Natürlich", er strahlte über das ganze Gesicht, „das Ding taugt noch für zweihundert Jahre."

Franck: „Für mich ist dies der treffendste Bericht über den Menschen Albert Schweitzer." –

„Ihr Männer von Athen!"

„Ich arbeite Tag und Nacht am Paulus", verkündete der denkende und praktizierende Christ in einem Brief im Juli 1929. Zum vierten Mal widmete er seine Schreibtischarbeit einer der mächtigen Gestalten des abendländischen Geistes- und Kulturlebens; wobei die Arbeit am Schreibtisch eigentlich jeweils nur das äußere Hochziehen eines Gebäudes war, in dem er längst wohnte. Schweitzer hat immer Größe gesucht, sich bei ihr aufgehoben und heimisch gefühlt. Er hat vielleicht das Bedürfnis gehabt, sich an großen Vorbildern immer wieder zu kontrollieren, zu vermessen – und zu stärken. Dabei standen sein sicheres Wissen, daß er seiner Zeit etwas wesentliches bedeute, und die Selbstvorstellung vom armen Gestirnlein in einer Eintracht nebeneinander, die logisch schwer verständlich, aber desto harmonischer war.

Kann man Jesus und Paulus zugleich als Pfadfindern seines christlichen Weltverständnisses folgen? Trennt

138

nicht beide die Osterschwelle, über die Jesus nur als Christus trat, also als ein Verwandelter, dessen Erdenleben für den Apostel ohne Bedeutung und Interesse war?

Schweitzer fand bei Jesus einen Schlüssel, der auch in das Gedankengebäude des Paulus paßt: die ethische Eschatologie, das endzeitliche Bewußtsein, von tätiger Liebe erfüllt (Lasset uns Gutes tun an jedermann, solange wir Zeit haben – Gal. 6, 10). Bei dem Mann aus Tarsos, der Geistesbrücke zwischen Morgen- und Abendland – griechische Sprache, jüdischer Glaube, römisches Bürgerrecht, christliche Mission – sah er die endzeitliche Naherwartung durchaus gegenwärtig, aber in genial modifizierter Form.

Der Heidenapostel predigte die baldige Parusie (Wiederkunft) Christi. Aber die Parusie-Verzögerung bedrückte ihn nicht, während Jesus vom Ausbleiben des messianischen Reiches beunruhigt gewesen war. Denn alle, die an den Auferstandenen glaubten, lebten bereits „in Christo", waren in ihm gestorben und auferstanden. Die Erwählten existierten wohl noch in irdischer Seinsform, doch schon im neuen Äon. Das Gottesreich war schon angebrochen, nur das Kommen des Menschensohns stand noch aus. In dieser „gewaltigen Paradoxie" (Schweitzer) setzt Paulus an die Stelle der Wirklichkeit, wie sie sich für die sinnliche Wahrnehmung darstellt, diejenige des Denkens, das sich über die Stunde der Weltzeit im klaren ist.

Mit der Vorstellung einer (nur) geistigen Verwandlung, die den Teil schon für das Ganze nahm und auf eine erfüllte Geschichte blicken konnte, gelang Paulus eine intellektuelle Großtat. Er blieb im apokalyptischen Weltverständnis Jesu verwurzelt, konnte aber dabei dessen „Irrtum", daß der äußere Weltlauf wider die Voraussage nicht geendigt hatte, die Schärfe nehmen.

So wurde des Saulus Umkehr vom Verfolger zum Missionar, wurde Damaskus die zeitliche Grenze, von der aus ein „angepaßtes" Christentum in die Geschichte hineinwachsen konnte, statt vielleicht das Schicksal orientalischer Mysterienkulte zu teilen: die Vergessenheit. Denn auch die große innere Kraft der Lehre vom See Genezareth mußte ihr nicht zwingend ein Überleben sichern, wenn es nicht gelang, sie auf dem Boden eines sich verändernden Weltgefühls umzuschmelzen und dadurch für die Zukunft zu retten. Ohne die schöpferische Weiterentwicklung des Evangeliums in der Glaubenswerkstatt des jüdischen Zeltmachers aus Kleinasien führte heute vielleicht zum historischen Jesus kein Weg mehr zurück.

Schweitzers Leistung ist eine ähnliche wie schon bei der Forschungsgeschichte des Lebens Jesu. Er war auch für den Bereich der paulinischen Mystik nicht der erste, der den Heidenapostel jüdisch-eschatologisch denken ließ; das hatte schon 1893 Richard Kabisch getan. Aber wiederum war dem Nachfolger beschieden, Teilerkenntnisse anderer so konsequent zum Ganzen auszubauen, daß die Wissenschaft die Grundgedanken weithin anerkannte. Manche halten nicht das schon klassische Leben-Jesu-Resumee, sondern die Mystik des Apostel Paulus für Schweitzers bedeutendstes theologisches Werk.

Die Hauptthese ist, daß zwischen Jesus und Paulus keine Weltanschauungslücke klafft. Beide teilen – anders, als die Wissenschaft bis hierher mehrheitlich annahm – das gleiche religiöse Grundgefühl, die jüdisch-messianische Apokalyptik. In diesem Vorstellungsraum denkt Paulus nun den Propheten von Nazareth eigenständig „christlich" fort. Hellenistisch ist dabei noch nicht das Gedankengut, sondern nur die religiöse Sprache; nicht der Inhalt, nur das Gefäß.

Indem Paulus, dem das Reden nicht leicht fiel und der dennoch den anspruchsvollsten Platz der alten Welt nicht scheute und mit urbaner Höflichkeit, mit feinem Bezug auf Sokrates, anhob zu sprechen: „Ihr Männer von Athen!" – indem Paulus dem Christentum eine Fassung gab, die zwischen Ephesus und Ithaka intellektuell verstanden wurde, hat er es hellenisierbar gemacht. Der Weg nach Europa stand offen.

Für Schweitzer war der Apostel nicht nur ein Forschungsobjekt, sondern ein Kronzeuge der geistigen Autonomie. Denn er hatte sich unter keine Lehrautorität gebeugt, sondern nur unter das Gesetz der Zeit. Mit seiner Souveränität und schöpferischen Unabhängigkeit („wo der Geist des Herrn ist, da ist Freiheit") hat Paulus, Schweitzer zufolge, für alle Zeiten das Recht des Denkens im Christentum sichergestellt. –

„Albert Schweitzer geht durch die Städte, Vorträge und Konzerte gebend, Gelder sammelnd für sein Spital in Lambarene. Gejagt von Konzert zu Vortrag, von Vortrag zu Konzert, auf jeder Orgel stundenlang sich übend, überladen mit Korrespondenz, an jedem Platze Menschen, die ihn sprechen wollen, Menschen mit allerlei Problemen, für die sie bei diesem Manne eine Lösung suchen. Niemals Ruhe, unbegreiflich solch ein Leben! Man fragt sich, wie lange diese Kraft es aushalten kann..."

Ähnlich besorgt wie diese holländische Zeitung im Jahre 1928 – aber aus besonderem Grund – zeigte sich im Juli 1930 die theologische Fakultät der Universität Leipzig. Sie schlug nämlich dem sächsischen Volksbildungsministerium, nachdem die Berufung Rudolf Bultmanns gescheitert war, Albert Schweitzer für einen vakanten Lehrstuhl vor. Nach einer von eindringendem Verständnis seiner Persönlichkeit zeugenden allgemeinen Würdigung wird dargelegt, warum der Fakultät die Zusage des Urwalddoktors möglich erschien:

„Jetzt ist diese Neubegründung (d. h. Lambarenes) vollzogen, und die Arbeit kann vielleicht anderen überlassen werden. Er selbst aber kommt in ein Alter, in dem er das äquatoriale Klima kaum mehr erträgt, also Aus-

141

schau nach einer Tätigkeit in der Heimat halten muß. Aus diesen Gründen erscheint es nicht hoffnungslos, die so überaus wertvolle Persönlichkeit Schweitzers zu gewinnen; und so bittet die Fakultät das Ministerium, alles zu tun, was zur Erreichung dieses für die Fakultät und Universität wichtigen Zieles helfen kann..."

Das Ministerium *tat* alles, aber es war hoffnungslos. Noch ehe der Brief per Schiffspost nach Afrika schaukelte, sah Emmy Martin sich bereits autorisiert, „bestimmt sagen zu können, daß er zu seinem gewiß großen Bedauern die für ihn so sehr ehrenvolle Aufforderung einer Professur in Leipzig nicht annehmen kann. Sein Leben gehört ganz seinem Werk in Lambarene und den vielen Kranken. Er hat schon wiederholt aus diesem Grunde Professuren ablehnen müssen."

Der 13. Rundbrief des Schweitzer-Komitees in der DDR (1968), der diese interessanten Briefwechsel erstmals publizierte, fügte dann auch die Antwort vom Oktober 1930 an, aus dem noch der Satz zitiert sei: „... Wie gerne würde ich neutestamentliche Wissenschaft, mit der ich stets noch beschäftigt bin, dozieren! Meine Lebensaufgabe habe ich aber darin erkannt, der Sache des medizinischen Helfens unter den primitiven Völkern zu dienen..."

Doch die Frage nach den verbleibenden Energien wurde nun zum dritten Mal gestellt, von Schweitzer selber: „Wieviel werde ich von der Arbeit, die ich mir vorgenommen habe, noch fertigbringen? Mein Haar beginnt zu ergrauen. Mein Körper fängt an, die Strapazen, die ich ihm zumutete, und die Jahre zu spüren. Dankbar blicke ich auf die Zeit zurück, in der ich, ohne mit meinen Kräften haushalten zu brauchen, rastlos körperliche und geistige Arbeit leisten durfte. Gefaßt und demütig schaue ich auf die aus, die kommt, damit mich Verzichten, wenn es mir beschieden sein soll, nicht unvorbereitet treffe..."
Es sind Schlußsätze „Aus meinem Leben und Denken".

„... Man fragt sich, wie lange diese Kraft es aushalten kann ..."

„... Er selbst aber kommt in ein Alter, in dem er das äquatoriale Klima kaum mehr erträgt ..."

„... damit mich Verzichten nicht unvorbereitet treffe ..."

Worte von 1928, 1930, 1931. Nicht ohne Ergriffenheit projiziert man diese Zweifel auf die Wirklichkeit von 1963: „Mit 88 Jahren darf ich noch in der schönen Arbeit stehen. Wem ist solches verliehen gewesen?" Der Bereitschaft wurde das Opfer, wie schon in der Musik, abermals nicht abverlangt.

Nicht immer war bei diesem Sproß einer zählebigen Familie – die jüngere Schwester Adèle Woytt flog noch mit 87 Jahren nach Lambarene zu Besuch – das Verhältnis zum Alter und Altwerden konstant. In der Depression nach 1918 war er durchaus nicht überzeugt, ein hohes Alter zu erreichen. Die Sorgen drückten die Lebenserwartung herab. Aber so, wie sein Vater nach gesundheitlich beeinträchtigten mittleren Jahren im Alter immer rüstiger wurde, muß beim Sohn die Reaktivierung der Seelenkräfte irgendwann in eine neue Beziehung zum Leben und Dauern umgeschlagen sein. Die Zwiesprache mit dem Kosmos und des Menschen Platz darin sind mit der Vernunft nicht zu erfassen. Viel später jedenfalls verkündete der Urwalddoktor, schon jenseits der Pensionsgrenze, fröhlich: „Ich habe beschlossen, neunzig zu werden". Herausforderung oder geheimnisvolles Vorauswissen? Übermut oder orphische Präkognition? Vielleicht hatte er ja, durch seine echte Demut, jenseits unserer Erfahrungsgrenze Kredit ... Die Zeitspanne wurde gewährt.

Natürlich hat er das Thema auch humorig variiert, wenn sich Gelegenheit bot. Als das kommunale Oberhaupt von Königsfeld zum 75. Geburtstag mit den Worten gratulierte, „Herr Doktor, Sie gehen jetzt Ihrem

143

Feierabend entgegen!" da kam die Antwort: „Sie haben sich geirrt, Herr Bürgermeister, bei mir ist es erst dreiviertel zwei!"

Einige Pariser Zeitungen hatten „für alle Fälle" von dem berühmten Zeitgenossen biographische Angaben erbeten. Die wurden honoriert. Daraufhin lud Schweitzer Freunde in der Metropole zu einem opulenten Mal. Befragt, was der Anlaß dafür sei, verkündete er: „Hitte z'owe (heute abend) tüen mer min Nekrolog verfrässe!"

Schweitzer-Anekdoten gibt es viel. In zwinkernden Augen saß der Schalk. Dieser Zweig der Humoreske – ein zugespitzter Lebensaugenblick, der sich in einer Pointe befreit, ein Biographiesplitter, dramatisiert – gedeiht besonders üppig auf einem Lebensgrund, der mit der Fähigkeit zum Selbstbelächeln gedüngt ist. („Ich bin zu einem Drittel Arzt, zu einem Drittel Professor und zu einem Drittel Baumeister – dazu kommt ein Schuß wilder Mann.") Schweitzer war natürlich durch seine Stammeszugehörigkeit begünstigt. Er brachte die lebensfreudige Weltnähe des Elsässers mit, die auch Goethe fröhlich gestimmt hat. Aber er wurde auch von der Erkenntnis des Elends gedrückt. Diese Gegensätze zum Miteinander umgestimmt, in seinem Gemüt zum Ausgleich gezwungen zu haben, war seine Lebenskunst.

1966 gab einer der alten Gefährten, Roland Schütz, ein Bändchen Schweitzer-Anekdoten heraus, an denen man in köstlichen Beispielen heiteres Christsein lernt.

Nicht darin enthalten ist – weil zu dem Zeitpunkt noch im Privatbesitz der Erinnerung – der kabarettreife Einführungskurs in die Buchhaltung: Lambarene brauchte 1936 in Europa einen neuen Kassenwart. Gefunden wurde er in der Person des jungen Charles Michel in Straßburg. Der wehrte sich erst; er verstünde nichts davon. Schweitzer unbeirrt: „Hoer zue: Uff d'link Sitt schrieb'sch anne, was ingeht – rechts, was de üssgibsch. Am End vum Monet mach'sch e Strich drunter; d'Diffe-

11 «Kasernenhof der Nächstenliebe» mit dem sogenannten Doktorhaus. Ganz rechts darin Schweitzers Zimmer. Quer über den
Platz läuft ein «Aquädukt»

12 Zeit hat keinen Wert. Geduldig warten die Kranken in der Hospitalstraße vor der Ambulanz. Rechts vorn ein schwarzer Heilgehilfe

renz muess in d'r Kass' sin. Was fehlt, laisch druff (legst du drauf)!"

Die Gnadenfrist

Mehr außerhalb Europas lebend als darin, vor allem in Deutschland seit 1930 nur mehr Gast, hat der Elsässer mit dem empfindlichen Meßgerät seiner geschichtlichen Erfahrung doch schon frühzeitig atmosphärischen Druck verspürt. Daß die Goethe-Rede zum 100. Todestag, kurz bevor Brünings Entlassung das Ende der Demokratie von Weimar signalisierte, um so viel düsterer ist, wie sich von 1928 bis 1932 das Bild der Welt verändert hat, erscheint dabei nicht auffallend; denn das sah jeder vor Augen. Aber es bewies doch ein bemerkenswert pessimistisches Erkennen und glich angesichts der späteren Tatsachen einem Kassandra-Ruf, wenn am Ende dieses Vortrags kein geringeres Wort zitiert wurde als das aus Hermann und Dorothea:

Denn gelöst sind die Bande der Welt,
Wer knüpfet sie wieder
Als allein nur die Not, die höchste,
die uns bevorsteht.

Ein Kapitel mit solchen Aspekten „Die schönen Jahre" zu nennen, klingt wie ein gewollter Kontrast. Und doch läßt der bestimmende Eindruck dieser Zeit, die ja werk- und lebenskundlich von Lambarene und Günsbach aus zu sehen ist, solche Dialektik durchaus zu. In Lambarene war es „nur noch ein schweres Arbeiten, aber nicht mehr eines über unsere Kraft, wie früher", und Günsbach bot, als Deutschland wie ein Dampfkessel unter Überdruck geriet, den Anblick idyllischer Unberührtheit. Deutschland war für Schweitzer der Boden enger freundschaftlicher Bindungen, regen geistig-künstlerischen Engagements, das Kernland seiner Muttersprache, Hilfsquelle für Afrika – Existenzgrund im Sinne totaler Abhängigkeit war es nicht. Er kam und ging, wohl selten noch über den Rhein, dafür nach Straßburg und in die Vogesen. Er lebte am Rande des Vulkans, schaute besorgt auf die Rauchfahne, die sein Gipfel entließ, aber es stellte sich nicht unmittelbar die Frage, ob es hier in Günsbach und Lambarene morgen noch sein würde, wie es heute war. Der Einfluß des unberechenbaren Mannes aus Braunau endete an der Rheinbrücke bei Kehl.

Dahinter ließ sich trotz gelöster Bande der Welt noch in Ruhe leisten, was der Alltag einer den Anfangschwierigkeiten entwachsenen Tropenklinik und die menschliche Beziehungsvielfalt ihres Gründers forderten. Erst Jahre später wurde er, wie schon einmal, vom Verhängnis eingeholt. Wie ihm glückliche Umstände im ersten Vernichtungskrieg aufbauendes Tun gestattet hatten, so garantierten ihm diesmal – vor dem nächsten – die trennenden dreißig Kilometer zwischen Breisach und Günsbach noch einmal eine kurze Periode ruhiger Lebenszeit. Es war die Gnadenfrist vor der zweiten Zwangsvollstrekkung gegen den Friedenswillen einer geprüften Generation.

Die sprechendste Quelle aus diesem Lebensabschnitt stammt von einem Dichter. Stefan Zweig besuchte den befreundeten Mitstreiter im „Kampf um die geistige Brüderschaft" im November 1932 in Günsbach. Die Erinnerung daran hielt er in einer Aufzeichnung fest, die stellvertretend für die ganzen Jahre 1927–39 steht. Diese Skizze, aufgeschrieben kurz vor der Wende in Deutschland, heißt „Unvergessliches Erlebnis".

Zweig hatte mit seelenanalytischer Meisterschaft und makelloser Prosa für die Gattung der historischen Biographie neue Maßstäbe gesetzt. Wo aber sein Idealismus am geschichtlichen – oder gegenwärtigen – Sujet Verwandtes spürte, oder auch an darstellerischen Höhepunkten, ließ er seinem gefügigen Wort zu freien Fluß;

146

da schwingt stellenweise ein Pathos, an dem ein nüchterner gewordenes Stilgefühl sich heute stößt.

Auch die Begegnung mit dem so sicher erfaßten, sechs Jahre älteren Gesinnungsfreund hat in der gedruckten Wiedergabe Schwächen eben dieses Überschwangs. Aber leuchtkräftig und plastisch ersteht der Schweitzer der schönen Jahre, in dessen Gesicht „Sicherheit und Ruhe sich zu einer seltenen Einheit verbinden". Es werden Fotos besichtigt, man diskutiert und ißt miteinander, Pflegerinnen im Urlaub erzählen von ihrer Arbeit draußen. Geheimen Wunsch erahnend, nimmt der Musiker den Dichter am Arm und geht mit ihm durch die stille Dorfstraße, wo die Narben des Kriegs längst verheilt, hinüber zur Kirche, um Bach zu spielen. Zweig bewundert den ökumenischen Frieden in diesem bikonfessionellen Gotteshaus, das völlig dunkel ist, während Albert Schweitzer am Ende des Privatkonzertes improvisiert.

Dann fährt der Zug an diesem November-Sonntagabend wieder über die elsässische Erde, und der späte Insasse schreckt auf, wenn er Stationsnamen hört, die der Heeresbericht 18 Jahre zuvor im Abonnement bezogen hatte und die nun, wieder aufgerufen, an hunderttausende Tote erinnern. „Und man versteht nicht, wie ebendieselbe Menschheit, welche die unfaßbarsten und unbegreiflichsten Meisterwerke im Geistigen hervorbringt, seit tausend und tausend Jahren nicht das einfachste Geheimnis zu meistern lernt: zwischen Menschen und Menschen, welche solche unvergängliche Güter gemeinsam haben, den Geist der Verständigung lebendig zu bewahren." –

In ruhigem Gleichklang hat der reisende „Negerdoktor" (per Bahn und Schiff; ein Flugzeug bestieg er nie) in diesen Jahren immer wieder die Spitalarbeit mit europäischen Pflichten vertauscht. Es war ihm der lebensnotwendige Ausgleich zu einer Wirkungsstätte, die in einer rastlosen Natur angesiedelt ist und dem Mitteleuropäer in gefährlicher Weise den ihm eingeborenen Spannungsausgleich der wechselnden Jahreszeiten vorenthält.

In diese Periode fällt lebendiger Einblick auch durch Schweitzer selbst. Er hat zwar nach 1931 autobiographisch zusammenhängend nicht mehr geschrieben, aber trotzdem seiner „armen Schreibkrampfhand" nie die Feder erspart. Das beweisen nicht nur ungezählte Briefe und mindestens sechzehn kleinere und größere Publikationen bis zum Nachlaß hin; er berichtete auch in Abständen treulich weiter von der Arbeit im Krankendorf.

Diese „Briefe aus dem Lambarenespital" sind fast unbekannt. Hans Baur in Basel und Richard Kik in Ulm verschickten an Freunde die im Privatdruck vervielfältigten Briefe bis zur 22. Folge 1939, die für lange Zeit das letzte Wort vom Französischen Kongo war. Kik hat dann 1965, zum 90. Geburtstag, noch einmal alle Folgen in einem Sammelband zusammengefaßt – aber im Buchhandel erschienen sind diese 125 eng bedruckten Seiten außer in kleinen Auszügen nie. Das hätte sich angeboten; sie wären der dritte Teil der Spitalberichte, von denen die Erlebnisse zwischen Wasser und Urwald (1913–1917) vom Verfasser selber herausgegeben und die Briefe aus Lambarene 1924–1927 gegen seine Absicht von Freunden publiziert worden sind.

Man erfährt beispielsweise im Dezember 1933, daß die Operationen zum Jahresende wohl die Zahl fünfhundert weit überschritten haben würden und daß im vorigen Herbst ein Kühlschrank angeschafft worden ist. „Kurz hintereinander verloren wir zwei Operierte an rapid verlaufendem Starrkrampf. Welch furchtbare Tage! Daraufhin haben wir uns entschlossen, allen Verletzten und allen zu Operierenden präventiv Antitetanus-Serum zu injizieren, was leider eine sehr große Ausgabe bedeutet. Wer aber je einen armen Menschen in Tetanus-Not gesehen hat, wird begreifen, daß wir sie machen müssen."

August 1935: „Kommt am 1. August, dem Schweizer Nationaltag, im Spital ein Mädchen auf die Welt, so erhält es nach einem von Schweizer Pflegerinnen aufgestellten Grundsatz den Namen Helvetia…"

Dezember 1938: „Am 16. April waren es 25 Jahre, daß meine Frau und ich zum ersten Wirken in Lambarene angekommen waren. Ich hatte mit niemandem davon gesprochen und war sicher, daß niemand hier dieses Tages gedenken würde. Aber einige von der älteren Generation der im Lande ansässigen Europäer wurden auf das Datum aufmerksam, das sie aus dem Bericht der ersten Reise, wie er sich in dem Buche ‚Zwischen Wasser und Urwald' findet, errechnen konnten. Sie veranstalteten unter den hiesigen Weißen eine Sammlung, um dem Spital an diesem Gedenktag eine Spende zu überreichen…"

Der Tag der Ankunft ist, außer der nur zu errechnenden Angabe im Reisebericht, an einer einzigen Stelle direkt vermerkt, auf Helenes Grab – und dieses Datum ist verkehrt. Mit eigener Hand ritzte Albert Schweitzer 1957 ein: „Arrivée à Lambaréné le 18. 4. 1913…" Dem kybernetischen Gedächtnis war ein Irrtum unterlaufen, der nun den Rang einer Tatsache erhielt. Der Fehler wurde zum Dokument.

Als Lambarene 1963 zum Goldenen Afrika-Jubiläum des 88jährigen Gründers rüstete, da forschte man nach dem exakten Ankunftstag. Helene Schweitzers Grabstein wies ihn ja aus! Die Autorität der eingravierten Ziffer erschien über jeden Zweifel erhaben. So bleibt es eine Kuriosität, daß man die 50-Jahr-Feier des ältesten Weißen in Westafrika am falschen Tag beging…

Die Briefe waren Spendendank, Rechenschaft, Bitte um neue, nicht nachlassende Hilfe für „dieses so notwendige Barmherzigkeitswerk". Die Freude und Erfülltheit, diese Arbeit tun zu dürfen, spricht aus jedem Bericht. Optimistisch klingen seine Vorkriegsberichte in der Erwartung aus, das Spital werde demnächst, nach Abschluß von Maurer-, Zimmerer- und Erdarbeiten, endlich in der Hauptsache wirklich fertig sein. Fast wage er es nicht zu glauben, daß er dann einmal hier sein werde, ohne das Beste seiner Zeit auf solche Arbeiten verwenden zu müssen.

Aber es war ein kurzer Tagtraum eines alten Afrikaners, der außerdem nicht voraussehen konnte, daß Afrika im Gefolge des Krieges sein Gesicht vollkommen verändern würde. Noch war es ein schlafender Riese. Mindestens in diesen Zonen verlief das Leben in dem urweltlichen Gleichmaß, dessen Takt viel weniger der Mensch bestimmte als die Natur. Und weil sie verkehrsfeindlich war, sah sich der Eindringling vor der Ära des Luftverkehrs der Zivilisation weit entrückt. Nur alle vierzehn Tage kam der Raddampfer „Adjame" mit der Post aus Europa, die vier Wochen alt war (Radio gab es nicht). Der Rhythmus des Arbeitstages wurde manchmal zwei Wochen lang von außen überhaupt nicht gestört. Welch Gegensatz zu dem ununterbrochenen Kommen und Gehen in den Jahren des Ruhms...

Es gibt da sehr stimmungsvollen Einblick durch Aufzeichnungen einer Elsässerin, die in jenen stillen Jahren am Ogowe war. Jeannette Siefert kam 1960 wieder zu Besuch und erinnerte sich – nach einem Vierteljahrhundert – an das nicht leichte, aber beschauliche Leben der drei Ärzte (außer dem Senior) und sechs Pflegerinnen zwischen einigen hundert Kranken und dem früher von Lambarene nicht fortzudenkenden Getier: Ziegen, Hühner, Hunde, Katzen, Schimpansen, Gazelle und Pelikan:

„Schön war immer die Dämmerstunde. Wenn um sechs Uhr der Gong – ‚die Stimme des Doktors' – Feierabend gerufen hatte, für Weiße und Schwarze, da setzte sich Herr Schweitzer manchmal an den Landungssteg unten am Fluß, und wir setzten uns zu ihm und schauten auf den ruhig dahinfließenden braunen Strom und in die leuchtenden Farben des Abendhimmels.

Nach dem Abendessen, wenn nach dem anstrengenden Tag Ärzte und Pflegerinnen in ihren Zimmern saßen, schreibend oder lesend, spielte Herr Schweitzer in seinem Zimmer wohl eine halbe Stunde lang Musik von Bach, und diese Klänge drangen durch die dunkle Nacht und verbanden sich mit dem Zirpen der Grillen und dem Tam-Tam aus dem nächsten Dorf.''

Man möchte das Andante in der Schweitzer-Sinfonie noch einen Augenblick verlängern, ehe der Takt härter und unregelmäßiger wird. Es ist der goethesche Bezug, der zum Verweilen reizt. Daß er hier Urland kultivierte

Grün das Gefilde, fruchtbar; Mensch und Herde
Sogleich behaglich auf der neusten Erde,

– geschah aber nicht, damit seine Schwarzen Raum hätten, ,,tätig frei zu wohnen'', sondern damit sie geheilt würden: Faust und Wilhelm Meister also in Personalunion. Wäre es dem Dichter eine Erfüllung gewesen, wenn er seine Ideen mit Augen hätte sehen können, die Poesie umgesetzt in faßbare Wirklichkeit? Goethe am Ogowe, als Besucher empfangen – gar im Staatsdienst, als Inspizient? Groteskes Puzzle der Zeiten und Räume, aber durch ein beziehungsvolles Wort aus dem ,,Wilhelm Meister'' ein Gedankenspiel von untergründiger Substanz: ,,Er führte mich wie im Paradiese umher, und zuletzt ließ er mich den in der Abendkühle im Garten wandelnden Schöpfer aus der Entfernung ahnen.''

VIII

DER RUHM

Am 13. Januar 1945 meldete der deutsche Wehrmachtbericht: „Im ostpreußischen Grenzgebiet begann der Feind im Raum Ebenrode-Schloßberg den erwarteten Großangriff nach zweistündiger stärkster Artillerievorbereitung." Der Angriff leitete die Tragödie des deutschen Ostens ein. Am nächsten Tag wurde Albert Schweitzer siebzig Jahre alt.

In einem normalen Künstler- oder Gelehrtenleben pflegt der Schritt ins achte Jahrzehnt Anlaß zu Ehrungen zu sein. Oft würdigen Festschriften oder Zeitungs-Elogen schon fünf, manchmal zehn Jahre früher das sich abzeichnende Lebenswerk. Auch dem Grenzgänger zwischen Kunst, Forschung und Dienstberuf wären schon damals viele rühmende Worte zuteil geworden, wenn die Zeiten ruhiger gewesen wären. Denn weithin kannte man den reisenden Neger-Doktor, der mit Vorträgen und Konzerten Geld für Afrika sammelte; der mit dem Frankfurter Goethepreis ausgezeichnet worden war; der in verschiedenen Fachrichtungen eine umstrittene Prominenz genoß und als Musiker unangefochtenen Ruf.

Aber die runden Daten seines späteren Lebens fielen in ungünstige, laute Zeit, die mit sich selber und den unseligen Geistern, die sie gerufen, dermaßen beschäftigt war, daß das Wirken auf leiser Klaviatur glatt überhört wurde, auch nicht als wichtig galt.

Den 60. Geburtstag, 1935, übertönte das Fanfarengeschmetter eines selbstbewußten Regimes, das sich selber unablässig zelebrierte und einem noch weithin gebannten Volk als neue Mitte der Welt erschien. Obendrein entsprach ein Mann, der mit seiner jüdischen Frau Europa verlassen hatte, um an Schwarzen brüderlichen Auftrag zu erfüllen, nicht unbedingt nordischem Ideal. Manche kleine Zeitungsspalte zum 14. Januar 1935, die ein Freund hier und da einem liberalen Schriftleiter stahl, war so fast mehr ein Erinnern an vergangene Zeit.

1940, zum gleichen Termin, lag über Europa unheilvolles Schweigen vor dem todsicheren Frankreichkrieg, und vollends 1945 hielt in Deutschland nur private Besinnung der Freunde ein Flämmchen des Gedenkens an einen vergessenen Albert Schweitzer wach.

Doch der Geschützdonner aus dem Osten lähmte nicht *jede* öffentliche Regung für das humane Ereignis. Die Londoner BBC, in Deutschland unter Lebensgefahr benutzte Frequenz zur Wahrheitsfindung, gedachte des siebzigsten Geburtstages, und Albert Schweitzer hörte die Sendung über Kurzwelle mit. Es war die Vorhut des internationalen Ruhms.

Popularität ist ein Kredit mit Wucherzinsen. Freigiebig ist die Volksgunst mit Sympathiebeweisen. Dann legt sie die Rechnung vor: Übereignung der Person an den Moloch Publicity. Ihn hat Schweitzer kennengelernt wie kaum ein anderer in seiner Zeit. Der Zwiespalt zwischen seinem Wunsch nach Einflußnahme und seiner Befangenheit bei großem Auftritt läßt auch heute noch nicht genau bestimmen, ob es besser gewesen wäre, das grelle Licht der Weltöffentlichkeit, Rummel und Sensation hätten ihn verschont. Wäre sein Bild reiner, unmißverständlicher geblieben? Wohl doch nicht. Zu ungewöhnlich war sein Tun. Und wer am Wege baut, hat viele Meister. Die Art, in der Schweitzer das Danaergeschenk des Ruhms angenommen hat, läßt außerdem vermuten, daß in seinem Grundriß auch dafür Platz gewesen ist.

Immerhin hat er schon von der Lebensmitte an den Weg zum großen Publikum eingeschlagen, das „Wirken, ohne zu reden" aufgegeben. In dem Aufruf zur Nachfolge (Zwischen Wasser und Urwald), in dem Appell an das humanitäre Gewissen (Kultur und Ethik) wurden Echo und Anhänger gesucht, Berühmtheit nicht, aber sie lag als Möglichkeit eingeschlossen; sie konnte, als sie sich einstellte, nicht zurückgewiesen werden. Der Schritt in die Welt nahm die Folgelasten in Kauf.

Dabei sind Zeitumstände förderlich gewesen, wie man es nicht ahnen konnte. Der über 70jährige merkte aber nach dem Zweiten Weltkrieg, daß sich etwas verändert hatte, spätestens, als er amerikanischen Boden betrat. Hier geriet er in ein öffentliches Klima, das ohnehin mit Wirkstoffen wie Reklame, Werbung, Publizität bis zur Penetranz angereichert ist. Das Objekt solcher Ausbeutung kann auf durchschlagende Weise bekannt gemacht, aber auch gepeinigt werden. Sogar der vermeintliche Klavierstimmer seiner Gastgeber gab sich nach fünf Minuten als Reporter zu erkennen. Amerika umtobte den Wundermann aus der alten Welt mit allen publizistischen Mitteln, über die das Land der unbegrenzten Möglichkeiten verfügt.

Wo lagen die Gründe für diese Begeisterung, für deren Ausbruch Goethes 200. Geburtstag und die Festrede in Aspen/Colorado der äußere Anlaß war? Wie läßt sich erklären, daß dieser Gelehrte, Künstler und Arzt, der sich seit der Lebensmitte doch gar nicht mehr verändert hatte, erst fünfunddreißig Jahre später plötzlich einem aus den Fugen geratenen Geschlecht eine Art geistiger Mitte und einen Ruhepunkt des Denkens gab?

Eine Kraft wirkt nicht immer und überall einfach dadurch, daß sie Kraft ist. Nicht jeder wird zu jeder Zeit gehört. Vielmehr müssen bestimmte Umweltbedingungen da sein, durch die ein zündendes Spannungsverhältnis entsteht. Es gibt Menschen von unbezweifelbarem Rang, die – gemessen an der bestmöglichen Verwirklichung ihrer Persönlichkeit – zu früh oder zu spät geboren sind und solche, die wie ein Thronfolger in ihre Rechte treten, wenn ihre Zeit, mitunter sehr spät, gekommen ist. Bei mindestens drei bekannten Gestalten des 20. Jahrhunderts – außer Schweitzer – geschah dies erst in einer Lebensphase, die jenseits der normalen Pensionsgrenze lag.

Da gelangte der eine, aus dem Ruhestand gerufen, zu legendärem Schlachtenruhm und repräsentierte noch viel später tragischerweise einen Staat, dem er mit dem Herzen nicht angehörte, wodurch denn auch seine staatspolitische Weichenstellung den Keim des Unheils barg; da hat der Zweite sich körperlich und geistig für eine nicht voraussehbare internationale Konstellation bereit gehalten, die so sehr seinem Weltbild entsprach, daß er ihr mindestens zehn Jahre, getragen vom Konsens der großen Mehrheit, seinen Persönlichkeitsstempel aufprägte und man, zustimmend oder nicht, von seiner „Ära" spricht; und da hatte schließlich der Dritte schon ein Priesterleben hinter sich, das trotz einer Folge beachtlicher Würden und diplomatischer Aufgaben unspektakulär auszuklingen schien, als die gänzlich unerwartete Wahl zum Papst ihm eine säkulare Chance zuspielte: die Lösung der katholischen Kirche aus institutionellen und hierarchischen Verkrustungen und die Öffnung zur Welt.

Mitunter scheint es, als wenn die Geschichte, die doch so eigensinnig ihren Weg zu nehmen pflegt, an manchen Menschen, auch wenn ihre Würfel eigentlich schon ausgerollt waren, nicht vorbeikann oder will, sondern sie einlädt, für eine kosmische Stunde auf „unsers Schicksals leichtem Wagen" (Egmont) Lenker oder Beifahrer zu sein, wobei die Räder dann oft genug „vom Steine hier, vom Sturze da" nicht abzubringen sind. Ein Glücksfall daher, wenn die Konstellation einen Mann begünstigt, der seiner Zeit, wenn sie doch noch auf ihn hört, hilfreich und richtungweisend ist. Bei Albert Schweitzer – schon in der Mitte der Siebzig – war es so, daß eine verstörte Zivilisation seine Existenz mit einemmal als so trostreich erkannte, daß sie ihn nach jahrzehntelanger stiller Arbeit im tropischen Regenwald plötzlich wie einen guten alten Hausarzt an ihr Krankenbett rief.

Die Völker hatte nach dem Zweiten Weltkrieg, mehr als nach dem Ersten, tiefe Ratlosigkeit erfaßt, wie die moralische Verwüstung zu überwinden sei. In Programmen und Resulutionen suchten sie Zuflucht, ohne dem Grundübel beizukommen, weil die Gesinnungen überdies noch weltanschaulich-politisch gespalten waren.

Daß inmitten solch hilflosen Treibens und einer „beispiellosen geistigen Verelendung" (Schweitzer) einer sichtbar wurde, der ohne Programme sich selber einsetzte – und dies schon seit vierzig Jahren; der die Naturschutzgebiete der menschlichen Gleichgültigkeit unnachsichtig zum Kulturland erklärte und zugleich selber den Pflug in die Hand nahm; der also tat, was er sagte und denkerisch begründete, was er tat; der den Sinn der Entwicklungshilfe schon ein halbes Jahrhundert vor der Erfindung des Begriffes mit Inhalt erfüllt und dafür Europas Bequemlichkeiten und einen beruflichen Erfolgsweg aufgegeben hatte; der den Besten seiner Zeit ihre besten Absichten vorlebte und eine Unzahl aufgedonnerter Belanglosigkeiten durch sein bloßes Vorhandensein auf ihr gerechtes Maß reduzierte –: daß all dies in diesem Menschen Ereignis wurde, empfanden weite Kreise als wahre Befreiung.

Und noch etwas war, speziell in Deutschland, nicht einflußlos: Zwölf Jahre lang hatten sich Herrenmenschen breit gemacht; erstaunt und augenreibend gewahrte man einen Diener. Die Ehrfurcht vor dem Leben war die große, aufbauende Antithese, nachdem Leben so wenig gegolten hatte.

Man muß sich all dies vor Augen halten, um dem Zeitalter diagnostisch näher zu kommen und Schweitzers Bedeutung für die Welt seiner Altersjahre zu erkennen: Was längst in ihm vereinigt und für viele auch gar nicht unsichtbar vorgelebt war, wurde plötzlich in diesem gequälten und ratlosen, von Selbstsucht und Phrase, von Lüge und Gewalttätigkeit mißhandelten Jahrhundert evident.

Die Bedürftigkeit für solches Menschentum lag lange vor, aber erst eine zweite Katastrophe hat sie erkennbar werden lassen und Schweitzers Vorbild zum Aufleuchten gebracht. Als ein um 30 Jahre erfahrener gewordenes Weltverständnis sich verarmt und heruntergekommen wiedererkannte, wurde in diesem Werdegang erst richtig die exemplarische Leistung erkannt. „Die ohnegleichen dastehende Verehrung, die ihm von allen Seiten entgegengebracht wird", bemerkte der Bonner Philosoph und Theologe Theodor Litt, „hat zur Grundlage die Überzeugung, daß er wie nur wenige die Heilkräfte in sich versammelt und verkörpert, die einzig und allein die Menschheit aus ihrer schweren Daseinskrise emporzureißen vermögen."

Von Albert Schweitzer drang anderthalb Jahrzehnte eine Vibration in die Welt hinaus, die sich bei ungezählten Zeitgenossen geistverändernd ausgewirkt hat. Das erstaunlichste ist, daß dies einem Mann widerfuhr, der einst hinaus in die Stille und Einsamkeit gezogen war; der sich „in vollständigem Widerspruch" zum Geist der Zeit wußte und der nie das gefährliche Glitzerding der Popularität sicher zu handhaben gewußt hat; der darin immer wieder seine Schüchternheit bekämpfen mußte und auch in weiteren neunzig Jahren nicht gelernt hätte, abgebrüht zu sein.

Schweitzer selber schrieb seinen überragenden Einfluß in den Fünfziger Jahren der „Ehrfurcht vor dem Leben" zu, wobei er den Begriff meinte, das vorgelebte Beispiel aber bescheiden unterschlug: Es sei in der Welt

Sehnsucht nach einer Geistigkeit der Humanität vorhanden, schrieb er an Werner Picht. „Mir ist zuteil geworden, das Wort zu finden, das dieser Sehnsucht entgegenkommt, ein Dunkel erhellt."

„Verzauberung eines Volkes"

Von 1939 bis 1948 hatten Krieg und Nachkrieg einen fast zehnjährigen ununterbrochenen Tropenaufenthalt erzwungen, obwohl bei Weißen schon nach zwei Jahren deutliche Ermüdung zutage tritt. Es folgte dann ein volles „Erholungsjahr" in Europa. Günsbach war allerdings noch nicht überlaufen. Es gab noch nicht so viele Verpflichtungen. Wochen relativ ungestörter Arbeit waren noch möglich.

Die sechs Europaaufenthalte der Fünfziger Jahre – die achte bis dreizehnte Heimkehr, wobei man nun schon im Zweifel sein konnte, was Schweitzer eher unter „Heimkehr" verstand, Lambarene oder Günsbach – verunstalteten den traditionellen Ablauf dieser Regenerierungsphasen immer mehr. Aus den üblichen Freundesbesuchen in Deutschland und Frankreich, dem Arbeitsaufenthalt im Heimatdorf, den Vortrags- und Konzertabstechern wurde nun die Diktatur der Windrose: Aus allen Himmelsrichtungen kamen Besuchsbitten, wurden Ehrendoktorate verliehen, häuften sich Orden auf die Gewissensinstitution der Jahrhundertmitte.

Den Popularitätsgipfel erreichte der alte Mann in dem soliden Gehrock vom Günsbacher Schneider, als er am 4. November 1954 den Friedensnobelpreis nachträglich entgegennahm. „Verzauberung eines ganzen Volkes", überschrieb damals das „Sonntagsblatt" in Hamburg die Reaktion der Norweger auf die Oslo-Reise Albert Schweitzers und seiner Frau. Kaum je ist ein fremder Bürger ohne Amt so spontan von einer ganzen Hauptstadt-Bevölkerung und besonders von ihrer Jugend gefeier worden. Innerhalb von drei Tagen kam durch Sammlungen doppelt so viel Geld zusammen, wie die Summe des Nobelpreises betrug. Eine alte Norwegerin schickte einen größeren Betrag; sie habe ihn eigentlich für ihr Begräbnis erspart. Aber sie komme auch so unter die Erde.

Die langgesäte Humanität konnte auch solche Früchte zeitigen: Ein Anstaltsarzt, Dr. Pietsch, berichtete aus Kassel-Wehlheiden über den Einfluß auf die Strafgefangenen, nachdem ein Schmalfilm von Marie Woytt-Secretan vorgeführt worden war: Es habe sich gezeigt, daß er (Schweitzer) auch von Gefangenen, die im allgemeinen sehr skeptisch, vielfach sogar haßerfüllt gegenüber den Vertretern der Autorität, den unbewußten Vorbildern, eingestellt seien, vorbehaltlos anerkannt werde. Man sehe mit Erstaunen in den Seelen von Zynikern und Nihilisten auf einmal ein Fundament, das im Gemüt wurzele und auf dem man weiter aufbauen könne.

Es fällt bei solchen Einzelbeweisen von geistigem Einfluß schwer, das Ungestüm der Menge nur als lästige Begleiterscheinung zu sehen. Denn offensichtlich vermehrt die Massenbegeisterung das moralische Gewicht eines Menschen, obwohl er sich gegenüber dem vorherigen geringeren Bekanntheitsgrad in nichts verändert hat. Aber man konnte die Volksgunst und ihre Nebenwirkungen aus sehr unterschiedlichem Blickwinkel sehen, und jeder ist auf seine Weise wahr:

Albert Einstein meinte: ,,Am Ende muß doch ein unzerstörbarer guter Kern in vielen sein, sonst hätten sie nie seine schlichte Größe erkannt.''

Rhena betrachtete das Los ihres Vaters auch in *der* Weise: ,,Es war so schlimm wie noch nie (1959). Die Leute ließen ihm keine ruhige Minute. Er konnte seine vier Enkel kein einziges Mal besuchen.''

Er selber sah es so: ,,Ich darf mich keinem Menschen, der glaubt, daß ich ihm helfen kann – und sei es auch nur durch ein Autogramm – versagen. Vielleicht empfängt er davon einmal in einer dunklen Stunde Ermutigung."

Das ist ein Schlüsselsatz, an dem die nicht vorübergehen dürfen, für die Schweitzers Verhalten Publizitätssucht war: weil er dem Rummel nicht wehrte, sich immer wieder geduldig fotografieren ließ und nichts dagegen tat, daß er von Touristik-Managern als zweitgrößte Attraktion Afrikas nach den Viktoriafällen angepriesen wurde. Und viele waren auch mit subjektivem Recht mißtrauisch, weil sie schärfer als die Gutmütigkeit unter der gelblich-weißen Haarmähne wahrnahmen, daß mancher verliebene Orden nur das in Blech gestanzte Alibi hochgestellter Herren für das eigene Nichttun war, die wohlgesetzte Widmungsurkunde nur der Freibrief für die eigene Abwesenheit von dem moralischen Tatorten des Lebens.

Wie aber hätte er sich verhalten sollen? Sich wehren, wo er doch Sehnsucht nach Humanität erkannte? Sich abschirmen, wo doch von seiner Gegenwart Wirkungen ausgingen, die er begrüßte und deutlich erwiesen sah? Die Spreu herablassender Auszeichnung und flüchtiger Sensationsgier vom Weizen echter Verehrung trennen, obwohl chemische Analysen hier versagen?

Im übrigen nahm er die Publicity auch deshalb ergeben hin, „weil er wußte, daß sie die Quelle speist, aus der die Mittel fließen" (Oswald). Die vielhundertköpfige Lebensgemeinschaft mit vielen Importen aus Übersee (Lebensmittel, medizinische Versorgung) verbrauchte täglich Summen, die die Kassenwarte nicht an die große Glocke hängten, aber fast alle Einnahmen aus Preisen, Büchern, Vorträgen und Spenden fraß das Spital.

Mißverständnisse über die Geldverwendung blieben dabei nicht aus, wie eine der Anekdoten beweist, die der Ruhm gebar. Erica Anderson, Amerikanerin aus Wien, die einige vorzügliche Filme und Bildbände über das „Genie der Menschlichkeit" (Churchill) gestaltet hat,

13 Gute christliche Nachbarschaft: Der katholische Missionar von der gegenüberliegenden Station bringt einen schwarzen Kranken

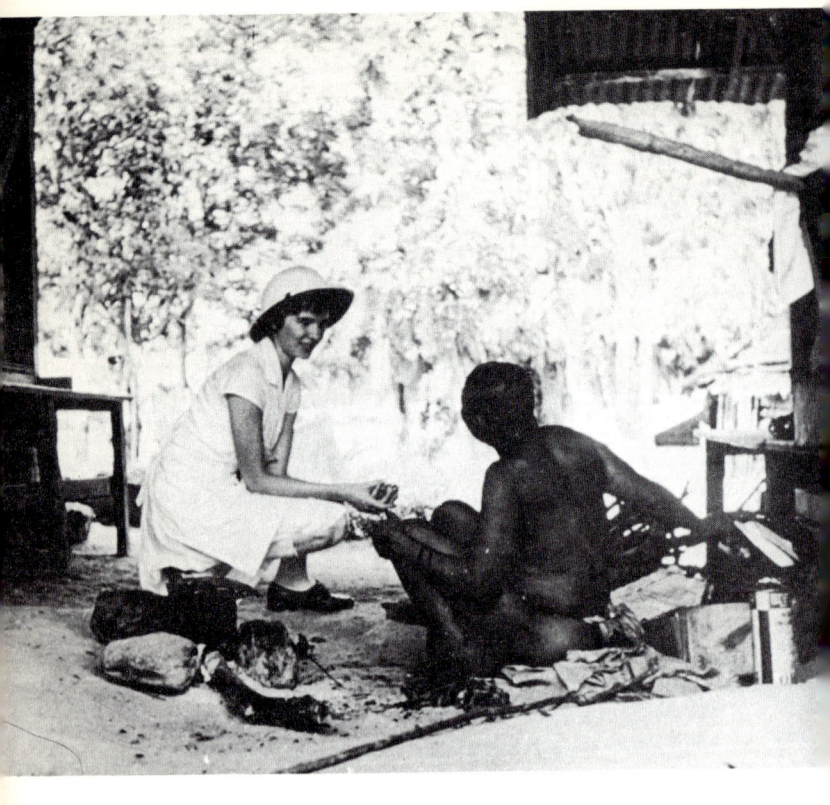

14 Asyl genießt seit langem die Buschfrau «Sans-nom» – die
«Namenlose»; niemand weiß, wie sie heißt, und keiner versteht
ihre Sprache. Angeregt «plaudert» sie mit einer Helferin

fuhr ihren väterlichen Freund während seiner letzten Europareisen in einem amerikanischen Straßenkreuzer durch die Lande. Nach einem Konzert in der Straßburger Thomaskirche wartete der Wagen am Eingang. Da hörte man, erzählt Roland Schütz, im Gedränge zwei Buben: „Sine alte Huet und sin Jacke het er immer noch, awer a Wage het er sich geleischt – einfach bumbig!"

Die „Vater und Sohn"-Geschichten des Zeichners Erich Ohser (e. o. plauen) enden mit dem Ruhm der beiden: Heimgekehrt von der einsamen Insel, auf die sie verschlagen gewesen, sind sie in aller Munde. Überall begegnet ihnen ihr Konterfei: auf Aschenbechern und Luftballons, in Masken und im Varieté, bis die Originale nach anfänglicher Vergnügtheit das Grausen packt und sie der erdrückenden Popularität entfliehen auf einem ins Jenseits führenden Wanderpfad der zeichnerischen Phantasie.

Diesen freundlich-sentimentalen Ausweg gibt es für den gefeierten Sohn der Massengesellschaft nicht. Bei weitem nicht jeder wünschte ihn überhaupt. Starkult hat seine Annehmlichkeiten; und wer nicht den Gewissensanspruch an seine Person vonseiten der Umwelt auf sich lasten weiß, kann damit ganz gut leben. Er weicht der Begegnung aus, wo sie ihm lästig wird. Die „moralische" Berühmtheit kann und will es nicht.

So wurde Albert Schweitzer in der Lorbeerzeit, um das 80. Jahr, auch erdrückt vom Papier. Ungezählte Briefe mit seiner winzigen, exakten Schrift gingen in alle Welt. Nie benutzte er eine Schreibmaschine, schwerlich war er vorstellbar beim Diktat, zog vielmehr altväterlich-betulich ein Bändchen durch das Papier und knotete die Seiten damit fest. Das Altfränkische in Schweitzer wirkte rührend und trug nicht wenig zur Verehrung bei. Als die Technik mehr und mehr den ganzen Menschen ergriff, war die Hinwendung zu dem altmodischen Humanisten auch ein erster Ansatz von Nostalgie.

Diese Mühsal eines Galeerensklaven kraft Plebiszits verließ ihn nicht mehr. Für einen beantworteten Brief fluteten zehn neue herein, von denen viele von Helferinnen bestätigt wurden – oft wenigstens mit der kleinen Unterschrift und einem Grußwort des grand docteur als geschätzte Schlußdekoration.

Der Brief umfaßt die breiteste Skala der schriftlichen Kommunikation. Er kann ebenso eine Bestellung für Zahnpasta wie ein Gerichtsbescheid per Einschreiben, er kann aber auch literarisches Denkmal sein.

Goethe korrespondierte in „einer Art von Selbstgespräch" bis in die letzten Lebenstage auf der Höhe der druckreifen künstlerischen Form; Fontanes Briefe spiegeln ohne vergleichbare Kunstgestalt die Weltläufigkeit eines Lebensweisen – der dabei mitunter sehr aggressiv, leidenschaftlich, salopp oder humorvoll war und einen ganz ungewöhnlich scharfen Blick für das Menschenpanorama besaß; Thomas Mann nahm das Briefeschreiben nicht als bloße Last, sondern als einen Teil des ihm auferlegten Lebenswerkes.

Für Albert Schweitzer war es *immer* eine Last. Einer Arbeit unterworfen, die ihn ohnehin schon um die Pflege seiner Neigungen brachte, hat er die Massen von Post – auf Reisen in Kartoffelsäcken deponiert – als lebenslangen Druck verspürt. Briefe waren für ihn vorwiegend Verständigungsmittel in einem Dienstberuf; sachbezogen, zweckgebunden und schnörkellos: Bericht über die Arbeit, Zustand des Spitals, Gedankenaustausch über brennende Tagesfragen (Atomgefahr), Dank für Hilfe und Mitarbeit. Niemand hat so viel gedankt wie Albert Schweitzer und das eigene Wort beglaubigt, daß Dankbarkeit der Maßstab für die Kultur des Herzens sei.

Bei aller Tages- und Zweckgebundenheit bieten die Briefe zuweilen Einzelaussagen, die in seinen Büchern so nicht zu finden sind. Auch die Menschlichkeit des großen Elsässers wird hier manchmal in ergreifender Weise offenbar, so in dem letzten Schreiben an Eduard Spranger, neun Tage vor dessen Tod im September 1963:

„...Der Verlauf meines Lebens brachte es mit sich, daß wir erst spät persönlich miteinander bekannt wurden. Es war für uns beide ein herrliches Ereignis. Miteinander haben wir die Stimme erhoben, um die Menschen zur Menschlichkeit zu erziehen. Das mußte ich Dir noch einmal sagen. Waffenbrüderschaft herrschte zwischen uns. Was das Bekanntwerden mit Dir für eine Bedeutung hatte, kann ich Dir nicht sagen. Nun denke ich Deiner, wo Du leidest. Es ist mir, als ob ich bei Dir sein könnte und Dir alles sagen was Du für mich bedeutest, und wie ich Dich geschätzt und geliebt habe...“

Der 88jährige an den 81jährigen – auch das ist Albert Schweitzer im Brief. Die Normalform seiner Korrespondenz ist dies nicht. Dort finden sich oft auch stereotype Formeln, eingerastete Satzmuster – der Schreibkrampf, die Müdigkeit –, die immer wiederkehren, im Alter fast in jedem Brief. Läse man sie aneinandergereiht, so ginge von ihnen unfehlbar eine Wirkung der Gleichförmigkeit aus, wie beglückt auch fast jeder Empfänger über ein solches Lebenszeichen war.

Der Schwerarbeiter am Schreibtisch mochte die naturgemäßen Schwächen der Pflichtschreibarbeit bedacht haben, als er sagte: „Meine Briefe sind meine Sache. Ich habe meine Gedanken hinausgeschickt. Was ich sonst schreibe, geht doch die Welt nichts an.“ Er räumte der täglichen Post im Gesamtzusammenhang seines Lebens keinen weiterreichenden Auftrag ein.

Es wäre rücksichtslos, diese Privatisierung völlig zu ignorieren. Die hat ihren Sinn überall dort, wo nicht die briefliche Aussage durch ihr Gewicht selber widerspricht und solche Selbstbeschränkung hinfällig macht. Die normale Funktion und Alltagsform von Schweitzers Briefen, ihre Vielfachwiederholungen besonders ab 1948/49, lassen es nicht sinnvoll erscheinen, jede Zeile der Riesen-

163

korrespondenz einer noch ausstehenden Gesamtausgabe einzuverleiben. Eine Auswahl aber würde eine wertvolle und hochinteressante Ergänzung sein.

Zum Beispiel Lindbergh

Im Leben des Fliegers Charles Lindbergh gibt es dramatischere Perioden, als ein Roman sie ersinnen könnte. Zugleich bietet die erste Hälfte seines Lebens ein Lehrbuch-Beispiel für das Janusgesicht des Ruhms. Ein Mann stürzt seine Nation durch kühnes Wagnis in einen Taumel der Begeisterung. Die Konsequenzen der Volkstümlichkeit, die Ausschlachtung der Person, nimmt er mit einem keep smiling hin. Dann aber treten Folgen ein, die den Jubel um den Volkshelden zum Schock erstarren lassen. Die Entführung seines Kindes und dessen Tod verwandeln die jungenhafte Unbekümmertheit des Luftfahrtpioniers in Verbitterung und Resignation. Erst in ruhigen Lebensabschnitten kann er sich wieder davon befreien.

Albert Schweitzer hat gleiches nicht erfahren müssen; weder Kidnapping noch Morddrohungen von Psychopathen haben die Popularitätsphase seines Alters verdunkelt. Aber Schatten gab es genug. Auch *seine* Volkstümlichkeit – und darin ging ihm der jüngere Lindbergh als ein Grundmuster von Ruhm und Ruhmesfolgen voraus – zog Neid und Haßgefühle wie einen Kometenschweif hinter sich her.

Der Schriftsteller Arnold Krieger sagte in einem erkenntnisreichen Schweitzer-Epilog zu seinem Afrika-Roman „Geliebt, gejagt und unvergessen‟, daß dessen ungeheures Kapital an Ruhm nach geistesgeschichtlichen Gesetzen eine Gegenwelle auslösen *mußte*. Bei dieser schlichten Einsicht in das gleichsam Unabänderliche tröstete er sich damit, daß diese Gegenströmung „an dem

164

für sie unerreichbaren Wertbestand dieses Lebens und Wirkens nichts zu ändern vermag".

Während nun aber der junge Flieger nach dem bravourösen Atlantikflug nichts getan hatte, als mit seiner Popularität fertig zu werden, entfaltete der alte Arzt in der gleichen Lage, gerade in der Blütezeit des Kalten Krieges, eine Aktivität, die manche Kreise äußerst verstimmte: seine Warnungen vor der Atomgefahr.

Weil die Ethik unteilbar ist, hatte sich der 80jährige noch gründlich in die physikalischen, medizinischen und politischen Aspekte der Atomfrage vertieft und die Verantwortlichen in seinen drei Appellen vom April 1958 über den Osloer Rundfunk zur Ordnung gerufen. Ansehen und Autorität dienten ihm nicht als mehr oder weniger bequeme Lagerstatt des Alters, sondern als ein Kapital, mit dessen Hilfe er Niederlassungen im Weltgewissen gründen wollte, tief geängstigt um die zukünftige Welt.

„Nur solche", drängte es aus ihm heraus, „die nie dabei waren, wenn eine Mißgeburt ins Dasein trat, nie ihr Wimmern hörten, nie Zeugen des Entsetzens der Mutter waren, können die Behauptung wagen, daß die Fortsetzung der Versuchsexplosionen ein Risiko sei, zu dem man sich unter Umständen entschließen könne."

Obwohl viele Sender den Aufruf gar nicht übernahmen, die regierungstreuen Zeitungen im westlichen Bündnis sich höchstens Auszüge abquälten und der Ostblock den Appell ignorierte, rief eine große Bewegung in der Öffentlichkeit bald darauf immer lauter nach einem Ende der Atomversuche. Einer der besten Kenner der Materie, Robert Jungk, schreibt in dem Buch „Heller als tausend Sonnen", daß Albert Schweitzer das Verdienst zufalle, die Flamme dieses Protestes entfacht zu haben.

Aber für Viele wurde er zum Ärgernis. Der alte Mann hatte die Spielregeln verletzt. Hatte man ihn nicht geehrt und ausgezeichnet und damit dem Gewissen Genüge ge-

165

tan? Wenn er selbst schon stellvertretend Sünden trug, mußte er sie der Zivilisation auch noch so pedantisch vor Augen halten? Verblüfft sah man den gütigen Schnauzbart zornig werden, und das in einem geistigen Umfeld, das den Urwalddoktor als Institution der westlich-atlantischen Gemeinschaft mißverstand. Diese mit Antiatom-Aufrufen zu konterkarieren, sah fast wie Defaitismus aus und enttäuschte jene Anhänger tief, die sich vorher nicht geprüft hatten, ob sie seiner ideologiefreien Menschlichkeit würdig waren.

Unbedachtheiten des Friedensnobelpreisträgers kamen hinzu. So hatte er sich von einer politischen Partei, der neutralistischen Deutschen Friedensunion, überreden lassen, seinen Namen zur Verfügung zu stellen, weil dies ja dem Frieden dienlich sei. Unerfahren im Umgang mit dem robusten Eigennutz parteilicher Gruppen, sah er sich plötzlich auf mannshohen Plakaten im Wahlkampf 1961 für eine Richtung werben, die in den Augen der Mehrheit in weltanschaulicher Nähe zum Kommunismus stand.

So wurde langsam ein Klima bereitet, in dem der elsässische Humanist – bei unveränderter Zugewandtheit der Majorität – doch vielen falsch programmiert erschien; und in diesem Klima hatten nun Mißgunst und Neid, schon lange auf der Lauer, es leichter, sich unter Vorwänden einzuschleichen.

Denn wird der Geehrte nicht inmitten des Hochruhms abberufen, so ist die Zeit abzusehen, daß die Opportunisten, die Berufsverleumder und Herostraten erst vorsichtig prüfend (wie der Wind steht), dann offener und schließlich ungehemmt nach Allzumenschlichem in der Person des Gefeierten suchen und notfalls dazuerfinden.

Die Welt ist ohne Mitte. Erst überschüttet sie ihr moralisches Idol mit Ehrungen, die man teils aus wirklichem Bekenntnis zu ihm verleiht, teils als eine Art von Ablaß, um sich von dem unbequemen Aufruf des Mahners frei-

166

zukaufen – dann wieder rüttelt sie an seinem Thron, und zwar nicht zuletzt aus demselben Grund: man entgeht der Aufforderung zum Nachdenken und zur Selbstreinigung, indem man den Fordernden kurzerhand in Frage stellt. Dann ist er in Verruf gebracht und kann nichts verlangen. Das alles ist nicht neu. Der alte Goethe war überzeugt:

Ich bin euch sämtlichen zur Last,

Einigen auch sogar verhaßt,

vor allem, weil er als internationale Berufungsinstanz des geistigen Europa nicht populärem Willen dienlich war, sondern er selber blieb, sich nicht bestechen ließ und sich mit keinem politischen Lager gegen das andere verbrüderte. Die kosmopolitische Distanz zum Zeitgeist war auch im Falle Schweitzers die Schnur um ein Bündel unterschiedlichster Antipathien. Wie er aber inmitten von Bewunderung unverändert blieb, so brachten auch Kritik und Vorwürfe ihn nicht um die Gelassenheit.

„Meine Strategie besteht darin, nie auf einen Angriff einzugehen, welcher Art er auch sei . . . Ich habe von jeher dies zum Grundsatz gemacht und treu eingehalten. Gegen das Schweigen kann niemand auf die Dauer ankämpfen. Es ist ein unüberwindlicher Gegner." Er hat es auch derber gesagt: „Kritik läuft an mir ab wie das Wasser an der Gans."

Das war keine kokettierende Floskel, kein gespieltes Überlegenheitsgefühl. Er besaß einfach keine Antenne dafür. Verstehen kann das nur, wer von der persönlichkeitswandelnden Macht des Opfers weiß. Es vergilt sich dem, der es bringt, durch inneren Frieden, so daß er Streit und Zweifel hinter sich zurückläßt und für Anfeindungen unerreichbar wird.

Nicht nur in der weißen Zivilisation wurde der rüstige Greis, der aussah wie ein naher Verwandter des lieben Gottes („Spiegel") zunehmend beargwöhnt und kritisiert; schwarzafrikanische Stimmen fielen in den mißtönenden Chorus ein. Hier lagen die Gründe anderswo.

167

Atomfragen interessierten das neue Afrika nicht. Aber daß der weiße Mann im Tropenhelm – Symbol des Kolonialismus – den Aufbruch in die Selbständigkeit so empörend gleichgültig zur Kenntnis nahm, das machte ihn in den Augen fortschrittlicher Afrikaner zum Relikt eben des Systems, das man gerade überwand.

In der afrikanischen Zeitschrift „Jeune Afrique" (Paris) wurde 1960 der Angriff eröffnet. Es war der tragische Konflikt zweier Richtungen, die von ihren Ansatzpunkten her unvereinbar waren, beide ihre Argumente hatten – wobei die überlegenere Postition die des Patriarchen war.

Er arbeitete schon hier, als seine Kritiker noch gar nicht geboren und ihre Väter Kinder waren. Seine Mühe galt eben denen, die ihm nun grollten. Für sie hatte er sich aus der Bahn werfen lassen. Ihre Hilfsbedürftigkeit hatte ihn nicht mehr unbefangen einen europäischen Berufsweg gehen lassen, nachdem er sich dieser Not einmal bewußt geworden war.

Nun hatten die Jahrzehnte eine Solidarisierung des Helfers mit anderen aufbauenden Kräften in Afrika bewirkt. Die Europäer hatten Schulen und Straßen, Grundlagen einer Verwaltung geschaffen, die einander ausrottenden Stämme befriedet, ärztliche Hilfe und christliche Mission gebracht. Wer sein eigenes tätiges Leben mit diesen Leistungen verbunden weiß, orientiert sich am Ende eher an den Errungenschaften als an den Schattenseiten des weißen Regiments. Kolonialismus hört für ihn auf, ein Schimpfwort zu sein.

So urteilte Schweitzer, als der Kongo nach 1960 im ersten Chaos der Eigenständigkeit fast unterging: „Die Belgier haben ihre Sache im Kongo ganz gut gemacht." 1955, achtzigjährig, hatte er zu seiner Nichte gesagt: „Wir Weißen haben nicht nur Alkohol und Syphilis, sondern auch den Frieden in diese Gegenden getragen", und hatte prophetisch hinzugefügt: „Und Du wirst sehen, daß, wenn diese Völker einmal ihre Unabhängigkeit erlangen, die Stämme sich wieder bekriegen wie und je."

Weil er selber uneigennützig handelte, brauchte er gegenüber den Fortschritts-Enthusiasten kein schlechtes Gewissen zu kompensieren durch übereilte Aufgabe der als richtig erkannten Grundsätze. Er empfahl langsame Erschließung des Kontinents, damit die Bildung der Schwarzen Schritt halten könne, und erhitzte sich, daß Kultur ja nicht mit Lesen und Schreiben, sondern mit Ackerbau und Handwerk beginne. Wenn er etwas zu sagen hätte, so sollte kein Schwarzer lesen und schreiben lernen, ohne zugleich Lehrling in einem Handwerk zu sein.

Nichtpolitische Grundsätze gegen starke politische Strömungen unversehrt zu halten, verlangt Mut zur Unpopularität. Daran hat es dem elsässischen Querkopf nie gefehlt. („Die Welt braucht Dickschädel"). Er ist darin einem anderen Bekenner vergleichbar. Luther nahm eher in Kauf, die Anhängerschaft ganzer Provinzen zu verlieren, als dem Bauernaufstand 1525, in dem er einen Verstoß gegen göttliche Gebote sah, seinen Segen zu geben. Kompromißlos blieb er dem Gesetz treu, nach dem er angetreten, fern jedem taktischen Zugeständnis. In solcher Unbedingtheit ähnelt Schweitzer ihm sehr. Weder in der Atomfrage noch in der Beurteilung der afrikanischen Verhältnisse gab er dem Ansehen zuliebe auch nur ein Jota von seiner Überzeugung preis.

Die afrikanischen Kolonien – um auch die Gegenseite zu sehen – erhielten in der Mehrzahl 1960 die Unabhängigkeit als eine für sie stolze Errungenschaft. Verständlich wiederum, daß es eher ein Blick zurück im Zorn als in abwägender Gerechtigkeit war. Man sah zuerst die Schattenseiten des Kolonialismus: Unfreiheit, Ausbeutung, Unrecht, Gewalt, und der Weiße war daran schuld. So schauten sie von ferne mit Mißbehagen dem Paternalismus des knurrigen alten Mannes zu. Er war weiß, er ließ sich nicht dreinreden, hielt die Schwarzen für unmündige Kinder und behandelte sie auch so –: genug, ihn als die Nachhut der Großen Armee des Kolonialismus, als einen Marschall Ney am Ogowe (statt an der Beresina) wütend zu befehden.

Den Nestor der Entwicklungshelfer traf nun – als eine Ironie der Geschichte – derselbe Bannstrahl wie das ganze System, ohne daß der jungen Avantgarde Afrikas der eklatante Unterschied ins Auge fiel. Das Mißverständnis blieb auf der neuen Wertskala unerkannt, um so mehr, als Schweitzer obendrein ein veraltetes und primitives ärztliches Versorgungszentrum zu leiten schien. Aus Ghana oder Paris war es ohnehin schwer, Konzeption und Grundsätze Lambarenes zu erkennen, wenn es schon eiligen Besuchern mit eigenem Augenschein nicht gelang. Trübten obendrein Vorurteile den Blick, so konnte das Ergebnis nur negativ sein. Die Afrikaner nahmen die Spitalverhältnisse als „Aufhänger" für dahinterstehende Motivationen, und diese (weil afrikanische, so für kompetent gehaltene) Kritik beeinflußte auf Umwegen wieder die europäischen Widersacher und führte ihnen willkommene Schützenhilfe zu.

Das Opfer dieser Kritik gedachte nicht, sich dagegen zu verwahren. Es hätte auch nichts genützt. Fünfzig Jahre Generations- und Zeitunterschied standen dazwischen. Von dem jungen Afrika führte mit Ausnahmen (Gabun) kein Brückenschlag des Verstehens zu dem ältesten Europäer am Äquator. Die Perspektiven der Blickrichtungen – auch seiner – fanden keinen Schnittpunkt, sondern liefen aneinander vorbei.

Die afrikanische Perspektive wird sich eines Tages annähern, wenn der Kulturkreis unvoreingenommen seine Geschichte schreibt. Er wird dann entdecken, daß das äußerlich anspruchslose, für das Prestigedenken junger Staaten so aufreizend einfache Spital in Gabun „wie kein anderes den Negern gewidmetes karatatives Unternehmen dahin gewirkt hat, daß der Westen in den Schwarzen Afrikas die Brüder sieht, denen er verpflichtet ist" (Picht); daß es ein Modell für die christliche Mission und die Entwicklungshilfe war (Baur).

Niemand hat mehr getan, den dunkelhäutigen Menschen zu befreien, als derjenige, der ihrem Selbstbewußtsein zuletzt so störend im Wege stand. Das ist eines der Paradoxe in Albert Schweitzers Leben. Aber die Geschichte, so schrieb gerade in jener Zeit der Amerikaner Norman Cousins, „übergeht willig fast alles – Irrtümer, Paradoxe, persönliche Schwächen und Fehler, wenn ein Mann nur genügend von sich selbst hergibt... Im Fall Schweitzers werden spätere Generationen sich nicht die Köpfe zerbrechen mit nichtigen Betrachtungen über seine möglichen Fehler und Unzulänglichkeiten. Sie werden in seinem Leben und seinen Werken die Kraft zur ethischen Phantasie finden. Darauf kommt es an und auf nichts anderes. Denn Albert Schweitzer hat mehr getan, um das Streben des moralischen Menschen zu dramatisieren, als irgendein anderer in der zeitgenössischen westlichen Kultur. Niemand in unserer Zeit hat uns mehr gelehrt über die Entfaltungsmöglichkeiten eines menschlichen Wesens... Es geht weniger darum, was er für andere getan hat, als darum, was andere, durch ihn veranlaßt, getan haben, und um die Macht seines Beispiels. Das ist das Maß, an dem er zu messen ist."

IX

DIE BÜRDE

Viel ist über Lambarene geschrieben worden, Treffendes, Verzeichnetes, Absurdes. Auch die nachfolgende Reportage vom Autor gehört zu den damaligen Erlebnisberichten und Analysen „vor Ort", angeregt von Schweitzers Wort: „Niemand, der mich nicht in Afrika erlebt, kennt mich".

Beschrieben wird ein Tag wie jeder andere, ein Tag im Mai 1964. Beobachtet wird, wie ein sehr alter Mann, gefeiert und umstritten, an einem beschwerlichen Erdenplatz seine Bürde trägt. Der Bericht, „Abend am Ogowe" genannt, erschien im Herbst jenes Jahres für Albert Schweitzers deutschen Freundeskreis (gewidmet Mathilde Kottmann zum 40jährigen Afrika-Jubiläum) und wurde ein Vierteljahr später, zum 90. Geburtstag des „Chefs", mit Kürzungen in Zeitungen gedruckt.

Die hier verwendete Fassung hält sich wieder an das Original. Dafür wurden andere Stellen gestrichen, soweit ihr Inhalt schon in früheren Abschnitten vorweggenommen ist oder im 10. Kapitel noch angesprochen wird.

Gerechterweise bleibt manche Auffassung – über Lambarene und Afrika – stehen, auch wenn die Akzente heute anders gesetzt würden. Jene Sichtweise ist vom damaligen Gesamterlebnis nicht zu trennen. Man kann eine Reportage nicht anpassen. Sit ut est aut non sit – sie bleibe, wie sie ist, oder sie entfalle ganz. Und manches

172

stimmt auch nicht mehr. Was die Tierwelt betrifft, so drängt sich dem Besucher von heute nicht mehr die Vorstellung vom Garten Eden auf.

Biographie und Deutung sollen durch diese Reportage ergänzt werden. In der Dreiheit von Lebensabriß, Interpretation und persönlichem Eindruck rundet sich das Bild eines Menschen, dessen Auftreten die Welt von gestern bewegt hat und die von morgen beeinflussen wird.

*

Gelassen stieg die Nacht ans Land,
Lehnt träumend an der Berge Wand,
Ihr Auge sieht die goldne Waage nun
Der Zeit in gleichen Schalen stille ruhn;
Und kecker rauschen die Quellen hervor,
Sie singen der Mutter, der Nacht, ins Ohr
Vom Tage,
Vom heute gewesenen Tage.

Mörike

Durch das Moskitogitter kann das Auge die Grabsteine von Helene Schweitzer und Emma Haussknecht suchen, aber die Nacht hat die weißen Kreuze zugedeckt. Die zwei Petroleumlampen auf dem Tisch kennen nicht den Wettbewerbseifer unserer städtischen Neonfluten, die mit der Dunkelheit konkurrieren, sondern scheinen anspruchslos vor sich hin. Nacht ist für sie Nacht, dagegen kann man nichts machen. Dafür bieten sie etwas, das unsere Großeltern noch kannten, das aber dann als unzeitgemäß abgetan wurde: Sammlung.

In den warmen, gedämpften Lichtkreis hinein hängt eine wirre Haarsträhne. Sie hat es schon den ganzen Tag über an dem ihr zugewiesenen Platz nicht ausgehalten. Der Besitzer hat sie nach mehrfachen Zurechtweisungen schließlich nicht mehr beachtet. Die Zettel, Hefte, Bücher, Briefe, Zeitungen auf dem Tisch werden von der

Katze, die auf ihm wohnt, eigentlich nur geduldet. Glücklicherweise hat das Huhn, das sich eines Tages entschloß, in diesem Raum zu schlafen, den Tisch als schon vergeben respektiert.

Der Mann, der hier auf einem kissenbedeckten Küchenhocker sitzt und sich in den Lichtkreis beugt, ist fast neunzig Jahre alt. Die um eine Generation Jüngeren treten nun in den Ruhestand. Doch ihm ist aufgegeben, noch zu wachen, nachdem viele andere, die nach ihm kamen, schon wieder gegangen sind.

Heute nachmittag hatte er hier, hoch über dem Ogowe-Fluß, in seinem spartanischen Zimmer (das der Spartanerkönig Leonidas als Zumutung, weil zu karg, von sich gewiesen hätte) auf einen Bücherstoß gezeigt, ein Meter hoch, ein Meter breit: „Die muß ich alle lesen und verdanken." Viele Neuerscheinungen landen hier: entweder von seiten der Verleger philosophischer, theologischer, medizinischer, musikwissenschaftlicher Literatur (denn der Adressat trägt ein Kreuz besonderer Art; er ist in diesen vier Bereichen zu Hause), oder Freunde, Verehrer, Unbekannte übersenden Selbstgeschriebenes oder Produkte fremder Federn, damit der alte Doktor in Äquatorialafrika auch Anteil habe am Fortgang der Welt. Es muß ihn ehren, daß man bei ihm ganz andere Maßstäbe aufstellt vom Bleiben und Dauern und vor dem Beginn seines zehnten Lebensjahrzehnts als völlig selbstverständlich voraussetzt, daß er dies alles will und kann. Aber das macht die Sache nicht leichter.

Mit einer großen Lupe, die beim Lesen kleiner Schrift noch vor die Brille gehalten wird –, denn die Augen wollen nicht mehr, wie sie müssen –, müht er sich also hinter dem Fortschritt her. An diesem Tage waren überdies elf Briefe geschrieben worden, mit der Hand, die der ererbte Schreibkrampf quält. Viel Zeit war auf dem Bauplatz zugebracht worden. „Wie lange willst Du denn noch so arbeiten", hatte Helene ihren Mann vor zwölf Jahren ge-

174

fragt. „Bis zu meinem letzten Atemzug", hatte er geantwortet.

Seitdem ist viel Schicksal durch ihn gegangen und an ihm vorbei. Andere Verträge mit der Ewigkeit liefen ab; der seine wurde immer wieder verlängert. Die Laufzeiten kennen wir nicht, nur die Vertragsbedingungen: Schwerer Dienste tägliche Bewährung (Goethe). Der einst gefeierte Interpret des Weimarers übt sie weiter, ungebrochen, unentwegt, auch hierin Leben und Lehre vereinend in der Weise, für die er berühmt geworden.

Das Motiv des rastlosen Greises hat etwas Ergreifendes. Was ist bejahender, krisentrotzender? Nichts also hat ihn resignieren lassen, er gibt noch immer nicht auf. Wer eine Heilkur der Seele braucht, ein Karlsbad für das Gemüt, der suche einen Methusalem über Stößen von Büchern, Briefen, Zeitungen und Rechnungen, bei Schaufeln, Spitzhacken, Steinen und Sand, und möglichst eifernd, mit heftiger Gestikulation. Insbesondere allen, die in Weltschmerz schwelgend an der Klagemauer des Jahrhunderts stehen, müßte eine solche Suche ärztlich verordnet werden. Der Gesundungsprozeß würde nicht aufzuhalten sein.

Diese Bilder und Gedanken überkommen den unerkannten Beobachter, der draußen vor der Tür steht. Er will nicht die Neugier an der unprivaten Privatsphäre eines großen Mannes befriedigen, sondern will erfassen, wie der einst selbstgesetzte Auftrag sich im sechzigsten Jahre in Tat verwandelt. Der junge Beobachter war nicht eigens zu diesem Zweck hierhergegangen. Vielmehr war er den überdachten Gang entlanggewandert, der auch an Albert Schweitzers Behausung vorbeiführt, und hatte dabei einen Blick durch das Moskitogitter der Zimmertür geworfen. Und da vergaß er völlig, wohin er eigentlich wollte, und verharrt nun lange, an die Balustrade gelehnt, um dieses Motiv in Ruhe zu bewältigen.

„Nichts ist rätselhafter", denkt er mit Eduard Spranger, „als das Verhältnis des Greises zur Zeit. Einfachen Naturen wird die Vergangenheit zur Gegenwart: die ferne Jugend rückt greifbar nah; stärkere suchen den Bezug zur Gegenwart festzuhalten, oft krampfhaft; die stärksten bohren sich noch mit dem Auge der Hoffnung und dem Blick der Weissagung in die Zukunft ein." – Ein Tag verlosch, einer wie gestern und morgen. Wie sah er denn im einzelnen aus, hier, in dem unveränderlichen Zeitenrhythmus der Äquatorsonne? Der da steht und schaut, ruft sich die Bilder noch einmal zurück, die Bilder „vom heute gewesenen Tage".

* * *

„Attention!" ruft es unter einem ausladenden Schnauzbart hervor. Gleich darauf folgt das Kommando „fixe!" („stillgestanden!"). Fünfzehn in einer Reihe aufgebaute Eingeborene nehmen so etwas wie Haltung an. Der 89jährige hebt den Tropenhelm ab und bedankt sich mit großer Geste. Man ist sich gegenseitig Achtung schuldig. Wer genauer hinsieht, bemerkt, daß die Szene beide Seiten belustigt. Dann beginnt die Arbeitseinteilung.

Es ist nämlich acht Uhr morgens und daher Appell auf dem Kasernenhof der Nächstenliebe. So hat eine deutsche Zeitschrift diesen palmenbestandenen Freiplatz zwischen Doktorhaus, Speisesaal und Küche genannt. Als Gegenleistung für kostenlose Behandlung und Verpflegung müssen die arbeitsfähigen Leichtkranken und je ein Mitglied der Familie des Patienten (sie erscheinen fast immer mit Angehörigen, die für sie kochen und sie betreuen) bei praktischen Arbeiten mithelfen.

Die Wirklichkeit hält vor dieser allgemeinen Regel nicht stand. Von dem halben Tausend Kranker und Gesunder trotten nur wenige lustlos herbei, um sich oder den Ihren die Heilung zu verdienen. Auf dieser Grundlage – mit ungelernten schwarzen Mitarbeitern unter Anleitung und Mithilfe der meist ebenfalls ungelernten

15 Albert Schweitzer 1895 als Student (20 Jahre alt);
1905, nach dem Entschluß, nach Afrika zu gehen (30);
1918 als Kriegsinternierter in St. Rémy (43);
1922 mit der Tochter Rhena (47)

16 Albert Schweitzer 1932 in Stuttgart (57 Jahre alt);
und 1928;
1954 im Alter von 79 Jahren;
1964 in Lambarene (89)

Weißen – ist das ganze Spital nebst Lepradorf, Garten, Obstplantage, Wegen, Uferbefestigungen entstanden, wird mit ihnen erhalten und ausgebaut. Eine große Leistung im Schatten der Hauptaufgabe. Außerhalb des medizinischen Sektors und der Küche sind Fachkräfte selten.

Eine der neuen Errungenschaften seit meinem vorigen Besuch im Herbst 1961 ist ein Jeep. Erica Anderson, die in den Vereinigten Staaten rührig für Lambarene wirkt, hat den Jeep von Spenden gekauft. Nun steuert sie den Doktor über die steilen und ebenen Wege des weitläufigen Geländes von einer Baustelle zur anderen oder läßt Baumaterial verladen. Hier werden Steine verfrachtet, dort angerührter Zement aufgepackt, dann wieder Wasser zum Anrühren oder Gießen aus dem Fluß geholt. Sicher wird das zweckreiche Fahrzeug über die Steigungen lanciert.

Wenn Erica nächstens wieder in die Staaten zurückkehrt, wird der alte Freund Charles Michel aus Straßburg, gerade angekommen, wohl das Steuer übernehmen. Ein kleines Lambarene-Geheimnis: Im steten Wechsel läuft doch der Betrieb immer reibungslos wie eine geölte Maschine. Immer ist der rechte Mann, die richtige Frau da, einen freigegebenen Platz auszufüllen, gut auszufüllen.

Der Herr des Spitals klettert zwanzigmal am Tag die nicht geringe Höhe zum und vom Sitz neben dem Lenkrad herauf und herunter. Helfen tut ihm keiner. „Hilf nie einem alten Mann, du demütigst ihn", hatte er kürzlich einen eilfertigen Versuch gebremst. Sein Urteil über den Jeep: „Eine große Erleichterung."

Die Selbstbestimmung auf diesem Fleck Afrikas sieht so aus, daß Albert Schweitzer selbst bestimmt. Seine schwarzen Arbeiter auf dem Bauplatz sehen ihn oft ungeduldig, manchmal laut schimpfend. Diesen knufft er, jenen schubst er, weil der Schlingel nichts begreift. Aber

177

wie auffallend: Die Geknechteten begegnen den Weißen – Mitarbeitern oder Besuchern – mit so offener, natürlicher Herzlichkeit, daß der Gast, der das Stimmungsbarometer prüft, feststellt: Die Anwälte eines selbstverantwortlichen Afrika handeln offensichtlich nicht überall im Auftrag eines Klienten, sondern erteilen sich das Mandat aus eigener Macht, aus welchen Gründen auch immer. Dr. Schweitzer würde zwar, auf unzeitgemäßes Verhalten angesprochen, bescheiden darauf verzichten, seinen stärksten Trumpf auszuspielen, würde nicht darlegen, welchen Verzicht er geleistet hat, um am Äquator Lepröse und Schlafkranke zu heilen, würde nicht seine Ansprache an die Schwarzen zum 50jährigen Lambarene-Jubiläum, 1963, zitieren: „...daß ich zu euch gehöre bis zu meinem letzten Atemzug...“

Sondern er würde nur schlicht auf einige Umstände verweisen: daß die eingeborenen Arbeiter auf dem Bauplatz leise verschwinden oder daß die Arbeit ruht oder mindestens die Bewegungen schleppend werden, sobald er den Rücken kehrt (und dabei hat er noch von allen die größte Autorität); daß Frühgeburten im Hospital die Verantwortungsfähigkeit der schwarzen Mütter überstrapazieren, das heißt, daß die Schwestern solche Kinder für Wochen nachts mit in ihre Zimmer nehmen müssen, weil die Mütter zu unzuverlässig sind, um die Pflege allein übernehmen zu dürfen; daß, sobald einer in der Missionsschule Lesen und Schreiben gelernt hat, er für körperliche Arbeit verloren ist; daß, ferner, die Eingeborenen noch kein sozial-ethisches Verhältnis zur Umwelt haben, kaum zu den Angehörigen des anderen Stammes, erst recht nicht zur Kreatur; daß sie nur für den absoluten Lebensbedarf arbeiten, nie darüber hinaus, keine Planung, keine Voraussicht kennen (was? eine Baracke für Kranke bauen, die noch gar nicht da sind?) – begeisterte Anhänger Nathans des Weisen: Kein Mensch muß müssen.

Oder er würde dem Kritiker auch dieses alles nicht auseinanderfalten, sondern „pardon" rufen, was stets einen Widerspruch einleitet, mit großer Armbewegung in die Runde weisen und erklären: „Haben Sie schon einmal fünfzig Jahre mit Primitiven im Urwald zusammengearbeitet?" Das hat nämlich noch keiner seiner Kritiker getan. Aus allen Erfahrungen leitet er die Auffassung ab, daß seine Schutzbefohlenen noch nicht mündig seien, infolgedessen geführt und erzogen werden müssen wie Kinder. „Ich bin euer Bruder, aber der ältere Bruder."(Eine Maxime, die Schweitzer sichtbar praktiziert, in der Theorie aber schon 1951 wider Willen preisgegeben hat, als er im Vorwort zur französischen Ausgabe von „Wasser und Urwald" schrieb, der Zeitgeist habe gegen das patriarchalische System entschieden und dafür, daß der jüngere Bruder genauso urteilsfähig sei. „Jetzt müssen wir uns darein finden, uns nicht mehr als die älteren Brüder zu fühlen und nicht mehr als solche zu handeln.")

In Afrika muß man heute mit summarischen Urteilen noch viel vorsichtiger sein als bei uns. Was in Leopoldville oder Abidjan stimmt, ja selbst in der gabunesischen Hauptstadt Libreville, kann auf dem nächsten Breitengrad schon ganz anders sein. Hier im Urwald Gabuns jedenfalls ist der Führungsanspruch der Weißen einfach eine Forderung des gesunden Menschenverstandes. Jede Kritik aus der Ferne geht an der Sache vorbei.

Daß Albert Schweitzer für das politische Afrika und seine Ansprüche nichts übrig hat, ist hiernach verständlich. Er urteilt aus seinen Umwelterfahrungen, die, wie gesagt, woanders nicht Geltung zu haben brauchen. Aber wäre auch sein Gesichtskreis hierin zu eng: Der Hauptgrund seiner Reserve gegenüber politischen Zielen liegt in den besonderen Voraussetzungen seiner Lebensarbeit. *Sein* Befreien liegt auf anderer Ebene; befreien von Schmerz, Tod und Angst.

Nichtsdestoweniger hat er zu den Behörden und zur

Regierung in Gabun, von dessen 420 000 Einwohnern schätzungsweise ein Sechstel (70 000) innerhalb von fünf Jahrzehnten bei ihm Patient war, ein gutes Verhältnis. Er besitzt den höchsten Orden der Republik. Eine jetzt ausverkaufte Briefmarke trägt sein Bildnis. Gegner gibt es aber auch dort.

Kaum anders ist seine Beständigkeit auf dem Bausektor. Gerade wird, während Negerinnen nebenan Fische, Reis, Maniokwurzeln, Bananen über offenem Feuer bruzzeln, während schwarze Patienten Palaver halten oder tatenlos Zeit verbrauchen, das Fundament für eine neue Case gelegt. Was der protestantische Theologe einst von katholischen Missionaren gelernt hat, wendet er nach dreißig und vierzig Jahren in unwandelbarer Treue zu dem einmal als richtig Erkannten weiterhin an: Barakken aus Holz mit breit überhängenden Wellblechdächern und Zementuntergrund; Ost-West-Richtung gegen Sonneneinfall; Türen und Fenster einander gegenüber in Nord-Süd-Richtung zur Kühlung („wenn am Äquator ein Zimmer heiß ist, gehört der Architekt ins Loch"); statt Glas Moskitogitter in den Häusern der Weißen. Bei den Schwarzen hätte Abdichtung keinen Zweck, da sie die Türen doch offenlassen, wenn in der Dämmerung die Moskitos schwirren. Vor den Hütten der Eingeborenen brennt offenes Feuer. Sie sollen sich so heimisch fühlen wir in ihrem Dorf. Ihr strahlendes „M'bolo" („Guten Tag") bestätigt oft am Tage, daß es so ist. Jeder moderne Mediziner weiß, daß das Gefühl der Geborgenheit die beste Heilvoraussetzung ist. Manche hatten die Erkenntnis schon früher. Daher ist Lambarene ein afrikanisches Dorf.

Es ist primitiv hier. Das ist eine Feststellung. Wer dieser Feststellung aber den Ton des Vorwurfs gibt, mißachtet den ausdrücklichen Leitgedanken des erfahrenen Seelenkenners. Wer das überfüllte Spital wegen seiner für die Schwarzen nicht vorhandenen sanitären Anlagen als rückständig verketzert, könnte seine Maßstäbe daran regulieren, daß beispielsweise die Toiletten des nur halbbelegten Regierungskrankenhauses auf der anderen Flußseite geschlossen werden mußten, weil die Landeskinder aus dem Wald mit dieser Teufelserfindung der Weißen noch nicht umgehen können. Man hat diese Einrichtungen jetzt in ungebrochenem Optimismus wieder eröffnet.

Es kann kein Zweifel bestehen, daß ihnen die Zukunft gehört. Aber jedenfalls ist dieser Weg europäischer Hygiene noch voller Tücken und Hindernisse, und solange sich daran nichts ändert, wäre es ungerecht, einen Verzicht auf diese niederen Weihen der Zivilisation als anachronistisch zu verdammen.

Übrigens rechtfertigt der medizinische Aspekt solchen Standpunkt völlig. In dieses mit allen Erfordernissen neuzeitlicher Heilkunde ausgestattete Krankendorf kamen 1958 etwa 3800 Patienten, 1959 rund 4300, 1960 stieg die Zahl auf 4600 und 1961 auf 6000. 1962 waren es wieder 6000, 1963 vermutlich etwas mehr. 1961 wurden 800 Patienten operiert, 1962 schon 950. Die Sterblichkeit betrug in beiden Jahren 1,29 bzw. 1,17 Prozent – eine Verhältniszahl, die dieses „unhygienische, veraltete, rückständige, unsaubere Hospital" jedem der großen Krankenhäuser der Welt an die Seite stellt. Wo es ums Heilen geht, sind solche Zahlen maßgebend, nicht die Methode. Viele Wege führen nach Rom.

Die Hygiene, an der es nach europäischem Maßstab wirklich mangelt, darf eben nicht mit europäischem Maßstab gemessen werden. Das ist die einfache Logik. An ihr strandet die Kritik der Dreitagebesucher, die sogar hinterher in Zeitungsfotos unwiderlegbar festhalten, wie unansehnlich es in Lambarene aussieht. Dabei wird die Relativität, die Beziehung zur Gesamtumwelt, nicht mit auf die Platte gebannt. Die Wahrheit ist dadurch perspektivisch verschoben.

181

Natürlich bedeutet ein Verstehen von Schweitzers Intentionen und ihre Verteidigung gegen unsachliche Kritik nicht, jede Einzelheit für unanfechtbar zu halten. Menschenwerk ist Auffassungsunterschieden nicht enthoben. Auch das Generationenurteil schwankt immer. Jüngere Freunde und Mitarbeiter sehen durchaus Möglichkeiten, Einzelheiten zu verbessern, zu modernisieren, ohne die Methode in Frage zu stellen. Doch die Realisierung ist nicht leicht. Der alte Pionier ist im Lebensstil konservativ, duldet um sich nur einfachste Zweckmäßigkeit.

Steinzeit mit Düsenflugverkehr

Primitive aus prähistorischen Daseinsformen herauszuführen, ist langwierig und mühevoll. Dr. Schweitzer hat den größeren Teil seines Lebens daran aufgebraucht, ohne daß die Erfolge ins Auge springen. Allerdings wollte er in erster Linie heilen. Erst in zweiter Linie, aber keineswegs unwesentlich, gilt ihm seine Gründung als kulturelles Lehrinstitut, das die einfachen Arbeiten anweist, mit Garten und Handwerk vertraut macht, die Intelligenteren zu Heilgehilfen heranbildet und, bei herkunftgerechter Umwelt, mit europäischer Gesittung und Arbeitsauffassung befreunden will. Die afrikanische Optik, die Entwicklungshilfe-Kompositionen aus Chrom und Glas, lassen den Mann, dessen eigener Lebensstil mönchisch ist, unbeeindruckt, ja, rufen seine Abwehr herauf; Abwehr gegenüber architektonischen Prestige-Demonstrationen mit hochgestochenem Interieur, wodurch organische Entwicklungsstufen übersprungen werden, während anderenorts alles bleibt, wie es war. So gibt es heute die schreiendsten Gegensätze. Steinzeit mit Düsenflugverkehr.

Wer solche Spannungen und Gegensätze in seinem

Einflußbereich nicht aufkommen läßt, sondern Europa und Afrika auf Kosten der Moderne auf engstem Raum harmonisch miteinander verwebt, tut für die geistige Entwicklung des Afrikaners sicherlich mehr als die, die sich verzweifelt bemühen, innerhalb einer Generation die zweitausend Jahre, die wir voraushaben, einzuholen. Und doch ist dieser Kurs, wie vieles Ungesunde in der Welt, nicht aufzuhalten.

Aber hier führt die Kritik ins Weltpolitische. Ausgangspunkt manchen Unglücks auf diesem Gebiet ist der Ost-West-Konflikt. Vom Standpunkt der Pädagogik, des natürlich-organischen Fortschritts, kommt das Umwerben der afrikanischen Staaten von links und rechts einem Verhängnis gleich. Von allen Seiten wird Hilfe aufgedrängt. Wer wird da arbeiten lernen? Und wie soll einer das Abc der Zivilisation erfassen, wenn ihm gleich eine Logarithmentafel in die Hand gedrückt wird? Es gibt schwarze Führer, die das erkennen. Klagte unlängst einer: „Was soll ich bloß machen, alle Welt will mir ein Stahlwerk schenken."

Aber inmitten solcher Hektik versöhnen dann wieder Beispiele ruhiger Sachlichkeit. In Gabun bauen Angehörige des amerikanischen Friedenskorps Schulen nach Schweitzers architektonischen Regeln. Ein klein wenig stolz kann er sein, daß die Modernsten der Modernen von ihm, dem fast neunzigjährigen Nichtfachmann, Richtlinien in der Bauweise akzeptieren.

In seiner ausgebeuteten Hose, die ewige schwarze Fliege auf dem kurzärmeligen Hemd, gibt der Professor in seinem hellen, leicht singenden Französisch mit Elsässer-Akzent dem nächststehenden Eingeborenen Anweisung, wo die Steine abzuladen seien. Dann dreht er sich zu mir um und verteidigt, nunmehr in seiner deutschen Muttersprache, die Priorität des Matthäus-Evangeliums gegenüber meinen Fragen.

Die Denkmaschine des 89jährigen läuft siebzehn

Stunden täglich. Sie stanzt Anweisungen, Kritik, Aphorismen, Scherze, Ratschläge, Rüffel, anekdotische Erinnerungen, Bibelauslegungen, politische Kommentare, Weisheiten, Dank. Viel Dank. Für Diskussionen auf dem Gebiet sachlicher Entscheidungen ist keine Vorrichtung da. Vielleicht muß man das näher verdeutlichen.

Natürlich hat ein Spitalbetrieb hunderte parallel laufende Arbeitsvorgänge, die innerhalb der jeweiligen Kompetenzen in eigener Verantwortung vollzogen werden, von Ärzten, Pflegerinnen, Helfern. Aber wo Dr. Schweitzer sich die Entscheidungen vorbehält, oder wo Vorgänge an ihn herangetragen werden, da gibt er seine Stimme entschieden und absolut. Auf dem jeweils unmittelbaren Feld seiner Tätigkeit kümmert er sich um jede Einzelheit und bestimmt den Arbeitsablauf pedantisch.

Ganz klar ist, daß nur eine wirkliche Führerpersönlichkeit dieses Werk aufbauen und über die Zeiten retten konnte. Jeder neue Tag hier ist nur eine Bestätigung dieser Ausgangsposition. Und: Nur ein einziger Mensch hat vom Gründungstag vor 51 Jahren bis heute überdauert. Wer über solche Zeiträume täglich und stündlich Probleme zu bewältigen hatte, mußte lernen, entschlossen zu handeln, sonst wäre er schon von den Widrigkeiten der Pionierzeit überrollt worden. Es ist unrealistisch, Schweitzers Entscheidungs-Absolutismus bekritteln zu wollen.

Im übrigen muß man sagen, daß sein Kapital an praktischem Gestaltungsvermögen, seine Alltagsfertigkeit so groß war, daß er noch heute ohne Mühe von den Zinsen leben und gegenüber   einer jüngeren Umwelt damit bestehen kann.

Aber dennoch: ein sehr alter Mann zieht sich langsam und unerbittlich aus unserer Mitte zurück – aus dem Mikrokosmos Lambarenes; aus der größeren Welt, mit der er seit siebzig Jahren Zwiesprache hält, in Kunst, Wissenschaft, Menschsein. Er begegnet jedem neuen Tag mit einem Willen, dessen Ausmaß nur er kennt. Dieser Wille und seine unbekannte Lenkkraft vermögen, daß sich alles kaum merklich vollzieht. Aber die Tatsache bleibt, daß vieles seines einstigen Reichtums ihn nicht mehr begleitet.

Er hat Europa und die elsässische Heimat hinter sich gelassen. („Ich sehe es in Gedanken." Und: „Ich reise nicht mehr. Ich bin viel gereist. Ich hätte auch keinen Augenblick Ruhe, müßte überall hin".) Er hat sein Tropenklavier mit Orgelpedal nach Hause geschickt. („Ich muß ans Sterben denken, Ich weiß sonst nicht, wie die Sachen, die mir teuer sind, hinterher an ihren Platz kommen.") Er hat sich nach ungezählten Operationen und Konsultationen von seinem aktiven Arztsein verabschiedet. Die Sonntagspredigten im Spital halten andere. Die Öffentlichkeit kennt ihn nicht mehr als den Redner im Vortragssaal. Ob noch neue Manuskripte fertig werden, hängt unter anderem von der Beanspruchung durch Alltagspflichten ab.

Und es mag auch flüchtiger an ihm vorübergehen, was nicht die eingefahrenen Geleise seines Denkens und Handelns benutzt, solches vergißt er. Der Gang ist gebeugt. Ein zu leise gesprochenes Wort kann er verlieren. Man trifft ihn manchmal sehr müde, kann ihn abfallen sehen; er ist dann augenblicksweise sozusagen nicht erreichbar, um plötzlich, als sei er soeben von der Speisung der Fünftausend gekommen, in ungeteilter Präsenz die Situation zu beherrschen. Nie sah ich sein Wort, das Wirken der Kraft sei geheimnisvoll, augenfälliger demonstriert als in solchen Momenten an ihm selbst. Sie fließt ihm manchmal fast sichtbar zu. Über das biblische Alter triumphiert dann ein forschendes Auge, die Originalität der trockenen Bemerkungen, der knappe und plastische Aufbau der Anekdoten, die schlagfertige Geistesgegenwart sind brillant.

Zwölf Uhr mittags. Aus der Ferne sagt die Eisenmelodie die Arbeitspause an. Eine klagende Terz oder eine Quarte. Die Melancholie der beiden Schienenstücke, die, herabhängend, mit einem dritten Metall zum Klingen gebracht werden, ist ein Kontrast zu dieser lebenszugewandten, trotzigen Stätte der vielhundert Seelen.

Beim Essen sitze ich neben Siegfried, sofern er nicht gerade Bananen fährt. Der Freiburger ging ehemals nach Kanada und studierte Sprachen. Weil man ihm dort so großzügig entgegenkam, ließ er sich naturalisieren. Dann trieb ihn das Fernweh fort, und er fuhr mit dem Fahrrad die Traumstraße der Welt hinunter, von Alaska bis Feuerland. Dann schaffte das Rad es noch bis nach Äquatorialafrika, womit ein Jugendwunsch in Erfüllung ging: bei Dr. Schweitzer mitzuarbeiten. Siegfried sattelte später auf Lastwagen um und ist seit Jahren dafür zuständig, das Hauptnahrungsmittel der Schwarzen herbeizutransportieren. Fünf bis sieben Tonnen Bananen werden allwöchentlich aus den Dörfern geholt, die an der Straße nach Libreville liegen. Sechzehn Pfennig kostet das Kilogramm, umgerechnet. So ziemlich das einzige, was hierzulande billig ist.

Schüsseln und Platten wandern von der Mitte der langen Tafel zur Peripherie: Grapefruit, Papaja, gebackene Bananen zur Einleitung. Myrtha aus der Schweiz bekannt: „Bevor ich herkam, dachte ich, hier gäbe es nur Fisch und Reis." Sie ist aber trotzdem gekommen.

Heute gibt es nun wirklich Fisch, was auch nicht selten vorkommt. Wer ökonomisch denkt, nutzt die natürlichen Reserven, und der Ogowe hat einen phantastischen Fischreichtum. Eingeborene hatten einen Sägefisch gefangen von sechs bis sieben Metern Länge, wohl zehn Zentner schwer. Ein Fisch, wie aus der Urzeit übriggeblieben. (Ist diese Landschaft überhaupt verändert gegenüber der Urzeit?) Das Spital hat fünfzig Kilogramm von dem Fleisch gekauft. Später sah ich die Säge an einem Baum lehnen, ein Meter lang, breit wie Rolands Schwert.

Unterdessen hat sich der Senior erhoben, was zu erwarten war, denn auf dem Tisch stehen Weingläser. „Lieber Doktor Müller", beginnt er. Der Chefarzt, der sein Enkel sein könnte, hat Geburtstag. Ein Kernsatz aus der Rede blieb mir wörtlich haften: „Was es für mich bedeutet, daß hier jemand so lange für mich diese Arbeit leistet, kann ich mit Worten nicht sagen. Aber ich fühle und empfinde es und nehme es als ein Geschenk des Himmels."

Mit seinem winzigen Schluck Wein im Glas geht Dr. Müller dann zum alten Doktor und anschließend rings um die Tafel, um mit allen anzustoßen. Zwei Flaschen auf fünfzig Personen. Man will gegenüber den Geldspendern daheim immer ein gutes Gewissen behalten.

Der alte Mann löffelt seine Speisen meistens wortarm und in sich gekehrt. Von dem vielsprachigen Wünschen und Nehmen herüber und hinüber („Dr. Takahashi, darf ich die Gemüseplatte haben?" – „Daniel, les citrons, s'il vous plaît." – „Christine, be so kind as to pass me the sugar") bleibt er ungeschoren, denn in kleinen Schüsseln umgibt ihn alles, was er braucht, oder der seit 35 Jahren bei Tisch bedienende Schwarze Madoungou reicht es ihm direkt von der Küche her.

Diese Speisen-Autarkie, diese Absonderung von der normalen Zirkulation der Tafelrunde, hat jüngst aus dem Blickwinkel eines zu klein geratenen Charakters zu dem Anwurf geführt, Schweitzer lasse sich Leckerbissen zukommen, auf die seine Mitarbeiter verzichten müßten. In Wahrheit ißt der Hausherr eine Diät, die er sich im Lauf der Zeit zusammengestellt hat und die nie durchbrochen wird: dreimal täglich gekochte Linsen, dreimal täglich ein hart gekochtes Ei; weiter – dauernd oder in Variationen – Ananas, Backobst, Obstsalat, Pumpernickel, Zwiebelkuchen, Suppe, Kaffee. Aus. Kein Fett, kein Fleisch, alles salzlos. Offensichtlich trägt diese Kost zu seiner ins Legendäre entrückten Widerstandsfähigkeit bei. Aber den eigenen Speisezettel gegen seine „Leckerbissen" zu vertauschen, ist doch wohl nicht jedermanns Sache. Man sieht aber, welche Blüten das Bedürfnis nach Rufmord an Albert Schweitzer in manchen Köpfen treibt. –

Vor knapp zwei Stunden hat Mathilde angesichts eines Flugzeuges prophezeit: „Die kommen zu uns." So wie ein alter Bauer in die Wolken blinzelt und sich mit unfehlbarer Gewißheit darauf einrichtet, daß es heute noch Regen gibt. Nun haben die Gäste aus der Landeshauptstadt also vom Flugplatz her den Fluß überquert und stehen vor dem Doktorhaus. Der Gesuchte und Besuchte besichtigt gerade unsere Geschenke, deren Darreichung ich vor ein paar Tagen mit den Worten eingeleitet hatte, es handele sich um Spenden aus Deutschland, die wir aber erst bringen wollten, wenn er Zeit habe. „Dann bringt Ihr sie mir nie, ich bin ein armer Mensch." Nun aber hat es geklappt, die Freude ist groß. Sinnend geht er den kleinen Stoß konservierter Musik durch, eigene Musikerlebnisse vor dem inneren Auge, hier und da verweilend: „Ach, der Kempff, ja, ich kenne ihn gut." Über Schallplatten allgemein: „Großartige Erfindung."

Dann kommt auch noch ein Album über seine Jugendstätten dran. Es war schon einmal hiergewesen, aber in der fotografischen Zusammenstellung waren dem rekonstruierenden Fährtensucher einige Irrtümer unterlaufen. In Günsbach hatte der kleine Albert zwei Schulen besucht. Folglich knipste ich die beiden Schulgebäude, logischerweise. Farbig nahmen sie sich sehr gut aus. Leider stimmte die Sache nicht. Das eine Haus stand damals überhaupt noch nicht. Vielmehr hatte der Sechs- bis Neunjährige in ein und demselben Haus zwei verschiedene Gebäudeteile besucht. Das kann der Fremdling nicht ohne weiteres wissen, und die mittleren und jüngeren Günsbacher wissen es auch nicht mehr.

In Kenntnis dieser und anderer Irrtümer war ich erneut ins Elsaß gereist. „Die Fehler habe ich nun beseitigt", kann ich jetzt erläutern. „Stell nur alle Fehler in meinem Leben richtig", kommt die Antwort. Die frühen Jahrzehnte ziehen im Konzentrat vorüber. Als die „wunderschöne Stadt" durchwandert wird, sind die Besucher da. „Das Recht des Gastes ist heilig", unterbricht Schweitzer sein Vergnügen, schiebt seinen Küchenhokker zurück und eilt hinaus. Erst nach einer halben Stunde kommt er erschöpft wieder und besieht den Rest. Und ein Dutzend Menschen, ein freundliches Bild im Herzen, fliegt in die Landeshauptstadt zurück.

Das ist der Schweitzer, wie ihn die meisten draußen kennen: Der gutmütige alte Mann, ein rührendes verschnürtes Briefpaket zum „Verdanken" unter dem Arm, liebevoll mit seinen Tieren sprechend; dem unbekannten Fremden, dem flüchtigen Gast sagt er ein freundliches Wort, erzählt eine Anekdote, läßt sich widerspruchslos fotografieren und sieht genauso aus, wie der Besucher ihn sich nach allen Bildern vorgestellt hat.

Täuscht dieses Touristengemälde? Nein, es ist echt. Schweitzer hat nicht ein Gesicht für Gäste und eines für den Alltag. Man würde diese aufrichtige Natur, dieses Synonym für Unverfälschtheit, selbst in ihren verschlossensten Gedanken nicht anders finden, als sie sich gibt. Der Fremde trifft Albert Schweitzer in der flüchtigen Begegnung, wie er wirklich ist.

Selbst der mit seinem Dasein einigermaßen vertraute Beobachter muß sich allerdings immer wieder Mühe geben, in diesem liebenswürdigen Panorama die harten Schatten zu erkennen. Man übersieht zu leicht, daß Schweitzer ein Leben von großer Härte geführt hat und führt, daß sein Bilderbuch-Portrait, obzwar unverfälscht, doch im Ausmaß der an ihn gestellten Gesamtforderung nicht mehr ist als der Geranienkasten auf der Kohlenzeche: ein Farbtupfer über dem Grauton von Sorge und

Pflicht. Er hat ein großes Leben gelebt, aber man sollte sich alles Schwere, Selbstgewähltes und Auferlegtes, bewußt machen, ehe man ihn beneidet. Er selbst hat sich immer in höchstem Maße gelenkt und aufgehoben gefühlt („mein Leben ist mir ein Rätsel"), hat sich daher auch niemals eigene Verdienste zuerkannt („ich habe nur das Selbstverständliche getan") und würde auch nie hadern mit seinem Schicksal. Er stöhnt nur manchmal. Albert Schweitzer wird sich, was das Kapitel Weltgefahr anbelangt, vielleicht sogar sagen: besser, sie trifft in meine Zeit als in eine andere, denn was nützt mein Ringen um eine bessere Welt, wenn die Späteren vor Probleme gestellt werden, die uns noch fremd waren und daher den rückwirkend Befragten als Ratgeber versagen lassen.

Einer komplexen Natur wird man nur schwer gerecht, faßt jeweils nur einen Zipfel und merkt selbst, daß das Bild unzulänglich bleibt. Man muß sich hüten, die Sorge aus Schweitzers Gesamtorganismus herauszudestillieren, und wenn es zur Veranschaulichung doch geschieht, die andere Seite im Auge behalten; denn alles greift ineinander. Gewiß sind die dunklen Töne auf der Klaviatur seines Lebens dominierend, aber es hat deshalb keinen Moll-Chrakter. Albert Schweitzer rettet sich aus einer drückenden Beschwernis augenblicklich in Selbstironie, in einen Scherz. Wie oft zieht er sich am eigenen Schopf aus seinen Nöten, ein Münchhausen unter Palmen. Er hat unter schwierigsten Verhältnissen ganze Generationen von Helfern das Lachen gelehrt.

Die Vorstellung vom Garten Eden

Die Nachmittagsstunden sind flüchtiger. Um viertel nach fünf läutet es zum Arbeitsschluß. Bald darauf werden die Ziegen, Schafe, Hühner, Enten eingesammelt und in die Ställe befördert. Das hundertfache Schnattern, Meckern, Gackern, Krähen, Bellen, Blöken, Kreischen und Miauen verblüfft zunächst jeden, der mit normalen europäischen Maßstäben von einem Krankenhaus hierher kommt und stattdessen ein großes Dorf vorfindet, in dem der lautlos rotierende medizinische Apparat keineswegs als erstes ins Auge springt.

Das Auge hat ganz was anderes zu tun, und gleichzeitig wird sein Sinnespartner von den gewohnten Geräuschschwingungen auf neue Tonwellen umorientiert. Frühmorgens, wenn das Kreuz des Südens, das astromonische Visum für diese Breiten, am Firmament verblaßt, wird die Schlafkurve des naturentwöhnten Großstädters flach. Dabei ist es allenfalls vier Uhr. Zu Hause nimmt er ein früh startendes Auto, eine Düsenmaschine in leidlicher Entfernung, nur unterbewußt in seine Träume mit. Aber der durchdringende Weckruf der Hähne schreckt ihn immer wieder auf. Denn in Lambarene ist er auf dem Lande.

Ohne von der animalischen Vielfalt im Spital Kenntnis zu haben, kann keiner draußen Lambarenes Atmosphäre richtig einschätzen. So vordringlich zwar diese Gründung für den kranken Menschen geschaffen worden ist und besteht, so haben doch lange Jahrzehnte – absichtsvoll und durch Zufall, teils notwendig, teils wider Willen – ein Charakterbild dieser Stätte herausgearbeitet, das die biblische Vorstellung vom Garten Eden gegenwärtig macht. Freilich: Leopard und Schlange noch dazu – das muß der Mythologie überlassen bleiben. (Es gibt Schlangen genug, doch wenn eine im Spital aus einer Palme fällt, verletzt sie die Spielregeln.)

Aber auch ohnedies leben so viele Arten ungetrennt zusammen, ist ihr Miteinander oft von solcher Originalität, daß sich in die Belustigung des Zuschauers Nachdenklichkeit und Staunen mischt.

Die Ziegen sind ausschließlich zum Gartendüngen da,

die Hühner nur zum Eierlegen. Hunde und Katzen stammen meist von Europäern, die das Land verlassen haben, oder von Eingeborenen, aus deren Händen sie oftmals in erbarmungswürdigem Zustand erworben werden. Das Hospital pflegt sie zurecht und behält sie. Affenkinder landen hier, nachdem ein Barbar die Mutter vom Baum geschossen hat und das Kleine klagend neben dem erkaltenden Leichnam gefunden worden ist. Kürzlich übernahm Rhena die Pflege eines solchen langschwänzigen Waisenkindes. Der Pelikan-Nachschub geht im allgemeinen auf die gleiche Ursache zurück.

Der Pelikan ist vor einer Woche verschwunden, weil der schwarze Pflegebeauftragte das Gatter offengelassen hatte. Wenngleich das Tier sich noch nicht alleine ernähren kann, kehrte es nicht zurück. Der Schirmherr aller Lambarene-Kreatur war zornig. Heute morgen kämpfte ich zehn Minuten lang mit dem Schimpansen-Mädchen Pranka, um mir den Kamm wiederzuerobern, den es mir mit einem Blitzgriff aus der Hemdtasche gestohlen hatte. Als alles vergeblich war, holte ich eine Banane. Pranka und Heloise – beide leben hinter dem Speisesaal, wo zwei an Palmen befestigte lange, dünne Ketten die Affen im Zustand gemäßigten Unfugs bewahren – eilten gierig herbei. Pranka sah die Konkurrenz, drehte sich um und vertrimmte mit ihrem einzigen Arm die zweiarmige Heloise derart, daß sie liegenblieb. Dann entriß sie mir die Banane und aß sie ohne Gefährdung. Was den Kamm betrifft, so gelang es bei dieser Ablenkung immerhin, die Besitzlage zu klären.

Auf der sogenannten Veranda am Ende des Doktorhauses näht meine Mutter weiße Kittelschürzen. Sie hat es nicht leicht. Weniger deshalb, weil sie ohne Anproben (wegen Zeitmangels) Maßarbeit für die Figur der kleinen Christine Lloyd aus Wales leisten muß; dazu eine Arbeit, die sie noch nie gemacht hat, und auf einer Handnähmaschine und nur einen alten Kittel als Muster –: nein,

17 Der Friedensnobelpreis von 1952 finanzierte das Lepradorf
«aus einem Guß»

18 Sonntagspredigt im Spital. An der «Kanzel»: Missionar André
Vigne mit Übersetzer

darum geht es nicht. Damit wird man fertig. Schwierig
sind vielmehr die Umweltverhältnisse.

Zu ihren Füßen kraucht Cleo (Cleopatra), das neun
Monate alte Gorillakind. Oben auf der Brüstung vor ih-
rem Gesicht turnt Habakuk, der Papagei, der Elisabeth
Anderegg gehört und schon mit auf Urlaub in der
Schweiz war, wo er im Schnee herumstapfte. Auf ihrem
Schoß ruht eine Hundeschnauze. Um die Beine streicht
eine Katze, schnurrend. Hinter dem Stuhl spielt Susi, das
schwarze Waisenkind, von Joan Klent aus England an
Kindesstatt angenommen, in einer Kiste.

Plötzlich verdichtet sich die Interessenvielfalt zum
Konflikt. Habakuk ergreift mit seinem Schnabel das Muster und sucht das Weite. Die Verfolgung scheitert zunächst an Susi, die sich hinten am Schürzenband festge-
klammert hat. Die neuerliche Ablenkung benutzt Cleo
und holt mit langem, haarigen Arm die Schere vom Tisch.
Als das Muster zurückerobert ist, schleift der Hund gerade den in Arbeit befindlichen Kittel durch Cleos
Pfütze.

Der Kittel paßt trotzdem. Aber er wird dem Zustand
des Nichts mühevoll abgerungen. Paradies mit Schneide-
rei: das gab es im Heiligen Lande noch nicht. Und noch
etwas gab es nicht. Die Zivilisation hat dem Garten Eden
des 20. Jahrhunderts das erste Verkehrsschild aufgenö-
tigt, da der Anschluß des Spitals an die Hauptstraße vielen Besuchern ermöglicht, motorisiert herzukommen.
Dort, wo sich die Obstplantage zum bebauten Areal hin
öffnet, bestimmt nun eine große eingekreiste Ziffer 10
und eine französische Inschrift, was man der Kreatur –
aufgemalte Enten und Hühner – schuldig ist: Achtung,
langsam fahren. Zehn Kilometer.''

Undenkbar, daß Lambarene wäre, was es ist, wenn
sein Gründer von anderer Herkunft wäre. Inmitten der
Natur, der bäuerlichen Umwelt und der Tiere aufgewachsen, selber mit einem tüchtigen Schuß Bauernblut in

die Welt entlassen, hat er die gesunde Erdhaftigkeit des vogesischen Münstertales in die Tropen exportiert. Dieser würzige Erdgeruch ist ein Grundbestandteil Lambarenes. Vielen ist er unbehaglich. Sie wissen nicht, wo alle Kultur anfängt und wo ihre Kraftquellen liegen.

Daß aber dieser bodenständige Sohn des Ackers mit der kompakten Figur, mit den Händen, die so kräftig zupacken können, zugleich die europäische Geschichtslandschaft in vielfacher Weise repräsentiert, ihr neue geistige Horizonte gewiesen hat, neue Pioniergrenzen des sittlichen Bewußtseins – das ist eine einzigartige Kombination.

Der friedvollste Platz Lambarenes ist die Holzbank auf halbem Weg zum Lepradorf. „Avenue Vigne" heißt dieser Weg seit Jahren in liebenswürdiger Ehrung seines Erbauers. Diese Ehrung ist nun zum Gedenken gewandelt, denn der Missionar André Vigne, bescheiden, still, unermüdlich, auf dem Bausektor einer der Stützen des Spitals, ist nach schwerer Krankheit gestorben. Bald wird ein drittes Kreuz den Ruheplatz unterhalb des Antilopengeheges schmücken, neben Helene Schweitzer und Emma Haussknecht, im Schatten der von Albert Schweitzer gesetzten Dattelpalme.

Die Holzbank steht recht weit davon. Von dort her kann man das Spital nur ahnen. Frontal faßt der Blick die Obstplantage, fruchttragend, großgeworden, lebensvolle Gegenwart, ein Jetzt und Heute. Im Rücken dämmern überwachsene Gräber von Eingeborenen; baumbeschattetes Schweigen, schlafendes Gestern. So ist diese Bank wie ein Januskopf, ein Kreuzungspunkt der Zeiten, wie unser ganzes Leben aus dem immerwährenden Gegenüber beider Ebenen seine eigentümliche Polarität erhält. Je nach der Gegebenheit und dem Ort, beeinflußt von der Altersstufe, überwiegt das eine oder das andere. Ich werde gewahr, daß auf dieser Bank, beim längeren Verweilen, die Gegenwart, trotz Reife und Wachstum vor mir, ins Hintertreffen gerät. Mörikes Verse drängen sich auf:

> Mein Herz, o sage,
> was webst du für Erinnerung
> in golden-grüner Zweige Dämmerung?
> Alte, unnennbare Tage.

Als er sich entschieden hatte, hierherzukommen, und sich im Anatomie-Kolleg mit den medizinischen Grundkenntnissen vertraut machte, lachte die Welt gerade über den Hauptmann von Köpenick. In der gefügten Ordnung war eine hohle Stelle offenbar geworden. Aber man hielt sich damit nicht lange auf, lebte man doch in einer Blütezeit des Bürgertums, ungehemmten Fortschritts, ungestörter, entdeckungsreicher Wissenschaftsarbeit.

Wer heute über die Abgründe des Jahrhunderts hin Rückschau hält, auf der Suche nach einem Ruhepunkt, einer Zuflucht, der läßt sich nur allzu gern in jenen Jahren behaglich nieder, die dem Sturm voraus gingen, und ist dann recht verblüfft, auch dort hochgeschreckt zu werden von denen, welchen der Fortschritt höchst suspekt war und gefährdet erschien. Schon dreißig Jahre vorher hatten einige Hellsichtige wie Jacob Burckhardt ganz klar voraus gesehen, was Romain Rolland 1903 im Vorwort zu seinem „Beethoven" so beschrieb:

„Dumpf ist die Luft um uns. Unter einer schweren Glocke verdorbener Dünste liegt erschlafft das alte Europa. Ein Materialismus ohne Größe lastet auf dem Denken, hemmt die Tatkraft der Regierungen und der einzelnen Individuen. Die ganze Welt geht an einem niederträchtigen Egoismus zugrunde; er wird sie ersticken."

1909 hieß es im Vorwort zum vierten Band seines „Johann Christof": „Ich erstickte, wie so viele andere, in einer seelisch feindlichen Welt. Ich wollte atmen, ich wollte gegen eine ungesunde Zivilisation auftreten, gegen eine durch unechte Elite verderbte Gedankenwelt."

Rolland beleuchtet die Bewußtseinslage, aus der Schweitzers Ethik entstanden ist. Hier treibt man Quellenstudium. Denn Schweitzers eigene ausführliche Auseinandersetzungen mit dem Niedergang der Kultur wurden erst geschrieben und veröffentlicht, als man schon mitten in der Katastrophe stand. Vor 1914 hatte er dies alles zwar mit empfindlichem Krisenbewußtsein vorausgeahnt, auch in Predigten Kulturkritik geübt, aber im wesentlichen war doch die Tat bei ihm dem Wort voraus. Der innere Zwang, nach Afrika zu gehen, führte ihn zu praktischer Kulturerneuerung, ehe er sie gedanklich begründete.

Man erkennt hierbei auch, daß für Albert Schweitzers Entfaltung dieses eigentümliche Gegenüber von Blütezeit und Rückschritt, dieser Zeitraum um 1900, der allein mögliche historische Ort ist. Menschen, deren Wirkungen zeitlos gültig bleiben, sind deshalb zeitlich dennoch nicht einfach austauschbar. Schweitzer würde, heute geboren, ganz anders werden, ebenso wie er sich um zwei Generationen älter, als er ist, nicht in der uns bekannten Weise ausgeprägt haben könnte. Darüber muß man sich völlig klar sein.

Die damalige Geisteskrise hat seine Weltanschauung bestimmt und ihn zum Aufbau gerufen. Zugleich aber haben der solide materielle Unterbau jenes Zeitalters und die liberale Unaufdringlichkeit des Staates die Privatinitiative in Afrika ermöglicht, die Schweitzer, nachdem der Start zweimal gelungen war, sich nie brauchte einschränken zu lassen. Ein Mann seiner Herkunft und Berufe würde heute gar nicht die Mittel zusammenbekommen, und die politische Landschaft ist völlig anders geworden.

Schließlich markiert jene Zeit auch sein geistiges Werk. Die Wissenschaften waren noch nicht aus den Nähten geplatzt, waren noch gerade überschaubare, gefügte Organismen. Niemand kann heute mehr in drei

Fachbereichen Außerordentliches leisten und im vierten, der Medizin, ein glänzender Praktiker werden, den guten Bautechniker gar nicht gerechnet. Die Jahrhundertwende war auch inmitten moralischen Niederganges eine Periode vielfältigen geistigen Aufbruchs, was kein Widerspruch zu sein braucht, und er kam mitten hinein mit seiner intuitiven Denkkraft und hat an verschiedenen Punkten neue Wegweiser gesetzt. Zum Erfolg gehört nicht nur Können und Glück, sondern auch das Rechtzeitigkommen.

Heute erinnert er mich an einen alten, knorrigen Baum, dessen äußere Schichten von den Wettern und Winden zerfurcht und verwittert sind. Allein, tief im Innern ziehen die Lebenssäfte noch ihre Bahn.

Die sehr hohen Jahre sind eine Gnade mit Hypothek. Um von mancher Bitternis nur diese zu nennen: Allmählich stirbt das „Du". Zwar erbt es sich zu Kindern und Enkeln, Urenkeln fort. Aber die alten Gefährten gehen einer nach dem anderen. Albert Schweitzer allerdings wendet hier einen Kunstgriff an. Die Aufgeschlossenheit, Kontaktfreudigkeit und Menschennähe seiner Natur, die auch die seines ganzen Stammes ist, läßt ihn an weitaus Jüngere die vertrauliche Aufforderung richten: „Gäll, Du seisch mer jetz Du"; Nichtalemannische Ohren vernehmen: „Ich bin dafür, daß wir ‚Du' sagen." Er beantragt es in so bezwingender Wärme, daß Widerstand von Anbeginn auf schwachen Füßen steht. Vielleicht nähme man ihm sogar etwas. Denn er hat einmal ein kleines Geheimnis preisgegeben: Für jeden der alten Gefährten, die ihn verlassen, suche er sich einen jungen Freund. Der Nachgewachsene hat sich nun an irgendjemandem zu bewähren; an wem, das bleibt ihm verborgen.

Freilich, die erfüllte Vergangenheit, das gelebte Leben, erfährt keine Neuauflage wie ein Buch. Den Reichtum von Begegnungen, das wortlose Verstehen aus gemeinsamem Erleben, gleichgestimmten Bemühungen, miteinander bestandenen Kämpfen, die Stimmungen, die sich mit alten Namen verbinden: Straßburg, Paris, Berlin, Bayreuth, Tübingen, Frankfurt – kein Nachkömmling erweckt sie aus dem Reich der Schatten. Ihm sind es überwachsene Zeiten, historisch schon, unnennbare Tage ...

Ein Kapitel Treue

Um halb sieben kann man nichts mehr sehen. Die weißen Kranken im Herrschaftsbereich von Maria Lagendijk bekommen jetzt Abendbrot. Maria trägt zu besonderen Anlässen einen Gürtel mit den niederländischen Landesfarben. Ein Schild über ihrer Tür erinnert an das 25jährige Afrika-Jubiläum im November 1963.

Bald darauf, um sieben – in Mitteleuropa herrscht fast die gleiche Zeit – veranlaßt der Gong eine kleine Lichterprozession. Petroleumlampen wandern, von unsichtbarer Hand getragen, zum Speisesaal. Ohne sie würde man über Wurzeln stolpern oder sich das Stirnbein an Ölpalmen zerbeulen. Das vertraute Beleuchtungsrequisit unserer Großeltern steht in allen Wohnräumen. Elektrisch Licht und Strom, von Generatoren erzeugt, gibt es nur im medizinischen Bereich.

Nach dem Abendbrot fingert der Doktor die Brille heraus und nennt einen Choral aus dem Gesangbuch für Elsaß-Lothringen von 1914. Er begleitet ihn auf einem beklagenswerten Klavier, dessen Tasten braun geworden sind. Die Feuchtigkeit nistet zwischen Filzen und Saiten. Längst nicht jeder Ton macht mit. Doch die Hände, die auf den edelsten Orgelinstrumenten europäischer Kathedralen oder Dorfkirchen Bach geehrt haben, triumphieren über die akustischen Fußangeln dieses hoffnungslos dreinblickenden schwarzen Kastens. Übrigens steht ein gutes Klavier drei Meter entfernt. Er spielt aber statt dessen auf diesem hier. Die Treue im Leben Albert Schweitzers wäre ausführlicher Würdigung wert.

Dort sitzt der alte Meister gebeugt über dem Noten-
blatt, hört versunken in seine Töne hinein. Dieses Bild
wird das Gedächtnis vieler sich bewahren, wenn ihnen
der allabendliche deutsche Choral in Zentralafrika schon
lange verklungen ist.

Zions Stille soll sich breiten
um mein Sorgen, meine Pein,
denn die Stimmen Gottes läuten
Frieden, ewgen Frieden ein.

Der Pfarrer löst den Musiker ab. Der Vikar von St. Nicolai zu Straßburg ist noch immer im Dienst. Matthäus
16 ist dran. „Denn wer sein Leben erhalten will", so hört
die Runde heute abend die Lesung und anschließende
Deutung in Deutsch und Französisch, „der wird's verlieren; wer aber sein Leben verliert um meinetwillen, der
wird's finden." Kein Wort des Interpreten berührt den
dramatischen Wert dieses Satzes für sein eigenes Leben.
Aber daß diese schlichten Kapitel von der Barmherzigkeit und Vergebung, von der Armut und der Berufung
zeitlos gültige Wahrheit sind, ist jedem an der Tafel bewußt.

Die Grillen zirpen mit einem Stimmvolumen, als hätten sie einen Tonverstärker. Der Petroleumschein um-
zirkelt Dr. Friedmanns altisraelitischen Prophetenkopf.
Jeremia in der Fremde. Einer der letzten Regen der heißen Jahreszeit rauscht stetig und wohltuend. Blitze
schneiden durch den Himmel und werfen grelle Lichtre-
flexe zwischen die sich auflösende Tischgemeinschaft.
Ein sehr alter Mann, von Mathilde Kottmann mit einer
Laterne zu seiner Mönchsklause geleitet, kehrt an die
Arbeit zurück.

Mathilde selber, nebenan, getrennt nur durch einen
Quergang, dessen zwei Türen ein Kabuff mit überquel-
lender Bücherlast zwischen sich zwängen, kann sich nun

ungestörter der Korrespondenz widmen. Tagsüber wird jeder Brief sechsmal unterbrochen durch Wünsche, Fragen und Probleme der weißen und schwarzen Umwelt. Der Schreibtisch ist der überladenste, den ich je sah. Wie eine Wanderdüne schieben sich die auf ihm lastenden Massen bedruckten und beschriebenen Papiers von drei Seiten gegen das bescheidene Geviert mit einem Briefbogen, einem Tintenfaß und einer schreibenden Hand. Hier wird ein lautloser, heroischer Kampf gekämpft gegen immerwährenden Druck. Sie wünscht, daß wir sie täglich besuchen, aber kaum einem Gespräch widmet sie sich ungeteilt, weil das Nicht-fertig-Werden wie mit Polypenarmen nach ihr greift, ohne daß Aussicht auf Befreiung besteht. Der halbe Blick bleibt auf dem zu suchenden oder zu schreibenden, zu lesenden Brief. Hätten nicht vierzig Jahre Afrika ihre Widerstandshärte erwiesen, so würde ich jeden Augenblick einen Herzinfarkt befürchten.

Als ich Mathilde neulich auf einem Besuch zu einer krebskranken Negerin unten in der Case de rivière begleitete, sagte sie: „Hier bin ich lange nicht mehr gewesen." Fremd geworden im eigenen Lebenskreis. Der fast einzige Weg bleibt der Wechsel zwischen Zimmer und Speisesaal, nicht zuletzt deshalb, um in jedem Augenblick für Albert Schweitzer da zu sein. Eine Sonntags-Bootsfahrt „zu den Sümpfen", die beliebte Gästeausflugsstrecke, hatte sie uns warm empfohlen. Zurückgekehrt, priesen wir die Exkursion, sie an diesen und jenen Eindruck erinnernd. „Ich bin leider noch nicht dagewesen", sagte sie freundlich.

Mathilde Kottmann also wird noch eine Weile schreiben, und dann wird sie schlafen gehen. Ali Silver, zwei Räume weiter, wird noch eine Weile schreiben, und dann wird sie schlafen gehen. Auch bei ihr: kein Abend blickt auf eine gewonnene Schlacht, nur auf einen Waffenstillstand bis zum Morgen. Ihre Probleme sind nur optisch ein bißchen variiert: Die Arbeit ist neben dem Tisch zu einem hohen Turm geschichtet. Die tieferen Lagen haben Pech; sie sehen kaum je noch das Licht des Tages, denn was im Wettlauf mit den täglichen Posteingängen weggearbeitet wird – so in der Höhlenluft von etwa einem Meter –, wird von der englischsprachigen Freundeswelt Lambarenes, für die Ali der delegierte Gesprächspartner ist, blitzartig wieder ersetzt. Ein endloses Spiel. Ein deprimierendes Spiel.

Indessen geht es im Haus Sanssouci bei Virginia lustig zu. In dieser Konfrontierung liegt kein Werturteil, sondern ein Tatbestand wird registriert. Virginia Schneider aus Amerika, die ihrem „good morning" eine Melodie verleiht, daß man sich betroffen fragt, warum man sein Englisch so hat verkümmern lassen, Virginia also hatte heute nachmittag hundertfünfzig Injektionen gegeben. Die Zahl vom Vormittag kenne ich nicht. Sie hat das Ihre getan. Warum soll sie nicht einen bestandenen Tag feiern?

Anlässe erleben wir oft: Geburtstage, Abschiede vor allem, oder aber es ist einfach der Wunsch, etwas Vergnügen in den Urwald zu tragen, in dem so vieles entbehrt wird. Dann wird irgendwoher Kuchen oder ein Getränk gezaubert. Einige Helfer vom amerikanischen Friedenskorps haben ein gitarreähnliches Instrument mitgebracht. So fehlt auch die musikalische Würze des Abends nicht. Christine aus Wales, die ein silbernes Lachen abonniert hat, ist immer dabei. Man sammelt durch Entspannung Kraft für den morgigen Tag.

Nach vierzig Jahren sind Tageslauf und Gebräuche noch immer unverändert, aber die gesellschaftliche Abendlandschaft im Schweitzer-Reich der sechziger Jahre ist vielgestaltig geworden. Die Nachgewachsenen sind auch hingabefreudig, so wie die ältere Generation, aber mir scheint, daß ein größerer Hunger nach „Welt" sie begleitet. Der tägliche Wechsel von Gästen und Globetrottern, die über die heute bestehenden Straßen und Fluglinien weniger schwer hierher gelangen, trägt auch dazu bei, daß die zurückgelassene Zivilisation nicht so aus dem Blickfeld gerät, sondern immer wieder hereingetragen wird und die Sehnsüchte wachhält. Es gibt heute auch im Gegensatz zu früher junge Ehen in Lambarene unter dem Helferstab.

Nun hat allerdings eine natürliche Entwicklung den Kontrast gefördert. Wer über Jahrzehnte hin an einem Aufbauwerk teilhat, wächst unaufhaltsam in Pflichtkreise hinein, die ihn am Ende wie eine Schlingpflanze umwuchern. Wollte man auch anders – man könnte nicht mehr. Da wird dann manche Sehnsucht von der Pflicht gebändigt. Denn auch sie, die Helferinnen der reifen Jahre, sind nicht wunschlos, wenn sich dies auch genügsamer und weniger selbstverständlich als in der Jugend zeigt. Zuweilen blühen solche Wünsche im Verborgenen. Auf Mathildes Tisch, inmitten der bizarren Gebirgswelt von Briefstößen und Bücherstapeln, stehen kunstvolle, täuschend gearbeitete Rosen. Mal ein bißchen Eropa haben... Ein rührender kleiner Traum aus Papier. Manchmal träumt man eben. Aber nicht nur von Europa, sondern auch von vierzig Jahren unverlierbaren Reichtums. Von nebenan her, durch zwei Türen, fordert es: ,,Mathild!"

* * *

Bilder ,,vom heute gewesenen Tage".
Am Ogowe ist es Abend geworden. Bringt er so etwas wie Ernte? In Afrika erntet man wohl nicht. Der grüne Kosmos des Tropengürtels kennt nicht die Begriffe Ruhesitz und Pension, nicht die mit dem Wort Ernte verbundenen Vorstellungen von Heimbringen und Feierabend. Eine gnadenlose Natur schließt sich geräuschlos über jedem Menschenwerk, das nicht täglich neu um sein

Daseinsrecht kämpft. Die Not dieses Kontinents, das Mißverhältnis von Leiden und Hilfe, tut ein übriges dazu, daß hier härter gearbeitet werden muß als in gemäßigten Zonen, ohne daß man dennoch je die Erinnerung an Sisyphus los wird. Diese Erkenntnis ist manchmal schwer. Dank gibt es auch nicht, eher die in den Weg gerollten Steine der Mittelmäßigen und die Anfechtungen aus neuen politischen Konstellationen.

Die Ausdauerndsten hier müssen Befriedigung darin suchen, daß sie jahrzehntelang Hilfe geleistet haben. Das ist viel. Das kann ein Leben reich machen, auch wenn man, aus der Natur der Sache, kaum eine Bilanz ziehen kann. Anders liegt die Sache noch bei Albert Schweitzer selbst, auf Grund seiner besonderen Ausgangsposition. Sucht man daher bei ihm nach „Ernte", so findet man den Zugang am ehesten, wenn man Operationssaal und Krankenbaracken nicht vordergründig nimmt.

Lambarene gilt als Legitimation und Reisepaß für die Idee der Ehrfurcht vor dem Leben und machte diese Idee überzeugend, als sie von hier aus in die Welt aufbrach. Die Ehrfurcht vor dem Leben bedeutet ihm das – teils denkend, teils intuitiv erfaßte – Grundprinzip des Sittlichen. Dieses Prinzip ist gehärtet im Feuer der Tat. „Was ihm den Rang eines Leitbildes gibt", urteilt Helmut Thielicke, „ist einzig die Tatsache, daß jemand, der in Europa hätte Karriere machen und vielleicht Reichtümer sammeln können, in den Urwald ging … Jemand, der das tut, muß glaubwürdig sein. Albert Schweitzer ist weltberühmt, weil er ein glaubwürdiger Mensch ist. Eine solche Ausnahme ist das – und so groß ist die Sehnsucht, eine derartige Ausnahme Ereignis werden zu sehen!"

Aus der Einsamkeit hat Albert Schweitzer in die Welt hineingewirkt und zu ihr gesprochen. Er kann am Abend seines Lebens noch erkennen, daß seine Ideen auf unzählige Menschen Einfluß geübt haben. Hier liegt, was wir Ernte nennen. Hier liegt, bei fortdauernder Sorge um den Weg der Menschheit, die Genugtuung seines Alters. So gesehen ist er, bei während dem Dienst, bei unablässiger Tagesmühe, am Ziel. „Eine große ruhige Musik umtönt mich innerlich. Ich darf erleben, daß die Ethik der Ehrfurcht vor dem Leben ihren Weg in der Welt zu machen beginnt. Das hebt mich über alles hinaus, was man mir vorwerfen oder antun kann."

X

DAS BLEIBENDE HAUS

Am 14. Januar 1965 beherrschte Lambarene zum vorletzten Mal die hinteren Zeitungsseiten, die sich „Vermischtes" nennen oder „Aus aller Welt". An seinem 90. Geburtstag stand Albert Schweitzer eine Gratulationscour von monarchischen Ausmaßen in imponierender Frische durch und erschien normalen Maßstäben des Alterns mehr denn je entrückt.

Doch wo die menschliche Wahrnehmung sich in viele Einzeleindrücke spaltet, sie aufnimmt und wieder verliert, da richtet sich die Fotolinse unabgelenkt und unbestechlich auf einen Punkt. Kurze Zeit später nämlich reiste der deutsche Fotograf Paul Swiridoff nach Lambarene und brachte das Material zum letzten großen Bildband der Ära Schweitzer mit nach Hause. Er erschien erst 1966. Im Rückblick geben die Bilder preis, eins vor allem, daß hier ein Lebenswerk vor dem Abschluß steht.

Im Gleichmaß des Alltags, im Rhythmus der Pflicht, der atmosphärischen Einheit von Landschaft, Mensch und Tier, fällt nichts auf; da könnte es 1960 sein. Wenn sich aber der Fotograf mit bildnerischer Sensibilität auf das eine Gesicht einstellt und dabei, wie der Klappentext des Buches verspricht, „das unsichtbare Visier im rechten Moment aufzuheben" weiß – dann wird hier ein Mensch erkennbar, der abgemessene Zeit vor sich sieht.

205

Ihm war gegeben, den Ablauf zu lenken. Nichts wurde ihm entrissen; er gab Stück für Stück freiwillig hin und engte seinen Lebenskreis stetig ein. So wurde es ein Rückzug, der in seiner würdevollen Ruhe und seinem Frieden ergreifend war. Aus den Berichten vieler, die dabei waren, ergibt sich aus den letzten Wochen dieses Bild:

Nachdem im Februar der junge Walter Munz aus Arbon am Bodensee auf Wunsch Schweitzers wieder nach Lambarene – nun als Chefarzt – gekommen war, veränderte sich bis Juli, bei viel Bauarbeit, im Tageslauf nichts. Ein schlimmes Ereignis war aber die Tollwut. Viele Tiere mußten getötet werden. Ihr Schirmherr wollte seinen liebsten Hund, Tschü-Tschü, davor bewahren, gab aber schließlich dem Drängen der Ärzte nach.

Vom Hochsommer ab las Schwester Ali Silver aus Holland abends den Bibeltext. Am 20. August begleitete der 90jährige zum letzten Mal den Abendchoral auf dem Klavier. Am 23. August gab er verschiedene Anweisungen für den Fall seines Todes. Dazu gehörte, daß die Tochter Rhena die Verwaltung übernehmen sollte. Von da an erschien er nur noch unregelmäßig zu Tisch.

Am 26. und 27. August ließ er sich mehrmals im Jeep durch das ganze Gelände fahren. Er ging durch die Obstplantage, betrachtete die selbstgepflanzten Bäume, lobte Wuchs und Schönheit und schaute vom Hügel über das Spital. Er ging mit Schwester Ali vor sein Haus und bestimmte den Platz für das Grab. Am Abend hielt er die Geburtstagsrede für die deutsche Hebamme Agnes Boender. Der letzte Brief von seiner Hand ging an die Braunschweigische Landeskirche mit einem Dank und dem uneingeschränkten Ja zur Tagespflicht: „Gesundheitlich geht es mir gut."

Am 28. August, es war ein Sonnabend, nahm er noch an der Frühstückstafel teil und legte sich am Abend erschöpft zu Bett. Zunehmende Schwäche breitete zeitweilig einen Schleier um das Bewußtsein. Einmal erwachte der Patient in einem Erregungszustand und wollte unbedingt an den Schreibtisch. Eine Pflegerin brachte einen Plattenspieler und legte das G-Dur-Klavierkonzert von Beethoven auf. Die Musik beruhigte ihn, und er schlief wieder ein.

Als die Nachrichten-Agenturen der sorgsam verdeckten Vorgänge zur Wochenmitte doch gewahr wurden und Meldungen von „schwerer Erkrankung" Albert Schweitzers sich zwischen die Berichte vom indisch-pakistanischen Kriegsschauplatz schoben, da hatte der wahre Zustand das erste Erschrecken der Verwandten und Freunde draußen schon weit überholt. Am Freitag zogen alle Schwarzen, soweit sie laufen konnten, ergriffen am Sterbelager des Oganga vorbei, dessen Dasein für jeden von ihnen unmeßbar weit in die Vergangenheit zurückreichte und institutionell geworden war.

Mathilde Kottmann schrieb in einem Brief: „In den Tagen, da er sich zurückgezogen hatte und es den Eingeborenen bewußt wurde, wie müde der Docteur war, herrschte eine Stille im Spital und auf dem ganzen Gebiet, wie ich es noch nie erlebt hatte. Es war tief eindrucksvoll, aber auch beängstigend in dem Vorgefühl des Kommenden... Die alten Arbeiter, die ihn so oft ärgerten (nicht schlimm), waren verzweifelt. Sie setzten sich still neben mich und weinten."

Eine Woche lang wehrte sich die starke Natur des Mannes, der als Säugling kaum lebensfähig gewesen war. Am Sonnabend, dem 4. September 1965, kurz vor Mitternacht, nach Tagen tiefer Bewußtlosigkeit, endete Albert Schweitzers Lebensweg.

Am Grab sprach Dr. Munz den 90. Psalm. Der spätere gabunesische Staatspräsident Bongo hielt eine Trauerrede. Alle sangen Schweitzers Lieblingslied „Ach, bleib mit deiner Gnade". Der Sarg aus gabunesischem Rotholz war ein Jahr zuvor nach seinen Angaben gefertigt worden, „damit Ihr es nicht tun müßt". Man legte seinen Lodenmantel und den alten Hut mit hinein, auch das Säckchen mit Reis, aus dem er die Hühner zu füttern pflegte, und einen afrikanischen Ableger der wilden Rebe vom Günsbacher Haus. Das Grab lag neben einer Dattelpalme, die er einst aus einem Kern gezogen hatte. Zu seiner Nichte hatte der 80jährige gesagt: „Bei ihr will ich liegen; sie ist ein Fremdling in diesem Land, wie ich auch."

Inmitten des kriegerischen Lärms, der von Südasien herüberdrang, wurde des Menschen gedacht, der wie kein anderer gepredigt hatte, Gewalt durch vertrauenschaffendes Handeln zu unterwandern – und der darin selber vorausgegangen war.

Die Nachricht vom Tod des Humanisten zwischen spaltenlangen Schilderungen des Kampfgeschehens: war das symbolhaft für die Vergeblichkeit lebenslanger Bemühungen um Humanität? Rief man dem Prediger in der Wüste lobende Worte nach, um sich dann der Wirklichkeit zuzuwenden? Hatte irreales Hoffen sie nur unzureichend erkannt?

Es wäre kurzschlüssig und ungerecht, den Kontrast gerade jener Septembertage 1965 – genau ein halbes Jahrhundert nach dem Ogowe-Erlebnis der „Ehrfurcht vor dem Leben" – als sinnbildhaften Beweis für die Unvereinbarkeit von Moral und Wirklichkeit zu nehmen. Rasch feststellbare Resultate können nicht die Goldwaage sein, auf die man ein humanitäres Gedankenwerk legt.

Die Ideenwelt hat ihre eigenen Gesetze. Und wer vom Naherfolg seiner Erkenntnisse lange Zeit nicht überzeugt war, würde in überschaubaren Zeiträumen nicht ungeduldig sein. Solche Prophylaxe und Bescheidenheit verlangt auch von den Interpreten Disziplin.

Indes, bei aller Vorsicht, die Zukunft in ihrem Recht zu lassen, kann man Schweitzers Ideen zum Sprechen

19 Das Pfund für acht Pfennig (1964). Siegfried Neukirch aus Freiburg i. Br. kauft in den Dörfern Bananen für das Spital

20 Verkehrsschild im Garten Eden. Seit Lambarene Verbindung
zur Hauptstraße des Landes hat, wird der motorisierte Ankömm-
ling zur Rücksicht auf die vielen Tiere ermahnt: «Achtung,
langsam fahren!»

bringen. Sie sagen da einiges über ihre Chancen von morgen aus. Die Ehrfurcht vor dem Leben wurde im bisherigen Verlauf der Darstellung mehr als gedankliches System beschrieben. Doch Schweitzer lehrt nicht nur abstrakt, er liefert auch die Gebrauchsanweisung mit, gibt nicht nur die Marschroute an, sondern fügt auch ausgezeichnete Wegekarten bei. So lassen sich die Aussagen zunächst einmal an sich selber messen. Das Profil wird noch deutlicher, wenn man die Kulturerneuerung in das geistige Bezugssystem stellt, aus dem sie erwachsen ist. Das wurde im 5. Kapitel nur im Ansatz versucht.

Der Verfasser von Kultur und Ethik geht diesen Weg bereitwillig mit. Er will gerade hier befragt werden und Antwort geben. Seine Kulturphilosophie galt ihm mehr als jeder andere Ertrag der so breit angelegt Lebensarbeit. Wie ein Gutsherr, der vier schöne Pferde besitzt, aber nur das jüngste ins Rennen schickt, so hat er allein auf die Zukunftswirkung der Ehrfurcht vor dem Leben gesetzt. „Das bleibende Haus, so hoffe ich, wird mein Denken sein."

Individualethik und Kulturstaat

Ethik läßt sich nicht zur Norm erheben wie ein Gesetz. Sie ist mehr als „du sollst nicht", mehr als ein durch Strafandrohung gestützter Zwang zum friedlichen Zusammenleben. Sie ist nicht der kleinste gemeinschaftliche Nenner, sondern der schwer erreichbare größte. Als Lehre, als Werk ist eine Ethik nach dem Tode ihres Begründers darauf angewiesen, daß man sie immer wieder aus den Buchdeckeln erlöst. Nachwachsende, die nicht mehr die Chance hatten, Albert Schweitzer auf mancherlei Weise lebend zu erfahren, können ihn nur durch das gedruckte Wort kennenlernen. Dadurch ist der individuelle Zugang schwerer geworden. Aber finden kann ihn, wer sich dafür öffnet, sich dorthin führen läßt, und viele werden es auch künftig tun.

Fast jeder, der einmal Schweitzers Reich durchwandert, gehört ihm für immer an. Irgendeine anonyme Instanz fordert seinen Paß. So ist ihm auferlegt, in diesen Grenzen zu siedeln. Es ist kein leichtes Ackern in diesem Land. Doch sein gleichmäßiges Klima, die weiten Horizonte, das klare Licht lassen den Zwangskolonisten immer heimischer werden, und am Ende will er nicht mehr fort.

Sagen wir es mit anderen Worten. In diesen Kapiteln aus Kindheit und Jugendzeit, aus Leben und Denken, über die Jesusforschung, über Kultur und Ethik und in den Predigten liegt mehr als Wissenschaft, Erzählung, Bericht oder Gottesdienst. Hier wird über die menschlichen Beziehungen und den Auftrag in der Welt mit einer Gewißheit und einer gesicherten Erfahrung gesprochen, als ginge es um die Ergebnisse eines naturwissenschaftlichen Experiments. Dabei wird nicht eifernd ins Gewissen geredet, nicht herrisch gefordert, noch weniger gibt es Patentrezepte, sondern eher Warnungen, wie die: „Wer sich vornimmt, Gutes zu wirken, darf nicht erwarten, daß die Menschen ihm deshalb Steine aus dem Wege räumen, sondern er muß auf das Schicksalhafte gefaßt sein, daß sie ihm welche darauf rollen..."

Die Glaubwürdigkeit des Sprechers, der jedes Wort durch sich selber belegt, trägt zu der besonderen Anziehungskraft seiner Aussagen bei. Aber er sagt es auch in einer Art, die allein ihm gehört. Miterleben, Mitleiden, Schmerzbewußtsein hat in unserer Zeit kein anderer in diesem Maße vermittelt. Wer einmal davon ergriffen wird, gibt vielleicht etwas auf, aber das Aufgegebene macht ihn reicher. Jedenfalls verliert er die Fähigkeit, über fernerliegenden Dingen, die ihn selber *nicht* betreffen, zur Tagesordnung überzugehen. Manchmal teilen sich dann Eindrücke mit, die Schweitzer 1919, als er in

St. Nicolai zum ersten Mal von der Ehrfurcht vor dem Leben sprach, so beschrieb:

„Wer einmal das Weh der Welt in sich erlebt, der kann nicht mehr glücklich werden in dem Sinne, wie der Mensch es möchte. In Stunden, die ihm Zufriedenheit und Freude bringen, ist er nicht imstande, sich unbefangen dem Behagen hinzugeben, sondern das Weh, das er miterlebt, ist da. In der fröhlichen Gesellschaft wird er plötzlich abwesend, weil irgendein dunkles Bild ihn getroffen hat."

Kann man so leben? Will man so leben? Elend an sich bedeutet keinen Gewinn. Aber des nicht vermeidbaren Elends sich innerlich anzunehmen, ist eine höhere Lebensqualität als Verdrängung und Flucht.

Manche Besorgnis stellt sich vielleicht trotzdem ein, ob man bei solchem Lehrherrn nicht überfordert wird; ob man den Gesellenbrief nicht woanders leichter erwirbt. Doch der Meister hat hier vorgebeugt – nicht nur durch seinen Humor, der grauem Sittenzwang spottete; er hat auch gesagt, daß er bei aller inneren Teilnahme gegenüber Bedrängnissen sich nicht Grübeleien hingab, weil jedem von uns gegeben sei, ein Stück Not zum Aufhören zu bringen.

Wohl verstand er das Wort „Du aber folge mir nach" als einen besonderen Schicksalsruf an ihn selber, der nicht einfach übertragbar ist. Abgesehen von dem Appell zur „Entwicklungshilfe" von 1920 hat er eher gewarnt und strenge Selbstprüfung zum Maßstab solcher Entschlüsse gemacht. Doch hat er stattdessen das schöne Wort vom Nebenamt gefunden, welches jeder in seinem Alltag entdecken kann, unscheinbar, womöglich geheim, vielleicht mit Enttäuschungen verbunden; abschrecken dürften sie nicht.

Man solle suchen, sagt er, „wo ein Mensch ein bißchen Zeit, ein bißchen Teilnahme, ein bißchen Gesellschaft, ein bißchen Fürsorge braucht. Vielleicht ist es ein Einsamer, ein Verbitterter, ein Kranker, ein Ungeschickter, dem du etwas sein kannst..." Wer könne die Verwendungen alle aufzählen, die das kostbare Betriebskapital, Mensch genannt, haben kann. An ihm fehle es überall.

In der Predigt von 1919 wird eine ganze – noch frühe – Lebensbilanz zu einer knappen Losung eingedampft: „Alles, was du tun kannst, wird in Anschauung dessen, was getan werden sollte, immer nur ein Tropfen statt eines Stromes sein. Aber es gibt deinem Leben den einzigen Sinn, den es haben kann, und macht es wertvoll."

Helfen und Sinngebung sind hier zu einem Junktim verknüpft, stehen in gegenseitiger Abhängigkeit, wobei die *Quantität* des Einsatzes nicht gewogen wird. Man könnte seinen Lebensweg darauf gründen und wäre sicher, nicht fehlzugehen. Es ist Schweitzers hilfreichstes Wort.

Aber man darf seine Ethik auch nicht zu eng sehen. Sie ist mehr als die vorgelebte Unterweisung, „wissend zu werden im Mitleiden". Sie ist eine Totalgesinnung, zunächst einmal Lebenskunst. Dazu gehörte das Bemühen, den Helferinnen und Helfern bei ihrer Arbeit Erholungsstätten der Seele zu verschaffen, sie durch kleine Rituale des Gemüts und durch Heiterkeit zu stärken, damit sie der Nachtseite des Lebens in ihrem Umkreis – Krankheit und Sterben – leichter gewachsen seien.

Weil der Kompaß des Herzens dem Verstand immer die Richtung wies, ging Schweitzer so nachtwandlerisch sicher, wenn es die Zwischentöne des menschlichen Miteinanders betraf. Hier setzte er das Irrationale in die Klarschrift von Lebensregeln um. Bestes Beispiel dafür ist das Schlußkapitel der Kindheitserinnerungen, niedergeschrieben an einem Februar-Sonntag 1924 vor der zweiten Ausfahrt nach Afrika. Die folgenden Sätze sind ein Extrakt:

... Es flutet viel Wasser unter dem Erdboden, das

nicht als Quelle heraustritt; manchmal auch will unser Licht verlöschen und wird durch ein Erlebnis an einem Menschen wieder neu angefacht; das Wirken der Kraft ist geheimnisvoll; nur wer Ehrfurcht vor dem geistigen Wesen anderer hat, kann andern wirklich etwas sein; das Einzige, worauf es ankommt, ist, daß wir darum ringen, daß Licht in uns sei; wo Licht in Menschen ist, scheint es aus ihnen heraus; viel Kälte ist unter den Menschen, weil wir nicht wagen, uns so herzlich zu geben, wie wir sind; im Jugendidealismus erschaut der Mensch die Wahrheit; das große Wissen ist, mit den Enttäuschungen fertig zu werden; das große Geheimnis ist, als unverbrauchter Mensch durchs Leben zu gehen; was ein Mensch an Gütigkeit in die Welt hinausgibt, arbeitet an den Herzen und an dem Denken der Menschen; wo Kraft ist, ist Wirkung von Kraft. Kein Sonnenstrahl geht verloren. Aber das Grün, das er weckt, braucht Zeit zum Sprießen, und dem Sämann ist nicht immer beschieden, die Ernte mitzuerleben. Alles wertvolle Tun ist Tun auf Glauben...

Das hat kein Illusionist geschrieben. Wer von sich sagt, er wäre mit weniger starken Nerven manchmal der Sorge, Not und Traurigkeit erlegen, und dennoch Worte so freudiger Zuversicht verschenkt, von dem nimmt man sie bereiter an. Daher ist Schweitzer am stärksten dort, wo er Lebenshilfe gibt, die – von vielen abschätzig beurteilt – in immer komplizierterem Gemeinschaftsleben für immer mehr Menschen immer nötiger wird. Er ist als Moralist nicht so abstrakt und unerbittlich wie Immanuel Kant. Er läßt ahnen, daß der Altruismus der Zwillingsbruder des Glückes ist, und er entschädigt mit dem Wissen, daß auch die nicht erkennbar belohnte Mühe Früchte trägt.

Daher zielt ein Vergleich auch eher in andere Richtung als nach Königsberg. In der gleichnishaften Verkündigung, in der sanften Entschiedenheit, aber auch im Hoffnungscharakter dieser Sentenzen liegt etwas vom

213

Stil der Seligpreisungen des Neuen Testaments. Schweitzer liebte das Matthäus-Evangelium am meisten. Wenn er unbewußt den Ton der Bergpredigt modernisiert, so hat dies symbolische Bedeutung; wollte er doch mit der Ehrfurcht vor dem Leben neue Wege zum Evangelium öffnen. So enden denn auch die Kindheitserinnerungen nicht zufällig mit dem Hinweis auf „die unermeßlich tiefe Wahrheit", die „in dem phantastischen Worte Jesu" liege: Selig sind die Sanftmütigen, denn sie werden das Erdreich besitzen. –

Mit der Individualethik hat Albert Schweitzer sich nicht begnügt. Für deren gedankliche Grundzüge hat er auch die Gesellschaft ausdrücklich zum Adressaten erklärt. Im XIX. und XXII. Kapitel von Kultur und Ethik wird gefordert, daß die Gesellschaft allmählich den Charakter einer ethischen Persönlichkeit anzunehmen habe. Für die Gesellschaft wird auch der Begriff „die Völker" eingesetzt.

Dabei räumt der Verfasser ein, daß die Individualethik nicht einfach in brauchbare Verhaltensmaximen der sozialen Gesamtheit hinüberführe wie die Stadt in die Vorstadt. Dennoch müsse die verwandelte Gesinnung der vielen einzelnen den Staat und die Gesellschaft (auch die Kirche wird als kollektive Größe ausdrücklich einbezogen) mit der Zeit von innen her vergeistigen. Sie seien der Sauerteig des Kulturstaates. Das Vorwort zu den Indischen Denkern spricht von der „furchtbaren Zeit, die die Menschheit gegenwärtig durchlebt" (1935). Wir alle müßten, im Osten wie im Westen, Ausschau halten nach einem „vollkommeneren und mächtigeren Denken, das die Herzen der einzelnen erobert und ganze Völker zwingt, seine Macht anzuerkennen."

Der Anspruch ist nicht gering, das Programm weitreichend. Schweitzer fragt natürlich nicht nach Zukunftseinflüssen irgendeiner noch zu findenden Denklösung, sondern der schon gefundenen – seiner eigenen.

Zwanzig und dreißig Jahre später konnte er noch staunend und ergriffen wahrnehmen, daß tatsächlich „die Herzen der einzelnen", Ungezählter von ihnen, erobert wurden.

Viel schwerer ist, „die Völker zu zwingen". War er hier Utopist? Das skeptische Erkennen schützte den leiderfahrenen Elsässer subjektiv vor illusionären Leerformeln. Die hohe Zieleinstellung ist daher auch dann nicht leicht abzutun, wenn sie fragwürdig klingt. Wichtig ist zunächst, das Geschichtsbild freizulegen, das dieser geisteswissenschaftlichen Sozialethik zugrunde liegt.

Erinnern wir uns: Schweitzer hat die Philosophen des 18. und frühen 19. Jahrhunderts in ihrem Enthusiasmus und ihren Idealen hoch eingeschätzt, aber mangelnde Tiefe und Krisenfestigkeit konstatiert. Die Königin der Wissenschaften besaß im 18. Jahrhundert Macht über die Verhältnisse. Die im 19. Jahrhundert gepriesene Realpolitik wurde geistig führungslos und endete in der Katastrophe. Der Kausalschluß erscheint zwingend: Schuld hatte die Philosophie.

So war es für diesen Vorkämpfer geistiger Erneuerung logisch, sie mit vertieften Wertmaßstäben, mit beständigeren Normen auszustatten, damit sie von neuem kulturmächtig werden könne. Der Rationalismus war nur unzulänglich ausgerüstet. Als Auftrag bestand er fort. Man mußte ihm nachträglich eine stabilere Grundlage geben und der Philosophie in der Gesellschaft wieder zu ihrem Recht verhelfen. Vor diesem gedanklichen Hintergrund vollzog sich die ergreifende Geistestat in der tropischen Einsamkeit. Ein Mensch des 20. Jahrhunderts schrieb den Epilog zum achtzehnten – für seine Zeit.

Die Philosophie für Schicksalseinbrüche verantwortlich zu machen, will nicht so recht zum heutigen Verständnis der Ursachenzusammenhänge passen.

Zwei Grundgedanken haben das geschichtsbewußte Bürgertum des 19. Jahrhunderts – jedenfalls in Deutschland – beherrscht: die Sehnsucht nach Einheit und Freiheit (oder, wie Golo Mann beide zusammenfaßt, der Ruf nach dem nationalen Verfassungsstaat). In dieser Dringlichkeitsliste fehlte die Ökonomie. Die wirtschaftlichen Umwälzungen, die Entwicklungen zum modernen Industriestaat, beschäftigten die Mehrheit noch nicht tiefgreifend. Heute ist diese ökonomische Weltveränderung im Rückblick die eine Hauptsache des wirklichen Geschehens – neben der anderen, dem Weg in den nationalen Großstaat.

Darf man glauben, daß solche mächtigen Zivilisationsmechanismen, solche Scharniere der Daseinsveränderung, von einer überzeugenden Philosophie, von Philosophie überhaupt, zu bewegen gewesen wären? Sie kann auch im glücklichsten Fall nicht für jeden Eventualfall ausgestattet sein wie ein chirurgisches Besteck. Schweitzer traute ihr hingegen diese Fähigkeit im Prinzip zu. Der Vorwurf des Versagens geht ja von der Vorstellung einer gesellschaftlich tragenden Rolle aus, die diese Geisteswissenschaft eigentlich noch habe besitzen müssen. Das läßt auf ein geistiges Traditionsverhalten besonderer Art schließen. Der folgende Exkurs – unumgängliche ideengeschichtliche Spatenarbeit, wenn man diesem Denker gerecht werden will – soll darüber Aufschluß geben.

Die profane Heilsgeschichte

„Die Perfektibilität des Menschen ist praktisch unbegrenzt und kann niemals rückläufig sein", schrieb der Marquis de Condorcet, Mathmatiker und Politiker, einer der jüngeren französischen Enzyklopädisten. Mit seinem Zeitalter teilte er den Glauben an den Fortschritt zu immer lichteren Höhen. Auch der damals schon greise Voltaire wies der raison humaine die Fähigkeit zu, in langsa-

216

mem Aufstieg, nicht ohne Rückschritte, die Reste der innerweltlichen Dunkelheit zu überwinden. Geschichte betrachtete er als einen Wachstumsprozeß der menschlichen Vernunft.

Hier wird dem gesunden Menschenverstand die Rolle zuerkannt, sich zu einer Art paradiesischem Endzustand vernünftiger Verhaltensweisen fortzuentwickeln. Bei Karl Marx, ein Jahrhundert später, gibt es ebenfalls Finalvorstellungen des Weltverlaufs; hier sind sie an sozialen Verhältnissen orientiert: Die klassenlose Gesellschaft hat alle Ungerechtigkeit überwunden, der Staat ist abgeschafft.

Heinrich Heine, eine Generation älter als Marx, läßt sich nicht auf nähere Erläuterungen ein, worin sich das irdische Paradies auszeichnen wird. Er ist nur von seinem Kommen überzeugt und besingt es summarisch-allgemein:

Ein neues Lied, ein besseres Lied,
Oh Freunde, will ich euch dichten:
Wir wollen hier auf Erden schon
Das Himmelreich errichten.

Albert Schweitzer schließlich verwendet Formulierungen, die man zu den Denkbildern der Vorgänger in Beziehung setzen kann, wobei hier nun die menschliche Moral den Perfektionszustand bestimmt: Während Jesus eine übernatürlich sich realisierende Weltvollendung erwartete, könnten wir sie nur als Resultat der sittlichen Arbeit begreifen. „Die Idee der sittlichen Weltvollendung liegt in uns und ist mit dem sittlichen Willen gegeben." Der Schrift Kants, Zum ewigen Frieden, mit Regeln für Friedensschlüsse, bescheinigt er einen irrigen Ausgangspunkt. „Regeln... vermögen nichts. Nur das Denken, das die Gesinnung der Ehrfurcht vor dem Leben zur Macht bringt, ist fähig, den ewigen Frieden heraufzuführen." Seit der Mitte des 19. Jahrhunderts stünden wir in einer Krise der Weltanschauung. So wird gefragt, „ob wir dauernd auf die Weltanschauung verzichten müssen, die die Ideale der Vervollkommnung des Menschen und der Menschheit... in sich trägt".

Der rückweisende Fingerzeig ist deutlich, denn es hieß (in Kultur und Ethik) drei Seiten vorher: „Die Größe der Menschen des Aufklärungszeitalters liegt darin, daß sie die Ideale der Vervollkommnung des Einzelnen und der Gesellschaft und der Menschheit aufstellen und sich ihnen mit Enthusiasmus hingeben."

Bei diesen ausgesuchten Nachweisen für Schweitzers Bindung an jene Geschichtsperiode, die wegen ihres enormen Selbstbewußtseins und seines Fiaskos etwas in Verruf steht, muß man gerechterweise sagen, daß seine Hingabe nicht unkritisch ist. Er sieht die Schwächen des Rationalismus und lehnt seinen „naiven Dogmatismus" ab. Bei aller Bewunderung distanziert er sich also auch davon.

Entscheidend ist aber, daß er dem Denkmodell unbewußt unterliegt. Beides läßt sich vereinbaren. Die Traditionskraft des Urbildes ist stärker als die an ihm erkannten Schwächen. Das bestätigt sich im Fall des Weltvollendungsglaubens. Wer nicht unter ähnlichen weltanschaulichen Vorgegebenheiten steht, würde im 20. Jahrhundert dieselben Gedanken anders umschreiben. Er würde ein loseres Verhältnis zur Zukunft knüpfen, die Geschichte nach vorn hin als grundsätzlich offen, unbegrenzbar ansehen und fürchten, daß Erwägungen irgendeines Endzustandes den vorausliegenden Zeiten Zwang antun.

Welche Denktradition wirkt hier so nachhaltig, daß Menschen unterschiedlicher Lebenszeiträume und Kulturkreise ihr unterworfen sind; daß der jeweils wechselnde Vorstellungsinhalt doch ein gemeinsames geistiges Grundmuster ergibt?

Die Annahme einer zielgerichteten Geschichte kommt aus dem Alten Testament – für das sie aber im

Ganzen untypisch ist – und wurde vom unbekannten Verfasser des Danielbuches um 165 vor Christus erstmals verwendet. Dem historischen Propheten Daniel, der aber nichts Geschriebenes überliefert hat, legte er Deutungen von Träumen des Königs Nebukadnezar in Babylon in den Mund, wonach eine Abfolge von vier Weltreichen dadurch enden würde, daß der Menschensohn auf den Wolken des Himmels erscheint.

Jesus ist von diesen Vorstellungen des kosmischen Weltendes entscheidend beeinflußt worden, und nach ihm hat diese Vision das christliche Abendland tausend Jahre beherrscht.

Als das theologische Fundament dieser Apokalyptik oder Eschatologie brüchig wurde und man die Geschichte nicht mehr prinzipiell als Erlösungs- und Heilsgeschehen mit überweltlichem Finale begriff, da wandelte sich diese historische Anschauungsweise nicht radikal, sondern paßte sich an, behielt den Rahmen bei und tauschte nur den Inhalt aus. Das Heilsgeschehen wurde säkularisiert. Das seit der Renaissance und den Entdeckungen sich entwickelnde Fortschrittsdenken suchte sich ein innerweltliches Geschichtsziel. So beherrschend war lange die Sichtweise von der Weltgeschichte als Heilsgeschichte gewesen, daß die nachfolgenden Jahrhunderte sie nicht aufgeben konnten. Sie funktionierten sie um zur Devise profanen Heils. Je nach geistigen Strömungen wurde diese erfüllte irdische Zukunft nun als Triumph der menschlichen Vernunft, der Freiheit (Hegel), der sozialen Gerechtigkeit oder der Humanität vorausgeahnt.

Diese ideologischen Strukturwandlungen hat wohl als erster Karl Löwith erkannt. Sein Buch „Weltgeschichte und Heilsgeschehen" (1949 in Englisch, 1953 in Deutsch) weist an einer ideengeschichtlichen Generationenkette von der Bibel bis zu Burckhardt eindrucksvoll nach, wie sich das Endzielbewußtsein der Aufklärung

(mit ihren Ausläufern) als verweltlichte Umbildung alt-
testamentlichen und christlichen Erlösungsglaubens ent-
hüllt.

Für orthodoxe Marxisten und ihren Originalitäts- und
Absolutheitsanspruch wäre es sicher ernüchternd zu sehen, daß ein so revolutionierender Denker wie Marx außer von Hegel auch noch – ebenso wie dieser selber – von
unbewußten Vorbildern abhängig ist und daß die Vision
sozialer Glückseligkeit sich als Verfremdung jüdisch-
christlicher Eschatologie entschlüsselt. Natürlich bleiben
diese Zusammenhänge dem religionsähnlichen Glauben
dogmatischer Anhänger versperrt. Nur von ideologie-
freiem Standort ist wahrzunehmen, daß überall dort, ,,wo
Geschichte als auf ein bestimmtes heilbringendes Ziel
gerichteter Ablauf verstanden wird, auch in den Ge-
schichtsphilosophien von Hegel und Marx und Lenin,
Daniel im geheimen weiterwirkt" – wie Bremi schon
1953 bemerkte.

Überraschend ist, in dieser ehrwürdigen Versammlung nun auch Albert Schweitzer zu finden, der aus phi-
losophisch-idealistischer Gegenrichtung kommt. Wenn
auf dem Webstuhl der Geschichte einmal das Grundmuster lesbar geworden ist, dann geht man über bestimmte
Ausdrucksweisen Schweitzers nicht mehr unbefangen
hinweg. Plötzlich wird erkennbar, daß sie unverwechselbare Farbtöne in dieser Webstruktur sind.

Es ist beispielsweise eine ganz ungewöhnliche Art der
moralischen Aneignung Jesu, wie sie in der Jesus-Mystik
erfolgt. Jesu Erwartung der überzeitlichen Weltvollendung transponiert er einfach ins Zeitliche und macht aus
dem kosmischen Reich Gottes, wie Jesus es kommen sah,
das Gottesreich der ,,sittlichen Arbeit", der ethischen
Kultur. Diese Art der moralischen Transformation, dieses Umlenken der einen Eschatologie in die andere, ist
ein klassischer Anwendungsfall verweltlichter Heilsgeschichte. Mehr: Was sich im Denken der Aufklärungszeit

und danach nur als Analogon, als anonyme Verwandlung, als Chiffre einer uralten Tradition nachweisen läßt, liegt hier als Klartext vor. Schweitzer liefert den Codeschlüssel gleich mit, faßt in einem einzigen Satz das Original und seine Verfremdung, läßt an sich selber die Metamorphose eines Heilsbildes ablesen, als wäre dieser Jahrtausendsprung die selbstverständlichste Sache der Welt.

Nicht ohne Dramatik ist dieser Vorgang: Ein Mann unseres Jahrhunderts zieht aus, um der endzielgerichteten Denkweise Jesu in der Wissenschaft zur Anerkennung zu verhelfen. Zugleich wird er selber, der Interpret, von den späten Ausläufern dieser Anschauungsweise eingeholt. –

In der Mathematik wird ein Resultat durch die Gegenprobe überprüft. Auch auf geistesgeschichtlichem Feld bieten sich solche Bestätigungen manchmal an. Es geht um die Probe auf die Feststellung, Schweitzer wurzele unbewußt in der Epoche Voltaires und verwende deren Begriffswerkzeug. Als ergänzender Test dient die Gretchenfrage: Wie hältst du 's mit dem christlichen Mittelalter?

Die Rationalisten beantworteten sie abweisend, weil in seinem spezifischen Angebot der Fortschritt im modernen Sinne fehlte. Die tausend Jahre zwischen 500 und 1500 wurden als ein dunkles Zwischentief in der Menschheitsentwicklung abgetan.

Da aber der Rationalismus, die Aufklärung, nie ein monolithischer Block der Weltanschauung, sondern nur eine vorherrschende Blickrichtung in vielen Spielarten und mit Abweichungen waren, so stellten sie auf ihrem Höhepunkt schon Gegenkräfte in Frage, die in Deutschland in die Kulturepoche der Romantik mündeten. Erste Signale wurden schon von dem Italiener Vico (1668–1744) und dann von Rousseau, mehr noch von Herder ausgesendet, der um 1770 damit begann, das Besondere und Individuelle anderer Länder in ihrem Volksgut aufzusuchen. Seine „Stimmen der Völker in Liedern" waren ein antirationalistischer Affekt, eine Sichtweise, die die Volkseigenart, das Ältere und Überlieferte, bejahte, obwohl auch er im Prinzip nur Fortschritt in der Geschichte sah.

In der Anerkennung des historischen Einzelwertes überwanden Herder und die Romantiker die abstrakte Vernunftidee und fanden zu jener Gerechtigkeit, die die nachfolgende geschichtliche Lehrrichtung, der Historismus, zu ihrem umfassenden Grundsatz erhob. Der Historismus vermied Zukunftsprognosen, und er wertete die Vergangenheit nicht mehr ab, sondern versuchte sie aus ihren jeweiligen Lebensbedingungen zu verstehen. So kam Ranke zu dem Wort, jede Epoche sei unmittelbar zu Gott, und er wollte Geschichte darstellen, „wie es gewesen".

Friedrich Meinecke nannte den Historismus, dem er ein großes Buch gewidmet hat, den bedeutendsten deutschen Beitrag zur europäischen Kulturgeschichte seit der Reformation. Ihr hervorragendster Vertreter, Leopold von Ranke, gehörte sechzig Jahre der Berliner Friedrich-Wilhelms-Universität an.

Seine Historiker-Schule stand respektvoll vor dem Zuschnitt nicht weniger deutscher Könige und Kaiser des Mittelalters und ihren Sisyphus-Leistungen, die sie aus der heute immer noch anwachsenden Quellensammlung der Monumenta Germaniae Historica ans Licht brachte; sie erhellte den Geist des germanischen und altdeutschen Rechts, seine Würde, seinen Freiheitssinn, seine Kontrolle der Herrschergewalt (die mit guten Gründen nie absolutistisch werden konnte); sie belebte aus Chroniken und Viten eine glutvolle Frömmigkeit, deren Nachglanz, die Kathedralen, unsere modernen Ziegelhaufen demütigt. Die Nachtseite dieser Frömmigkeit, die Inquisition, kam erst im 13. Jahrhundert auf, und der Massenwahn der Hexenverfolgung hat überhaupt erst um 1600, also weit in der erleuchteten Neuzeit, seinen Höhepunkt erreicht.

Jedem kommt gelegentlich die gängige Wendung „wie im finsteren Mittelalter" über die Lippen, manchmal wider besseres Wissen. Als Viktor von Scheffel nach der vorigen Jahrhundertmitte sein später viel gelesenes Buch „Ekkehard" schrieb, geschah dies im Geist der neuen Wertungen, wie er denn gleich im ersten Satz die landläufige Einschätzung jener Geschichtsperiode ironisiert: „Es war vor beinahe tausend Jahren. Die Welt wußte weder von Schießpulver noch von Buchdruckerkunst. Über dem Hegau lag ein trüber, bleischwerer Himmel, doch war von der Finsternis, die bekanntlich über dem ganzen Mittelalter lastete, im einzelnen nichts wahrzunehmen."

Man kann das Mittelalter lieben, mindestens achten, wenn man sich ihm ohne Befangenheit nähert. Albert Schweitzer allerdings ließ sich von den Kathedralen, in denen er zuweilen gern Orgel spielte, nicht bestechen, obwohl schon sein Abiturzeugnis ein Sonderlob für seine Geschichtskenntnisse ziert. Er fand im Mittelalter nicht, was er allein suchte: moralischen Fortschritt, den Impuls zur Verwirklichung ethischen Ideals.

Seine Kulturbetrachtung klammert dieses Jahrtausend der abendländischen Geschichte einfach aus. „Senecas, Epiktets und Marc Aurels Gedanken sind die Wintersaat auf die kommende Kultur", heißt es am Schluß des fünften Kapitels. Das sechste setzt übergangslos mit der Renaissance ein, der „Auflehnung gegen die mittelalterliche Knechtung der Geister".

Die ganze abendländische Jugendzeit wird im Geist der Aufklärung verworfen – nicht mit dem antikirchlichen Begleitaffekt des 18. Jahrhunderts, doch mit dem gleichen Ergebnis. Dabei ist Schweitzer – seltsamer Widerspruch – in der theologischen Forschung ein reinblütiger Historist, der sich gegen jede falsche Anpassung und Modernisierung, gegen jede Abwertung des Vergangenen sträubt. Obwohl der Theologe und der Rationalist aus Günsbach doch so friedlich zusammen wohnen, hat der evangelische Christ dem Kulturerneuerer zuliebe die „christlichste" Zeitspanne Europas achtlos beiseite getan. Der Wesensgehalt des Christentums ist ihm heilig; wo dieser sich aber am reinsten und aufrichtigsten in der Geschichte zeigt – in bestimmten Perioden des Mittelalters und besonders in seinem Klosterleben –, da hält sich der große Nachkomme der Aufklärung in kühler Distanz.

Der fruchtbare Irrtum

Eine erste Bilanz ist möglich.

Viele haben an Albert Schweitzer den Geist der Aufklärung bemerkt, eine Zuordnung, die leichtfällt angesichts seiner vielfachen Bezugnahme auf ihr engagiertes Weltverbessern. Einen genuinen Ethiker muß es unwiderstehlich reizen, ihr Gelungenes und Mißglücktes in der eigenen Ideenwerkstatt noch einmal ins reine zu schreiben. Der Hinweis auf den Großvater Schillinger, der „ein Eiferer der Aufklärung gewesen" und „noch ganz den Geist des 18. Jahrhunderts an sich" hatte, schlägt noch zusätzlich eine biographische Brücke zu dieser bevorzugten Vergangenheit.

Erst Begriffsinterpretationen beweisen nun darüber hinaus, daß er mit dieser europäischen Kulturperiode nicht nur sympathisiert, sondern ihre Denkeigenart in veränderter Umwelt verkörpert und selbstverborgen nachlebt. Diese Tatsache bestimmt entscheidend sein Geschichtsbild. Daraus erklärt sich auch sein Zutrauen in die Macht der Philosophie.

Im 18. Jahrhundert erkannte er die relativ klar faßbare

21 Fütterung der Raubtiere vor dem Speisesaal. Auch eine Ziege ist dabei. Beim Schirmherr der Lambarene-Kreatur gibt es fast immer etwas zu fressen

22 Fünfzig Jahre Ankunft und Abschied. Das Boot mit den leprösen Ruderern hat den Blickwinkel der Kamera schon verlassen

Kausalität von geistiger Einflußnahme und einzelverant-
wortlichem Handeln der Mächtigen. Es gab eine ge-
schlossene Bildungsschicht, die gedankliche Erträge und
Maximen in dauerndem Austausch filterte und wesentli-
che Vorarbeit leistete, daß sie verwirklicht wurden; sie
vereinnahmte neues Denken als Besitz und machte es
zum Kulturbesitz.

In der vielzitierten pluralistischen Gesellschaft von
heute sind nun aber an Stelle der einstigen Ursachenzusammenhänge von geistigem Antrieb und nachvollzie-
hendem Handeln die anonymen Entscheidungsprozesse
vielschichtiger Größen getreten. Daß eine Geisteswissenschaft darin nicht mehr den Einfluß üben kann wie
ehedem, liegt auf der Hand. Schweitzer jedoch glaubt
daran. Das gibt seiner kulturellen Missionsarbeit, soweit
sie aufs Große zielt, einen Zug von heroischem Anachro-
nismus.

Er gleicht dem Märchenprinzen, der das Dornröschen
nach hundertjährigem Schlaf wachküßt, so daß der Faden der Spindel dort wieder angeknüpft werden kann, wo
er gerissen war – so etwa hat „Prinz Albert" sein Tun
verstanden. Er taut ein Stück tiefgefrorener Aufklärung
im sozialen Haushalt des 20. Jahrhunderts mit allen
Vitaminen und Wirkstoffen wieder auf, obwohl man in
dieser Küche inzwischen ganz anders kocht.

Nicht jeder, der durch die Schule des 18. Jahrhunderts
gegangen ist, mußte nachrationalistische Weltverände-
rungen zwangsläufig übersehen. Bei Marx war das weltanschauliche Mischungsverhältnis trotz partieller geistiger Traditionsgemeinsamkeit ganz anders.

Schweitzer hingegen verkleinert entschieden, was seit
dem großen Jahrhundert des moralischen Fortschritts
geschehen ist, weil sein philosophischer Idealismus seitdem keine positiv-moralische Einflußnahme von Gedanken auf Ereignisse mehr sieht: „Was zwischen damals
(18. Jahrhundert) und jetzt liegt, ist ein Intermezzo des

Denkens, ein Intermezzo mit außerordentlich interessanten und reichen Momenten, aber doch nur ein verhängnisvolles Intermezzo."

Das wurde 1923 veröffentlicht. Es klang damals vielleicht noch nicht so ungewöhnlich, daß man darüber stolpern mußte. Erst unter den technisch-industriellen Explosionen unserer zweiten Jahrhunderthälfte ist offen zutage getreten, was im 19. Jahrhundert materiell und geistig angelegt worden war. Erst heute fühlt sich der Bewohner der verstädterten Industrielandschaft endgültig „entfremdet", wie der bärtige Erzvater aus Trier ihm schon 1845 bescheinigt hat.

Das mußte Schweitzer seinerzeit nicht unbedingt sehen. Aber er gab einmal gefundene Einsichten auch nicht wieder auf. Schwerlich ist eine Stelle zu finden, an der er sich im Abstand einiger Jahrzehnte dementiert. So galt der zitierte Satz auch 1950 und 1965 noch für ihn. Er hat für die Ehrfurcht vor dem Leben mit nie mehr veränderten Leitgedanken geworben, mit feststehendem Grundvokabular.

Daß sich das 19. und 20. Jahrhundert vom achtzehnten durch einen gewaltigen Sprung entfernt hat, sehen wir heute deutlich genug. Wer hingegen den Abstand so verkleinert, daß er das zwanzigste wieder an das achtzehnte heranrückt, als sei der Graben nur schmal, der Strom der Veränderungen nur ein Rinnsal, der muß mit einem entsprechenden Weltbild für diesen Brückenschlag bürgen.

Wir sind diesem Weltbild näher gekommen. Mancher eilig überflogene Satz – „die Völker zwingen", „Schuld der Philosophie", „Intermezzo des Denkens" – wird transparenter. Das weltanschauliche Unterfutter schimmert jetzt durch.

Der Glaube an die philosophisch sich ernährende Vernunft und an die Möglichkeiten darauf sich gründender humanitärer Entfaltung bestimmte Schweitzers Handeln. Er hat diesen Glauben zum Motor seiner Lebensarbeit gemacht, und man hat gesehen, was dieser Motor leisten konnte. Unbestreitbar haben also starke Vereinfachungen mitunter das Signum der Größe.

Doch bleibt die verblüffende Tatsache, daß einer der größten, beispielgebenden Helfer und Pioniere sozialer Tat die sozialen Bewegkräfte nicht in sein Weltbild integriert hat. Ein Stuttgarter Historiker, August Nitschke, sagte 1967 in einem Vortrag: „Alles, was nach der Aufklärung kam, findet kein Echo in Schweitzers Gedankengängen... Die Strukturen der Gesellschaft mit ihrer prägenden Macht, die Wirtschaftsformen, werden von ihm nicht beachtet. Schweitzer schreibt, als ob nie ein Marx gelebt hätte. Dabei ist Sartre doch sein unmittelbarer Verwandter... Schweitzer steht in der Vorstellungswelt der Aufklärung, aber einer Aufklärung, die den Schritt in die Soziologie nicht getan hat."

Man kommt noch näher an die Wahrheit heran, wenn man dieses zutreffende Urteil ergänzt: Erstaunlicherweise hatte er nämlich ein scharfes Auge für die Auswirkungen dieses nicht zur Kenntnis genommenen Strukturwandels. Viel früher, als die meisten Mitlebenden sich darüber Rechenschaft gaben, beschrieb er 1923, wie der Mensch im modernen Staat Einflüssen ausgesetzt ist, die sein Denken herabsetzen, sein Selbstvertrauen untergraben, ihn entmündigen. Übergeschäftigkeit, Ungesammeltheit, Zerstreuungssucht üben ihre Macht. Die Spezialisierung läßt die Persönlichkeit verkümmern. Hast und Vermassung fördern die nachbarliche Entfremdung. Überorganisation dirigiert die öffentlichen Verhältnisse, hemmt alle Kultur. Meinungen werden frei Haus bezogen, und eine suggestive Propaganda zwingt dem geschwächten Geist auf, was er glauben soll.

Das waren vor 50 Jahren Einsichten, die keine Analyse von heute übertrifft. So verdeutlicht der Vor-Soziologe an sich selber, daß man ein sicheres Gespür für die Tatbestände und ein unausgebildetes Organ für die dahinterstehenden Antriebe in sich vereinen kann. Er erfaßte die Politik und Gesellschaft statisch, nicht dynamisch. Als Werdeform, als geschichtsverändernde Handlungsträger entzogen sie sich seinem Blick. Erst, was als Zustand auf uns wirkt, ordnete er geistig in sicheren Bestandsaufnahmen ein.

Es gibt in diesem Zusammenhang einen erhellenden Satz von Theodor Heuß, der 1951 in der Paulskirche bei Überreichung des Buchhandels-Friedenspreises zum Urwalddoktor sprach: „Ihre Ethik ist, es mag manchem seltsam klingen, Individualethik. Ich glaube, der Stand, die Klasse, die Rasse, auch ‚das Volk‘ und ‚die Nation‘, alle diese Dinge oder Begriffe haben Sie im letzten nie interessiert – aber diese Menschen, dieses Schicksal.“ –

Ist das Ergebnis negativ? Kehrt Schweitzer zurück auf die Ebene vorbildhafter Einwirkung von Mensch zu Mensch? Ist das Werben um „die Völker“ mißglückt, weil er von falschen Voraussetzungen ausgegangen war?

Gemessen am hohen Ziel, hat die Befragung Einbußen an Optimismus gebracht. Aber die Kurskorrektur war notwendig. Viele Schilderungen der Ehrfurcht vor dem Leben leiden darunter, daß sie das Gefühl hinterlassen, nun werde die Welt einen Sprung nach vorne tun. Sie weisen der Lehre einen gewissen Automatismus bei der Umsetzung in die Wirklichkeit zu, allein deshalb, weil sie gegenüber älteren Begründungen von Ethik ein Fortschritt ist.

Doch mit Kraftakten gläubiger Hoffnung wird weder dem Lehrenden noch den an ihm Lernenden ein Dienst erwiesen. Nach euphemistischen Überspannungen der Vergangenheit steht es uns gut an, eine Weile auf der Talsohle der Zuversicht zu wandern. Enttäuschende Abstürze in die Realität bleiben dann erspart. Von einer Minimalerwartung des humanitären Fortschritts kann der Zynismus der Tatsachen keine Abstriche verlangen. Dabei wird keine positive Entwicklung mißachtet – davon soll noch die Rede sein.

Bei aller kritischen Vorsicht bleibt zu sagen, daß Irrtümer und Vorurteile zuweilen ungewöhnlich fruchtbar sind. Hätte sich wohl der Missionsarzt bei seinem Krankenbesuch im September 1915 so vehement gegen das „eiserne Tor" gestemmt, wenn er nicht davon überzeugt gewesen wäre, man könne mit Philosophie noch immer die Welt erneuern? Hätte nicht der Zweifel an den Aussichten solcher Kulturarbeit das Ideal verdunkelt, die Willensanstrengung gelähmt?

Ein politischeres Naturell als der Verfasser von Kultur und Ethik würde von vornherein entmutigt, wenn er auf dem Felde ideeller Theorie tätig wird. Die große Zielsetzung litte, wenn bei der Taufe von Ideen die Skepsis immer schon Pate steht. Die Ehrfurcht vor dem Leben wäre geistiges Stückwerk geblieben, der Durchbruch zu einem Grundgesetz des Guten an Resignation gescheitert. So erweist sich die unbeirrte Rückwärtsschau zu den Erfolgszeiten moralischen Philosophierens zuletzt sogar als ein Gewinn.

Das Auftreten des Urwalddoktors, der enorme Widerhall seiner praktizierten Humanität, aber auch sein Vertrauen in die Macht des Denkens hat die Frage herausgefordert, was über sein Leben hinaus in greifbarem Kausalverhältnis von Vorbild und Rezeption erhalten bleiben werde; ob „mächtigeres Denken" auf idealistischer Grundlage Wirklichkeit verändern könne.

Es galt, sich dieser Frage zu stellen. Die größere Strecke des Weges ist zurückgelegt. Die bisherigen Antworten – überzeugt bejahend, wo es um Individualethik geht, zweifelnder, wo der Kulturstaat angesprochen wird – werden noch greifbarer, wenn der gefeierte und einsame Mann am Ogowe-Strom nicht nur in isolierter Einzelbetrachtung von der übernächsten Generation befragt wird. Viele andere haben zu seinen Lebzeiten und danach, oft mit weniger Echo, ebenfalls über die moralische Zukunft des Menschen nachgedacht: darüber, wie er inmitten seiner selbstgebastelten Versuchungen überleben könne, wie der demokratischen Massengesellschaft ein humaneres Antlitz zu geben sei. Ein paar solcher Gedankenumrisse nachzuzeichnen, hilft besserem Verstehen auch in unserem Revier.

Erziehung und soziale Gerechtigkeit

So hat Eduard *Spranger* (1882–1963) gerade diese Aufgabe gestellt: „Wie wir den Massenmenschen wieder überwinden", sei die große Frage unserer Kultur. Der Demokrat Spranger, der dem Gemeinwesen vor und nach der nationalsozialistischen Zeit in mancherlei Weise gedient hat, redet hier nicht oligarchischer Staatsform das Wort. Hinter dem Satz steht vielmehr die Sorge vor einer nivellierenden Vermassung, in der sein klassisches Bildungsideal, das er durch die Verheerungen gerettet hatte, Schaden leiden könnte.

Spranger war Psychologe und Erzieher. In der Pädagogik erkannte er die Instanz, die über die Wertnormen und sittlichen Maßstäbe im jeweiligen Kulturraum entscheidet. Das Streben nach Verwirklichung des absoluten Wertmaximums („das Gute"), sokratische Erweckung der (schon vorhandenen) Innenkräfte, war ihm Erziehungsziel. Das Ideal der wahren Bildung bestehe in der organischen Entfaltung der menschlichen Individualität. Vom Staat wird gefordert, daß er in seinen Schulen den Weltanschauungsrichtungen ausreichenden Spielraum läßt und sich jedem Zwang zur Uniformität enthält.

Weltanschaulich stand dieser religiös verwurzelte Idealist in der Tradition der griechischen Antike und der deutschen Klassik. Aus dem 18. Jahrhundert nahm er den Appell, in eigener menschlicher Verantwortung die Welt menschenwürdig zu gestalten, die Lebenswelt zu verbessern. Dieser Auftrag, der auch der Erziehung damals als neues Ziel erwuchs, besteht fort. Sprangers preußisch-knappes Resumee auf die Frage, wie er seine Lebensaufgabe sah: Ergründung der Kräfte und Schicksale, die aus dem Innern des Menschen emporsteigen; Wunsch, sie zu schützen; Versuch, sie zu bilden." –

Für Karl *Jaspers* (1883–1969) ist die Freiheit der höchste Lebenswert. Jaspers geht soweit, in einer Art Korrektur Albert Schweitzers „nicht die Ehrfurcht vor dem Leben an sich, sondern die Ehrfurcht vor dem Leben, das des Lebens würdig gelebt werden kann", zum Maßstab der Existenz zu machen.

Wohl hebt er hervor, daß politische Freiheit ein abendländisches Phänomen ist und daß hohe geistige Lebendigkeit, Schöpfertum und tiefes Seelenleben auch in Zeiten politischer Unfreiheit möglich waren. Dennoch sei sie heute von der Idee des Menschseins nicht mehr zu trennen. Auch die anzustrebende Welteinheit hänge von dieser Vorbedingung ab. Wer das Band von Politik und Ethik durchschneide, gebe sie verantwortungslosem Handeln preis.

Freiheit, so lautet die Einsicht des Philosophen aus Oldenburg, sei das kostbarste, nie von selber zufallende, nicht automatisch sich erhaltende Gut. Sie könne nur bewahrt werden, wo sie zum Bewußtsein gekommen und in die Verantwortung aufgenommen ist. Sie komme nur zum Bewußtsein durch Bildung im kritischen Denken und Verstehen. Die gesamte Bevölkerung sei in einem sich ständig steigernden Bildungsprozeß auf eine höhere Stufe zu heben. An das Volk wenden sich beide, Demokrat und Tyrann. Solle das Volk entscheiden, so müsse man ihm zu rechten Entscheidungen verhelfen.

Die formale Demokratie nennt Jaspers keine ausreichende Sicherung. Entscheidend seien das Ethos gemeinsamen Lebens, Selbsterziehung im Miteinanderreden, Grund- und Menschenrechte. Schon Annäherungen an das Ideal politischer Freiheit, der Glaube daran, gelten ihm viel. Daraus entspringe Ermutigung für die Zukunft. –

Der höchst unbequeme Marxist Ernst *Bloch* (geboren 1885) hat im Gegensatz zu Jaspers eine sozialistische Staatsform als Ziel vor Augen. Doch ist es die gleiche Grundvoraussetzung, die diesen Staat erst annehmbar macht: „Der durchaus bereits im Beginn befindliche Sinn der menschlichen Geschichte ist die Herstellung des Reiches der Freiheit." Er beruft sich auf Rosa Luxemburg, wenn er sagt: Kein Sozialismus ohne Demokratie, ohne Mitbestimmungsrecht der sozialistischen Individuen. Auf diesem Gebiet werde über das Freiheitsgesicht des Kommunismus entschieden.

Er geht noch einen Schritt zurück, zu Marx, der auch einen kategorischen Imperativ aufgestellt hat wie Kant: daß vom Sozialismus erst dort die Rede sein könne, wo „alle Verhältnisse beseitigt sind, in denen der Mensch ein erniedrigtes, ein geknechtetes, ein verlassenens, ein verächtliches Wesen ist". Alle vordergründigen Definitionen des Sozialismus, wie bloße Vergesellschaftung der Produktionsmittel, sind für Bloch nur Scheinbefreiungen.

Wenn die Verhältnisse die Menschen bilden, so hilft nichts, als die Verhältnisse menschlich zu bilden, rief der 82jährige 1967 in der Frankfurter Paulskirche aus, als er den Friedenspreis des deutschen Buchhandels empfangen hatte: „Es lebe die praktische Vernunft!"

Die Welt ist ein Laboratorium möglichen Heils, predigt er. Sein Denken ist ins Gelingen verliebt, aber über den Erfolg der menschlichen Bemühungen sei noch nicht entschieden, der Weltprozeß noch nirgends gewonnen, freilich auch noch nirgends vereitelt. Blochs „Prinzip Hoffnung", seine Suche nach „Identität", kann man auf die Formel bringen: "Ich bin. Aber ich habe mich nicht. Darum werden wir erst." –

Alexander *Mitscherlich* (geb. 1908) hat die geschichtlichen Antriebskräfte um die Freudsche Dimension erweitert, hat unsere Verdrängungen und Aggressionen als einen hochexplosiven Treibstoff des Weltablaufs beschrieben. Im Eingestehen der Tatsache, daß wir die Wurzeln kollektiver Aggressivität nicht genügend kennen, geschweige, daß wir sie aus Erkenntnis moralisch zu lenken verstünden, sucht er dennoch Heilmittel gegen diese Gefahr. Das Buch „Die Unfähigkeit zu trauern" (mit Margarete Mitscherlich), 1967, mißt dabei der Erziehung die größte Aufgabe zu.

„Es ist keine Institution mehr denkbar, die dem Menschen das Denken ersparen könnte; die Welt ist zu gefährlich dazu." Es gebe keine bessere Gegenkraft zur Anonymisierung unseres Lebens in Massen als die denkende, einfühlende Anteilnahme, die Überwindung kollektiven Vorurteils. Willensappelle und die Beschwörung jenseitiger Strafen seien kein hinlängliches Rüstzeug mehr, sondern nur die Schulung des kritischen Verstandes und der wachen Vernunft.

Mitscherlich fordert den Mut zum Anderssein: ein Erziehungsverhalten, das den einzelnen zu einer Antimoral befähigt – wo sie mitmenschlich vonnöten ist –, statt daß er gesellschaftlichen Stil reproduziert.

„Zwei unleugbare Fortschritte" im moralischen Haushalt der Menschheit werden genannt und als Ermutigung auf den beschwerlichen Weg des sozialen und moralischen Umbaus mitgegeben: Das ehemals drakonische Strafrecht als Vergeltungsrecht sei abgelöst vom Ziel der Rehabilitation; der Krieg erscheine nicht länger als gottwohlgefälliges Ereignis und löse, wo es ihn gibt, immer seltener innere Rechtfertigungsmechanismen aus, statt dessen zunehmend das Eingestehen von Schuld. –

Robert *Jungk* (geb. 1913) hat Glanz und Elend der Naturwissenschaftler beschrieben, insonderheit der vorwiegend in Amerika lebenden Elite, die der Menschheit den Schlüssel zur Selbstvernichtung in die Hand gegeben hat. Der Journalist Jungk wurde mit zwei Büchern berühmt: „Die Zukunft hat schon begonnen – Amerikas Allmacht und Ohnmacht" und „Heller als tausend Sonnen". Der erste Buchtitel wurde zum geflügelten Wort.

Diese Zukunft begann in den fünfziger Jahren auch mit der Umkehr der Denker, die nach Oppenheimers Worten „die Sünde kennengelernt" hatten und die Wissenschaft nicht mehr völlig verantwortungsfrei und losgelöst von der Ethik und der Frage nach den Folgen zu sehen bereit waren. Nach drei Jahrhunderten wertneutraler, weltunabhängiger Forschung erkannten sich die Naturwissenschaftler endlich als einen Teil dieser Welt. Den Atomphysikern wurde vor ihrer Gottähnlichkeit bange, und sie versahen ein bekanntes Wort von Francis Bacon aus dem 17. Jahrhundert mit einem negativen Anstrich: Wissen ist leider Macht.

Gerade in den Vereinigten Staaten, wo der Glaube an den „blinden Fortschritt" besonders weit gediehen war, glaubt Jungk Anfänge des „sehenden Fortschritts" zu erkennen, der manche übertriebenen Errungenschaften sogar wieder preisgeben kann.

Erster sichtbarer Ausdruck einer neuen Bescheidenheit war 1957 die Demonstration von 18 deutschen Atomforschern, die sich weigerten, sich an der Herstellung, der Erprobung oder dem Einsatz von Atomwaffen in irgendeiner Weise zu beteiligen.

Robert Jungk sieht den Angelpunkt der Weltgefahren in der Naturwissenschaft. Von hier müßten daher die Ansätze neuer Gesinnung ausgehen. Hoffen läßt ihn, daß das heute Sichtbare schon das Vergehende ist: die praktische Ausbeutung grundlegender Gedanken, die meist schon um 1900 gedacht worden sind. Da dieser Ideenschatz zur Neige gehe, sei Platz für das Kommende. –

Gerhard *Szczesny* (geb. 1918) nannte sein Buch „Die

234

Zukunft des Unglaubens" (1958) „zeitgemäße Betrachtungen eines Nichtchristen". Ihr humanitärer Ernst veranlaßte einen Mann der entschiedenen Gegenposition, Walter Dirks, den Verfasser „über den Graben hinweg" seiner Sympathie zu versichern.

Die Gründe für die Abwendung vom Christentum sollen hier unerörtert bleiben. Szczesny hält Humanität für ein Naturereignis, darin im Grunde Schweitzer, auch Spranger, nicht fremd. Er nennt es ein natürliches humanitäres Prestigebedürfnis, das den Menschen dazu treibe, „sich unabhängig von jeder vernünftigen Überlegung und metaphysischen Verpflichtung menschlich zu verhalten". Käme zu seiner Triebausstattung nicht auch ein humanitärer Impuls, „so wäre kein Mythos und keine Gesetzgebung jemals imstande gewesen, die Menschen zu Taten zu bewegen, die sich gegen ihre unmittelbaren Daseinsinteressen richten".

Sozialkritisch wird nun die Naturanlage mit den Lebensumständen verknüpft, die diesen Impuls fördern oder dämpfen. Zum Menschenbild der Neuzeit gehöre ja die Einsicht, daß des Menschen Würde an die freie Entfaltung seiner individuellen Anlagen gebunden und von den Daseinsbedingungen abhängig sei. Wenn man die Gesellschaft bessern wolle, müsse jede soziale Benachteiligung oder gar Notlage beseitigt werden. Sie wirke sich, weil sie die individuelle Würde verletzt, als Behinderung des humanitären Antriebs aus.

In einer marktwirtschaftlich konstruierten Gesellschaft, so bedauert Szczesny, wird der Intelligent-Tüchtige zum Leittyp. So werden Betriebsamkeit auf der einen Seite, Unzufriedenheit auf der anderen zu Grundhaltungen im demokratisch-kapitalistischen Staat. Eine Gesellschaft wäre demgegenüber erst dann eine humane Gesellschaft, wenn es ihr gelänge, das soziale Prestige an die humane Leistung des einzelnen zu knüpfen. „Um den Immoralismus zu korrigieren, bedarf es ... nur der vernünftigen Einsicht in das Wesen der menschlichen Natur." –

Diese Auswahl, die nicht werten, sondern darstellen will, mag der Vorwurf des Zufalls oder der Willkür treffen. Ihn zu entkräften, hieße, ein zweites Buch zu schreiben – eine totale Repräsentation der ethischen Alternativen zu Albert Schweitzer. Das konnte nicht der Sinn des Abstechers sein. Er sollte nur ein paar Beispiele geben, wie die Prioritäten unserer moralischen Existenzsicherung von anderen Denkern gesehen werden und wie man die Akzente *auch* setzen kann.

Wenn es bei der Wahl der Namen doch eine vorgefaßte Meinung, einen vorgeschalteten Filter gab, so war es die Absicht, in unterschiedlichen Wissensbereichen Umschau zu halten, ohne Duplikat eines geistigen Ressorts. In der Reihenfolge der Geburtsdaten der befragten Persönlichkeiten sind es Pädagogik, Existenzphilosophie, marxistische Philosophie, Sozialpsychologie, Naturwissenschaft und Religionspsychologie.

Eigentlich mußten sechs unterschiedliche Denkanstöße erwartet werden, doch sind es – mit Ausnahme der mehr referierenden, registrierenden Erkenntnisse Robert Jungks – im Grunde nur zwei: Der eine zielt auf Erziehung, vornehmlich Denkerziehung, der andere auf soziale Gerechtigkeit. Der ersten Gruppe ordnen wir Spranger, Jaspers, Mitscherlich, der zweiten Bloch und Szczesny zu.

Die notwendige Selbstbeschränkung ließ andere Fachaussagen beiseite, doch zwei von ihnen seien wenigstens stichwortartig, nicht personengebunden, genannt: Die Anthropologie und Sozialpädagogik zählt zu ihren entscheidenden Erkenntnissen der letzten Jahrzehnte, daß die Gesellschaft immer neue jammervolle Verwirrungen vorprogrammiert, solange sie der Fürsorge im Kleinkindalter nicht ungleich größere Aufmerksamkeit zukommen läßt. Versäumnisse an dieser Basis werden

236

zum unkorrigierbaren sozialen Defekt. Und das andere: Die Sozialpolitik hat die Parole „Humanisierung der Arbeitswelt" in die Arena der gesellschaftlichen Auseinandersetzung geworfen, eine Losung, die in diesem Interessenbereich die Diskussion für den Rest unseres Jahrhunderts bestimmen wird. Beide Stichworte lassen sich wie von selber der oben genannten Zweiteilung einverleiben: der Erziehung und der sozialen Gerechtigkeit. Es kann sicher nicht zweifelhaft sein, daß sie beide Fundamentalerfordernisse des Kulturstaates von heute und morgen sind.

Die Legende

Beim Blick über den Gartenzaun auf die Nachbargrundstücke der Kulturarbeit hat sich gezeigt: Die Früchte, die dort wachsen, sind genießbar, aber Früchte des Paradieses sind es nicht, sondern im Schweiße des Angesichts wollen sie mühsam geerntet sein.

Die Nachbarn haben eigentlich auf andere Art, unabhängig und aus eigenem Recht, auch die Ehrfurcht vor dem Leben variiert, so, wenn Bloch nach einem humanen Sozialismus ruft, in dem wir „die Verhältnisse menschlich bilden" sollen, oder wenn Mitscherlich verlangt, daß Denkerziehung Vorurteile abbauen und die Achtung vor dem Anderen fördern muß.

Immer reichhaltiger sprudeln die Quellen, aus denen wir Wissen und Anregung zu ziehen gezwungen sind. Das heißt nicht, einer Relativierung das Wort zu reden, die keine Schwerpunkte mehr kennt. Gerade die Fülle fordert ja dazu auf, irgendwo einen Platz zu suchen, der inmitten unüberschaubarer, verwirrender Vielfalt immer wieder zur Rast einlädt und ein unverlierbares Refugium bleibt.

Das Albert Schweitzers umfriedete Lebenslandschaft und seine geistige Hinterlassenschaft zum Siedeln er-

muntern, haben viele an sich selber erlebt. Am Krankenbett der Kultur hat der Arzt von Lambarene die Diagnose exakt gestellt. Die Ursachen des Leidens sah er
nicht in allen Einzelheiten, doch die von ihm verordnete
Medizin ist nach wie vor durch kein anderes Medikament
der gesellschaftlichen Heilmittelindustrie überholt.

Die soziale Wirrnis konnte aus sich keine Werte entwickeln, die höher stehen als jene, die er auf älterem
weltanschaulichen Boden gewonnen hat. Niemand
konnte Grundsätze entwerfen, deren moralische Reich-
weite die von ihm gelehrten übertrifft. Ehrfurcht vor dem
Leben kann man mißachten; ersetzen kann man sie nicht.
In ihrer kompromißlosen Reinheit besitzt sie etwas Er-
habenes.

Es erwies sich freilich, daß das 20. Jahrhundert für die
mitdenkende und nach-denkende Annahme einer philosophisch begründeten Moral wenig ausgerüstet ist. Auf
der anderen Seite manövriert es sich immer tiefer in Verhältnisse, die dazu zwingen, in Schweitzers Denk-*Ergebnissen* Heilung zu suchen, auch wenn dabei keiner von
ihm spricht. Seine Warnung von 1923, die Welt müsse
ihre Gesinnung ändern, sofern sie nicht zugrunde gehen
will, gewinnt an Gewicht. Es gibt Ansätze dafür, die ermutigen.

Der evangelische Bischof Hans-Otto Wölber (Hamburg) sagte in einer Rede, 1973, die gegenwärtige Theologie stehe vor einer globalen Wende. Das Kreuz Christi,
bisher im Mittelpunkt theologischen Denkens, werde zu-
rückgedrängt von einer „neuen Theologie der Befreiung
von den vielen Kreuzen", unter denen die Menschen leiden.

Wer Vorurteile pflegt, sieht die Kirche heute als eine
nur erstarrte Lehrsätze zelebrierende Traditionsgemein-
schaft auf dem Aussterbe-Etat. Daneben aber hat sie
Aktivitäten entfaltet, deren – angenommen – plötzlicher
Wegfall die Nur-Kritiker erstaunen lassen würde. Ist

diese Tatvielfalt des „Dritte-Welt-Christentums" (Wölber), dieses Helfen und Heilen im Sinne Jesu, unterschieden von Schweitzers Jesus-Mystik, die er als Nachfolge „von Wille zu Wille" umschrieb? Treten nicht die Lehrinhalte unserer Religion stärker zurück zugunsten des Bemühens, Leiden in der Welt zu mindern? Rückt Jesus uns näher, weil Christus sich entfernt? Christsein wird heute wesentlich als Mitmenschlichkeit verstanden (Neuenschwander). Das aber ist der Schweitzer von 1905.

Und der Umweltschutz, dieses in so kurzer Zeit hochaktiv gewordene Gemeinschaftsgefühl für Industriegefahren: ist er nicht eine Art passiver Ehrfurcht vor dem Leben? Passiv insofern, als er nicht aus Humanität erwächst, sondern aus Angst. Für das Ergebnis mag dieser Unterschied belanglos sein, wie man ja auch nicht Anstoß nimmt, daß internationale Verständigung – nach Mitscherlich – nur aus der Einsicht herrührt, daß man den Gegner nicht vernichten kann.

Humanitäre Vernunft hat es in der Interessenvielfalt schwer. Wo sie sich durchsetzt, erscheint sie weit öfter als das Ergebnis von Sachzwängen als von Ermahnung und Freiwilligkeit. Kann nun kalt abschätzendes Gegenwartsverständnis daraus ableiten, daß die Notwendigkeit der Weltverbesserung also ein Selbstregulator sei und sich auch ohne moralische Anstöße aufdränge und ein Schweitzer, soweit er über seine praktische Hilfe hinaus Denkhilfe leistet, daher entbehrt werden könne?

Nur in wenigen Geschichtsabschnitten war geistiger Einfluß so relativ leicht in den praktischen Errungenschaften auffindbar wie in der Aufklärungszeit. Man konnte den Erfolgsweg solcher Impulse, wie beim medizinischen Test mit der gefärbten Flüssigkeit, in der Blutbahn des Volksorganismus verfolgen. Das ist heute nahezu aussichtslos. Aber läßt fehlender Nachweis den Rückschluß auf Nichtvorhandensein zu? Wenn schon der

Anteil einzelner an positiven gemeinschaftlichen Sinnes-
wandlungen nicht exakt zu messen ist – dürfte man glauben, diese Veränderungen geschähen nur noch aus me-
chanischem Zwang? Wäre am Ende eine derartige
Konzentration moralischer Tatkraft, wie Albert
Schweitzers Leben sie aus sich preßte, nur eine Laune der
Schöpfung, eine biologische Abnormität? Selbst Pessi-
misten sind kaum bereit, dem Humanitätsstreben dreier
Jahrtausende Sinnlosigkeit zu attestieren, nur weil es
keine kollektiven Erfolgsversprechen gibt. Die Annahme, daß moralische Energien, einmal in die Welt entlassen, in ihr arbeiten und nicht wieder verloren gehen,
auch wenn die unmittelbare Kausalität gar nicht erkennbar oder vorhanden ist – diese Mutmaßung stützt sich
wohl kaum nur auf euphorische Suche nach Lebenssinn.

Dächte man sich alles fort, was von diesem Entwicklungshelfer der Menschlichkeit an Trost und Zuspruch,
an Vorbild und Hingabe ausgegangen ist, was er an Begeisterung und stiller Nachfolge hervorgerufen hat – es
wäre nicht unerheblich für unsere seelische Temperatur.
Und Afrikas Geschichtsverständnis würde auf die Dauer
in wichtigen Nuancen anders sein, wenn dieser weiße
Medizinmann sich nicht aufgemacht hätte, den Kolonialismus zu unterwandern – er, der am Ende unter dem
Gastvolk seine Ruhe fand wie Lederstrumpf unter den
Indianern der Prärie.

Gemessen an der bohrenden Gründlichkeit, mit der
Schweitzer sein „bleibendes Haus" abzustützen suchte,
könnte es für ihn enttäuschend sein, daß die Bewohner
allenfalls aus der Dachluke schauen und den Keller keines Blickes mehr würdigen; daß sie also Ehrfurcht vor
dem Leben eher erlebnishaft nachfühlen, als erlösendes
Wort in bedürftiger seelischer Interessenlage, ohne
Nachprüfung des gedanklichen Unterbaus, der vertieften
Kulturanschauung, von der sich ihr Protagonist für das
praktische Leben so viel versprach.

23 «Das bleibende Haus, so hoffe ich, wird mein Denken sein»

Auf der anderen Seite, nicht ganz zu vereinbaren damit, hat ihn die Vorstellung erfreut, unerkannt zum moralischen Fortschritt beizutragen, ganz im Sinne des erwärmenden Wortes aus „Kindheit und Jugendzeit", wonach Kraft etwas Geheimnisvolles sei: „Ich habe mir immer gewünscht, daß mein Wirken und Denken einmal als anonyme Macht in den Beistz der Menschheit eingehe."

So könnte denn auch die Ehrfurcht vor dem Leben, dieser trotzige Widerspruch zum Jahrhundert zweier Weltkriege, ein atmosphärisches Ingredienz unserer Standortsuche geworden sein, eine humane Reserve, die immer abrufbar ist.

Die Frage nach Schweitzers Zukunft ist die Frage nach unserer Zukunft. Wir die Welt je aseptisch werden (H. Baur)? Noch in seinen letzten Lebenstagen sagte Siegmund Freud in der Londoner Emigration zu Stefan Zweig, daß der elementare Vernichtungstrieb in der menschlichen Seele unausrottbar sei, daß aber vielleicht im Gemeinschaftsleben der Völker eine Form gefunden werden könne, die diese Instinkte niederhält.

Sein Gesprächspartner hatte damals schon sein Buch über den Humanisten Erasmus von Rotterdam veröffentlicht, diese reifste Seelenstudie aller Biographien Zweigs, deren Schlußabschnitt der Freud'schen Gesetzmäßigkeit der Aggression ein anderes Gesetz entgegenhält: den immerwährenden Wunsch nach einer besseren Welt. Niemals werde der Glaube an ein künftiges Gemeinschaftsschicksal unserer Menschheit völlig abhanden kommen. „Und mögen die klugen und kalten Rechner immer wieder von neuem die Aussichtslosigkeit des Erasmischen erweisen und mag die Wirklichkeit ihnen abermals und abermals recht zu geben scheinen: Immer werden jene vonnöten sein, die auf das Bindende zwischen den Völkern jenseits des Trennenden hindeuten und im Herzen der Menschheit den Gedanken eines kommenden Zeitalters höherer Humanität gläubig erneuern."

In unserem Jahrhundert hat dies keiner mit schonungsloserem persönlichen Einsatz und mit dankbarerem Widerhall getan als der Sohn des alemannischen Brückenlandes. Er war auf unserem Erinnerungsweg die überzeugendste ethische Kraft. Und wenn diese grellerleuchtete Zeit noch immer Legenden stiften kann, so könnte Lambarene eine Menschheitslegende werden – nicht als unverbürgte Wundermär der verklärenden Phantasie, sondern als gleichnishafte Wirklichkeit:

Die Legende von einem, der auszog, um den Hilflosen der große Bruder zu sein, der ihnen körperliche Leiden nahm und umgekehrt in der Stille den archimedischen Punkt fand, um die moralischen Leiden seiner großen Mitbrüder zu bekämpfen, die sich auf weiten Strecken unbrüderlich benahmen bis fast zum Untergang. Er zeigte ihnen, daß Menschsein ein Abenteuer noch unausgeschöpfter Möglichkeiten ist, und veranschaulichte, was Spranger als wesentlichsten Weltanschauungsunterschied ansah: Sichtreibenlassen und Sichverantwortlichfühlen. Er vermittelte das schönste, was ein Mensch geben kann; er hat menschlich zu begeistern vermocht.

Die weiße Zivilisation erkannte in dem schnauzbärtigen Alten unter dem Tropenhelm eine erfüllte Sehnsucht, denn wo sie Programme entwirft, tat er den ersten Schritt; wo jeder noch zuviel vom anderen erwartet, da wartete er nicht; wo sich sonst der Erfolgsmensch mit Ellbogen durch die Karriere boxt, da beglückte dieser Erfolgreiche mit seiner unsentimentalen Barmherzigkeit. Im Sinne Arnold Gehlens (1956) besaß er dadurch auch als Denker den Prägestempel der Glaubwürdigkeit: Den Philosophen werde man mehr als bisher an der Art erkennen können, wie er lebe.

Wissen und Glauben, Forschung und Kunst, Denken und Handeln – Schweitzer verband stets Bereiche miteinander, die die Erfahrung sonst fast nur als Entweder – Oder kennt. Im Zentrum dieses Koordinatensystems wohnten Mitleid und Güte. Doch hat er die historische Würde, ein Maßstab zu sein, mit der härtesten Währung entgolten, die das Neue Testament als Zahlungsmittel kennt: Wer aber sein Leben verliert um meinetwillen... Er kann niemals außer Kurs sein, solange eine Kulturmenschheit sich ihres Auftrags erinnert. Denn er appelliert an die ethischen Fähigkeiten, und keine Automation macht sie entbehrlich.

Die Verhältnisse helfen vielleicht dabei, daß der Appell nicht verhallt. Denn der Mensch, herausgefordert durch tödliche Gefahren, beginnt in einer Art schöpferischer Frustration, sich erst jetzt voll zu entfalten. So optimistisch jedenfalls sieht es Robert Jungk in seinem neuesten Buch „Der Jahrtausendmensch" (1973). Albert Schweitzer bietet sich an, auf dem Weg in das neue Jahrtausend Begleiter zu sein. Wer sich ihm anvertraut, weiß sich aufgehoben und lebt sich zu größerer Freude und ist gewiß, daß er aus dieser Begegnung nie mehr entlassen wird. Umgekehrt kann sein Weggefährte sagen: „Solange meine Gedanken lebendig bleiben, solange mein Geist in den Taten anderer Menschen am Werk ist, werde ich leben."

Zeittafel

1875 14. Januar: Albert Schweitzer in Kaysersberg/Oberelsaß geboren. Vater: Ludwig Schweitzer, Pfarrer; Mutter: Adele geb. Schillinger. Im selben Jahr Umzug nach Günsbach im Münstertal (Oberelsaß).

1880–1884 Besuch der Dorfschule in Günsbach.

1884 Herbst: Für ein Jahr auf die Realschule in Münster. Vorbereitung auf die Quinta des Gymnasiums.

1885 Herbst: Übergang auf das Gymnasium in Mülhausen/Elsaß. Klavierunterricht, später auch Orgelunterricht, bei Eugen Münch.

1890 Konfirmation in Mülhausen.

1893 18. Juni: Abitur.

    Oktober: Beginn des Studiums der Theologie und Philosophie in Straßburg. Orgelunterricht bei Widor in Paris.

1894 1. April: Antritt des einjährigen Militärdienstes beim Infanterieregiment 143 in Straßburg.

1896 Pfingstferien: Entschluß, bis zum 30. Jahr der Wissenschaft und Kunst zu leben, danach einen Dienstberuf zu suchen.

1898 6. Mai: Erstes theologisches Examen.

1898–1899 Oktober bis März: Philosophie-Studien an der Sorbonne. Dissertation über Kants Religionsphilosophie.

1899 Frühjahr bis Sommer: Philosophie-Studien in Berlin.
    Juli: Promotion zum Dr. phil. in Straßburg.
    1. Dezember: Predigtamt an St. Nicolai in Straßburg.

1900	15. Juli: Zweite theologische Prüfung.
	21. Juli: Theologisches Lizentiaten (= Doktor-) Examen mit einer Dissertation über das Abendmahlsproblem.
1902	1. März: Antrittsvorlesung vor der theologischen Fakultät in Straßburg. Habilitationsschrift über „Das Messianitäts- und Leidensgeheimnis. Eine Skizze des Lebens Jesu".
1902–1904	Arbeit an „J. S. Bach, le musicien-poète" (erschienen 1905).
1903	1. Oktober: Übernahme der Direktion des Thomasstiftes (bis 1906).
1904	Herbst: Albert Schweitzer entschließt sich aufgrund eines Aufrufes der Pariser evangelischen Missionsgesellschaft, zu einer Tätigkeit menschlichen Dienens in den französischen Kongo zu gehen.
1905	11. März: Einführungskonzert der Pariser Bach-Gesellschaft. Schweitzer Mitgründer.
	13. Oktober: Mitteilung vom Entschluß, Urwaldarzt zu werden.
	Ende Oktober: Beginn des Medizinstudiums.
	Herbst: Fertigstellung einer Studie über „Deutsche und französische Orgelbaukunst und Orgelkunst" (erschienen 1906).
1906	22. Februar: Abschluß der Leben-Jesu-Forschung „Von Reimarus zu Wrede" (erschienen 1906).
	Sommer: Beginn der Arbeit am deutschen Bach-Buch (erschienen 1908).
1907	28. Juli: Schweitzer begründet in Straßburg die Tradition der Orgelkonzerte zu Bachs Todestag.
1908	13. Mai: Physikum.
1909	Mai: 3. Kongreß der Internationalen Musikgesellschaft in Wien. Auftrag an Schweitzer und Abbé Mathias, ein internationales Regulativ für den Orgelbau auszuarbeiten (erschienen 1909).
1911	„Die Geschichte der paulinischen Forschung" publiziert. 17. Dezember: Abschluß des medizinischen Staatsexamens.

1912	Frühjahr: Aufgabe der theologischen Lehrtätigkeit und des Predigtamtes.
	18. Juni: Eheschließung mit Helene Breßlau.
1913	Februar: Promotion zum Dr. med. Dissertation über „Die psychiatrische Beurteilung Jesu".
	9. März: Abschiedspredigt in St. Nicolai.
	14. März: Abschluß der zweiten, erweiterten Fassung der Leben-Jesu-Forschung (erschienen 1913).
	21. März: Abschied von Günsbach.
	26. März: Abreise von Bordeaux (mit Helene).
	16. April: Ankunft in Lambarene.
1914	1. August: Ausbruch des Ersten Weltkrieges. Schweitzer als deutscher Staatsbürger unter Bewachung gestellt. Günsbach wird Frontgebiet. Vorübergehendes Verbot ärztlicher Tätigkeit. Beginn der Arbeit an der Kulturphilosophie.
1915	September: Schweitzer findet den Begriff „Ehrfurcht vor dem Leben".
1916	3. Juli: Schweitzers Mutter von einem deutschen Militärpferd überrannt und getötet.
1917	September: Rücktransport nach Europa. Mehrwöchige Internierung in Bordeaux. Schweitzer bekommt Dysenterie.
1917–1918	Spätherbst bis März: Im Interniertenlager Garaison/Pyrenäen. Ärztlicher Dienst im Lager.
1918	März: Umquartierung nach St. Rémy/Provence.
	Juli: Rücktransport in die Heimat.
	1. September: Operation durch Prof. Stoltz in Straßburg (Spätfolgen der Dysenterie).
	Herbst: Assistenzarzt an der Hautklinik des Bürgerspitals und Vikar an St. Nicolai in Straßburg.
1919	14. Januar: Tochter Rhena geboren.
	16. und 23. Februar: Schweitzer spricht zum ersten Mal von der Ehrfurcht vor dem Leben (Doppelpredigt in St. Nicolai).

Sommer: Zweite Darmoperation.

Oktober: Erstes Nachkriegs-Orgelkonzert in Barcelona.

Dezember: Einladung durch den schwedischen Erzbischof Söderblom zu Vorlesungen in Uppsala.

1920   Frühjahr bis Sommer: Schwedenreise. Vorlesungen über Ethik und Orgelkonzerte. Abzahlung der Schulden. Entschluß, die Arbeit in Lambarene fortzusetzen.

August: Abschluß der Afrika-Erinnerungen „Zwischen Wasser und Urwald" (erschienen 1921). Erste (theologische) Ehrendoktorwürde in Zürich.

1921   April: Aufgabe der beiden Stellungen in Straßburg. Freier Schriftsteller und Künstler. Übersiedlung nach Günsbach.

Herbst: Schweiz- und Schwedenreise.

1922   Januar bis März: Vorlesungen und Orgelkonzerte in England.

März: Erneute Reise nach Schweden und in die Schweiz.

Herbst: Abermals in die Schweiz sowie nach Dänemark.

1923   Januar: Kulturphilosophische Vorlesungen in Prag. Zweibändige Kulturphilosophie abgeschlossen (erschienen 1923). „Das Christentum und die Weltreligionen" publiziert. Hausbau für Helene und Rhena in Königsfeld/Schwarzwald.

Herbst: Kurse für Geburtshilfe und Zahnheilkunde in Straßburg, für Tropenmedizin in Hamburg.

1924   Februar: Schlußwort zu den Kindheitserinnerungen (erschienen 1924).

21. Februar: Abfahrt in Bordeaux zum 2. Afrikaaufenthalt (ohne Helene). Beigleiter: Noel Gillespie, englischer Student.

2. bis 12. April: Kamerunreise.

19. April: Ankunft in Lambarene.

18. Juli: Mathilde Kottmann aus Molsheim/Elsaß trifft als erste Pflegerin ein.

19. Oktober: Dr. Viktor Nessmann aus dem Elsaß kommt als erster Arzt.

1925	5. Mai: Pfarrer Ludwig Schweitzer 79jährig gestorben. Spätherbst: Dysenterie-Epidemie führt zum Entschluß, ein neues, größeres Spital zu bauen.
1927	21. Januar: Umzug ins neue, drei Kilometer stromaufwärts gelegene Hospital.
	21. Juli: Rückkehr nach Europa.
1927–1928	Herbst und Winter: Konzerte und Vorträge in Schweden und Dänemark.
1928	Frühjahr bis Frühsommer: Reisen nach Holland und Dänemark.
	28. August: Empfang des Goethepreises der Stadt Frankfurt.
1928–1929	Herbst und Winter: Schweiz, Deutschland, Tschechoslowakei.
1929	Hauptarbeit an der „Mystik des Apostels Paulus" (erschienen 1930).
	3. Dezember: 3. Reise nach Afrika (mit Helene). Emmy Martin zieht in das vom Goethepreis erbaute Günsbacher Haus. Erholungsstätte für Lambarene-Helferinnen.
	26. Dezember: Ankunft in Lambarene.
1930	Ostern: Frau Schweitzer muß aus Gesundheitsgründen abreisen.
1931	7. März: Abschluß der Autobiographie „Aus meinem Leben und Denken" (erschienen 1931).
	Oktober: Erster Antrag beim Nobelkomitee in Oslo zur Verleihung des Friedenspreises an Albert Schweitzer. Initiatoren: Nathan Söderblom, Romain Rolland, Oskar Kraus.
1932	Januar: Rückkehr vom 3. Afrika-Aufenthalt. Februar bis Juli: Vorträge und Konzerte in Deutschland, Holland, England, Schottland.
	22. März: Gedenkrede zum 100. Todestag Goethes in Frankfurt.
	9. Juli: Goethe-Vortrag in Ulm.
1933–1934	März bis Februar: 4. Afrikareise.
1933–1937	Helene und Rhena Schweitzer in Lausanne.

1934	Sommer: Hauptarbeit an den „Indischen Denkern" (erschienen 1935).
	Oktober: Philosophische Vorlesungen in England und Schottland.
1935	Februar bis August: 5. Afrikareise.
	August: Zweiter Teil der Vorlesungen in Edinburgh.
1937	Vortragsreise Helene Schweitzers in den USA.
1937–1939	Januar bis Januar: 6. Afrikareise. Bei der Rückkehr wegen des Eindrucks drohender Kriegsgefahr nur zwölf Tage Aufenthalt und Regelung der wichtigsten Angelegenheiten.
1939	Februar: 7. Ausfahrt nach Afrika.
	1. September: Ausbruch des Zweiten Weltkrieges.
1940	11. Januar: Anna Wildikann, jüdische Ärtin aus Riga, gelangt auf abenteuerliche Weise nach Lambarene, wo sie schon 1935–37 gearbeitet hatte.
	Oktober bis November: Kämpfe zwischen Truppen de Gaulles und der Vichy-Regierung um den Besitz des Ortes Lambarene. Beide Seiten schonen das Spital.
1941	Helene Schweitzer gelangt über Angola nach Lambarene.
1942	Erste Sendung von Medikamenten aus den Vereinigten Staaten.
1945	14. Januar: 70. Geburtstag.
	8. Mai: Kriegsende in Europa.
1946	September: Helene Schweitzer kehrt nach Hause zurück.
1948	24. Oktober: Ankunft Schweitzers in Bordeaux nach knapp zehnjährigem ununterbrochenen Lambarene-Aufenthalt.
1949	8. Juli: Festrede zum 200. Geburtstag Goethes in Aspen/Colorado.
	24. Oktober 8. Afrikareise (mit Helene).
1950	14. Januar: 75. Geburtstag.
	Juni: Frau Schweitzer kehrt nach Europa zurück.
1951	Mai: Schweitzer reist nach Europa.

16. September: Friedenspreis des deutschen Buchhandels in Frankfurt überreicht.

1951–1952	November bis Juli: 9. Afrikareise.
1952	September: Schallplattenaufnahmen an der Günsbacher Orgel.

30. September: Entgegennahme der Paracelsus-Medaille, höchste Auszeichnung der deutschen Ärzteschaft. Erste medizinische Ehrung Schweitzers.

20. Oktober: Aufnahme in die Académie des Sciences Morales et Politiques als Nachfolger Pétains.

November: Zum 10. Mal nach Afrika.

1953	Mai: Beginn der Erdarbeiten für ein neues Lepradorf. Oktober: Verleihung des Friedensnobelpreises für 1952 rückwirkend (Hauptinitiator: Max Tau). Die Preissumme ermöglicht den Bau des Lepradorfes „aus einem Guß".
1954	Mai: Rückreise nach Europa.

28. und 29. Juli: Letztes öffentliches Auftreten als Organist (aus Anlaß des Bach-Gedenktages in Straßburg).

4. November: Entgegennahme des Friedensnobelpreises in Oslo (zusammen mit Helene Schweitzer).

1954–1955	Dezember bis Juli: 11. Afrikareise.
1955	12. Januar: Helene Schweitzer wieder in Lambarene.

14. Januar: Albert Schweitzer 80 Jahre alt.

Mai: Lepradorf fertiggestellt.

Oktober: Zweiwöchige Englandreise. Königin Elizabeth verleiht den „Order of Merit". Anschließend Besuche in Paris, Bonn, Basel.

16. Dezember: 12. Afrikareise (mit Helene).

1956	4. Juni: Emma Haussknecht – seit 1925 in Lambarene – stirbt 60jährig im Elsaß.

In Japan erste Gesamtausgabe von Schweitzers Werken.

1957	23. April: Erster Aufruf Schweitzers gegen die Gefahren der Atombombe. In der Folgezeit – von Amerika ausgehend – erste öffentliche Kritik an Albert Schweitzer.

22. Mai: Helene Schweitzer verläßt Lambarene.

1. Juni: Sie stirbt 78jährig in Zürich.

Sommer: Rückreise Schweitzers nach Europa. Bruch des rechten Mittelhandknochens.

1957–1959 Dezember bis August: 13. Afrikareise.

1958 April: Drei Appelle gegen die Atomgefahren über den Osloer Rundfunk.

1959 29. September: Entgegennahme des Sonningpreises in Kopenhagen.

Oktober: Reise durch die Bundesrepublik.

November: Dreiwöchiger Paris-Aufenthalt mit Abstechern nach Brüssel und Rotterdam.

9. Dezember: 14. Reise nach Afrika. Endgültiger, noch unbewußter Abschied von Europa. Reisepläne in den folgenden Jahren werden wieder aufgegeben.

31. Dezember: Ankunft in Lambarene.

1960 14. Januar: 85. Geburtstag.

Juli: Erste Briefmarke der neuen Republik Gabon mit dem Portrait Schweitzers.

1963 18. April: Feier des Goldenen Lambarene-Jubiläums.

1964 18. Juli: Mathilde Kottmann 40 Jahre in Afrika.

1965 14. Januar: Schweitzer 90 Jahre alt. Hauptstraße des Ortes Lambarene nach ihm benannt.

Februar: Walter Munz neuer Chefarzt.

Bis Spätsommer: Schweitzer stellt neue Gebäude fertig.

20. August: Zum letzten Mal Begleitung des Abendchorals.

23. August: Anweisungen für den Todesfall.

28. August: Beginn zunehmender Ermattung, die allmählich in Bewußtlosigkeit übergeht.

4. September 23 Uhr 30: Tod Albert Schweitzers.

5. September: Begräbnis in Lambarene.

Verzeichnis
der hauptsächlich
verwendeten Literatur

a) von Albert Schweitzer

Das Messianitäts- und Leidensgeheimnis. Eine Skizze des Lebens Jesu,
Tübingen 1901

Deutsche und französische Orgelbaukunst und Orgelkunst, Leipzig
1906

J. S. Bach, Leipzig 1908

Geschichte der Leben-Jesu-Forschung, Tübingen, 2. erweiterte Aufl.
1913

Die psychiatrische Beurteilung Jesu, Tübingen 1913

Zwischen Wasser und Urwald, Bern 1921

Verfall und Wiederaufbau der Kultur. Kultur und Ethik, München
1923

Das Christentum und die Weltreligionen, München 1923

Aus meiner Kindheit und Jugendzeit, München 1924

Mitteilungen aus Lambarene 1924–1927, München 1928

Briefe aus dem Lambarene-Spital 1930–1954, in: Sammelband
„Albert Schweitzer Lambarene – Freundeskreis 1930/57, hg. von
Richard Kik, Heidenheim 1965, im Selbstverlag

Die Mystik des Apostels Paulus, Tübingen 1930

Aus meinem Leben und Denken, Leipzig 1931

Die Weltanschauung der indischen Denker, München 1935

Goethe. Vier Reden (1928–1949), München 1950

Ein Pelikan erzählt aus seinem Leben (mit Anna Wildikann), Hamburg
1950

Friede oder Atomkrieg, München 1958

Die Lehre von der Ehrfurcht vor dem Leben. Grundtexte aus fünf Jahrzehnten, Hg. von Hans Walter Bähr, München 1966

Straßburger Predigten, Hg. von Ulrich Neuenschwander, München
1966

Reich Gottes und Christentum, Hg. von Ulrich Neuenschwander, München 1967

Gesammelte Werke in fünf Bänden, Hg. von Rudolf Grabs, Berlin (Ost) 1971, Zürich o. J. (1974).

b) über Albert Schweitzer

Erica Anderson, Eugene Exman, Die Welt Albert Schweitzers. Ein Photobuch, Frankfurt 1955

Hans Walter Bähr (Hg.), Albert Schweitzer – Sein Denken und sein Weg, Tübingen 1962; mit Beiträgen u. a. von H. W. Bähr, Otto Betz, Gustave Bret, Theodor Litt, Hermann Mai, Paul Martini, Joseph Müller-Blattau, Walter Sachs, Klaus Scholder

Hans Walter Bähr, Robert Minder (Hg.), Begegnung mit Albert Schweitzer, München 1965; mit Beiträgen u. a. von August Albers, Albert Einstein, Hermann Mai, Hans Martin, Robert Minder, Joseph Müller-Blattau

Hermann Baur, Albert Schweitzers Ethik der Ehrfurcht vor dem Leben, in: Hippokrates 7/1965

ders., Albert Schweitzer und unsere Zukunft, Vortrag zur Eröffnung der Albert Schweitzer-Gedenkstätte in Frankfurt am 14. Februar 1969, in: 34. Rundbrief für den Freundeskreis von Albert Schweitzer, 1971

Willy Bremi, Der Weg des protestantischen Menschen von Luther bis Albert Schweitzer, Zürich 1953

Willy Bremi, Martin Werner, Fritz Morel, Hermann Baur, Albert Schweitzer – Mensch und Werk. Eine kleine Festgabe zu seinem 85. Geburtstag, Bern 1959

Norman Cousins, Albert Schweitzer und sein Lambarene, Stuttgart 1961

Dieter Georgi, Schweitzers theologisches Erbe, in: Süddeutsche Zeitung 1./2. Januar 1966

Rudolf Grabs, Albert Schweitzer – Gehorsam und Wagnis, Hamburg 1950

Claus Jacobi, Mythos des 20. Jahrhunderts und: Schweitzers Uhr geht anders, in: Der Spiegel 52/1960

Friedrich Wilhelm Kantzenbach, Albert Schweitzer – Wirklichkeit und Legende, Göttingen 1969

Richard Kik (Hg.), Rundbriefe für den Freundeskreis von Albert Schweitzer, Heidenheim, später Dettingen 1947 ff.

Arnold Krieger, Ist Albert Schweitzer ein Heiliger?, in: Geliebt, gejagt und unvergessen, Darmstadt o. J. (1955)

Robert Minder, Hans Walter Bähr (Hg.), Emmy Martin – Die Mitarbeiterin Albert Schweitzers, Bern 1962

254

Suzanne Oswald, Mein Onkel Bery – Erinnerungen an Albert Schweitzer, Zürich 1971

Werner Picht, Albert Schweitzer – Wesen und Bedeutung, Hamburg 1960

Roland Schütz, Anekdoten um Albert Schweitzer, München/Esslingen 1966

Jeannette Siefert, Wiedersehen mit Lambarene, 1960, Privatdruck

Martin Strege, Ehrfurcht vor dem Leben. Eine kurze allgemeinverständliche Darstellung der Grundlehre Albert Schweitzers, Grünstadt/Pfalz 1963, im Selbstverlag

Paul Swiridoff, Lambarene – Bericht einer Reise, Pfullingen 1966

Helmut Thielicke, Verehrt, verleumdet, verherrlicht – Albert Schweitzer wird heute 90 Jahre, in: Die Welt 14. Januar 1965

Lene Wenzel (Hg.), Albert Schweitzer gestern – heute. Eine Anthologie in Begegnungen, evangelische zeitstimmen 63/64. 1972; mit Beiträgen u. a. von Frederick Franck, Theodor Heuss, Ulrich Neuenschwander

Marie Woytt-Secretan, Albert Schweitzer baut Lambarene, Königsfeld/Taunus 1957

Stefan Zweig, Unvergeßliches Erlebnis, in: Albert Schweitzer – Genie der Menschlichkeit, Fischer-Bücherei Band 83/1955

Berichte aus Lambarene. Rundbriefe des Schweizer Hilfsvereins für das Albert-Schweitzer-Spital in Lambarene, Basel 1924 ff.

Rundbriefe des Albert-Schweitzer-Komitees beim Präsidium des Roten Kreuzes in der DDR, Dresden 1963 ff.

c) Ergänzendes

Hans Walter Bähr, Hans Wenke (Hg.), Eduard Spranger – Sein Werk und sein Leben, Heidelberg 1964

Ernst Bloch, Freiheit und Ordnung – Abriß der Sozialutopien, Frankfurt 1972

Günther Bornkamm, Jesus von Nazareth, Stuttgart 9. Aufl. 1971

Alfred Büscher, Die Reichsgründung in gesamtdeutscher Sicht, Hist. polit. Hefte der Ranke-Gesellschaft Nr. 5/1969

Otto Flake, Um 1900, in: Merian 12/1956

Elly Heuss-Knapp, Ausblick vom Münsterturm, Tübingen 1952

Carl Hinrichs, Wilhelm Berges (Hg.), Die deutsche Einheit als Problem der europäischen Geschichte, Stuttgart 1960

Karl Jaspers, Vom Ursprung und Ziel der Geschichte, München 4. Aufl. 1963

Paul Joachimsen, Vom deutschen Volk zum deutschen Staat, Göttingen 3. Aufl. 1956

Robert Jungk, Die Zukunft hat schon begonnen – Amerikas Allmacht und Ohnmacht, Stuttgart 1952

ders., Heller als tausend Sonnen – Das Schicksal der Atomforscher, Bern–Stuttgart 1956

ders., Der Jahrtausendmensch. Report aus den Werkstätten der neuen Gesellschaft, Gütersloh 1973

Harry Graf Kessler, Gesichter und Zeiten – Erinnerungen, Berlin 1935

Karl Löwith, Weltgeschichte und Heilsgeschehen. Die theologischen Voraussetzungen der Geschichtsphilosophie, Stuttgart 1953

Golo Mann, Deutsche Geschichte des 19. und 20. Jahrhunderts, Frankfurt 2. erweiterte Aufl. 1966

Alexander und Margarete Mitscherlich, Die Unfähigkeit zu trauern. Grundlagen kollektiven Verhaltens, München 1967

Hans Pyritz, Goethes Verwandlungen, Hamburg 1950

Hans Jürgen Schultz (Hg.), Tendenzen der Theologie im 20. Jahrhundert. Eine Geschichte in Porträts, Stuttgart 1966

Oswald Spengler, Der Untergang des Abendlandes, München 1918–22

Gerhard Szczesny, Die Zukunft des Unglaubens. Zeitgemäße Betrachtungen eines Nichtchristen, München 1958

Heinz Wunderlich, Die Schnitger-Orgel der Hauptkirche St. Jacobi zu Hamburg und ihre Bedeutung für die Orgelbewegung, Hamburg 1961

Heinz Zwicker, Neuzeitlicher Glaube. Ein Weg zu echter Überzeugung, Schriftenreihe Freies Christentum Heft 56/1965.

Personenregister

259

Bildnachweis

Die Fotos stammen aus den Albert-Schweitzer-Archiven in Gunsbach (9, 15 unten links), und Strasbourg (15 oben links, 15 oben
rechts), ferner von A. Fischer, Stuttgart (16 oben links), J. F. Kuster,
Kaysersberg (1), R. Laeuffer, Colmar (2), N. V. Vereenigde Foto-
bureau, Amsterdam (16 oben rechts), Photo Christophe, Colmar
(4), A. Silver, Gunsbach (10, 17, 20), F. Thorbecke, Lindau (16
unten links), W. Weiss, Strasbourg (15 oben rechts), alle übrigen
vom Autor. Die beiden Karten zeichnete B. Scarton, Bern.

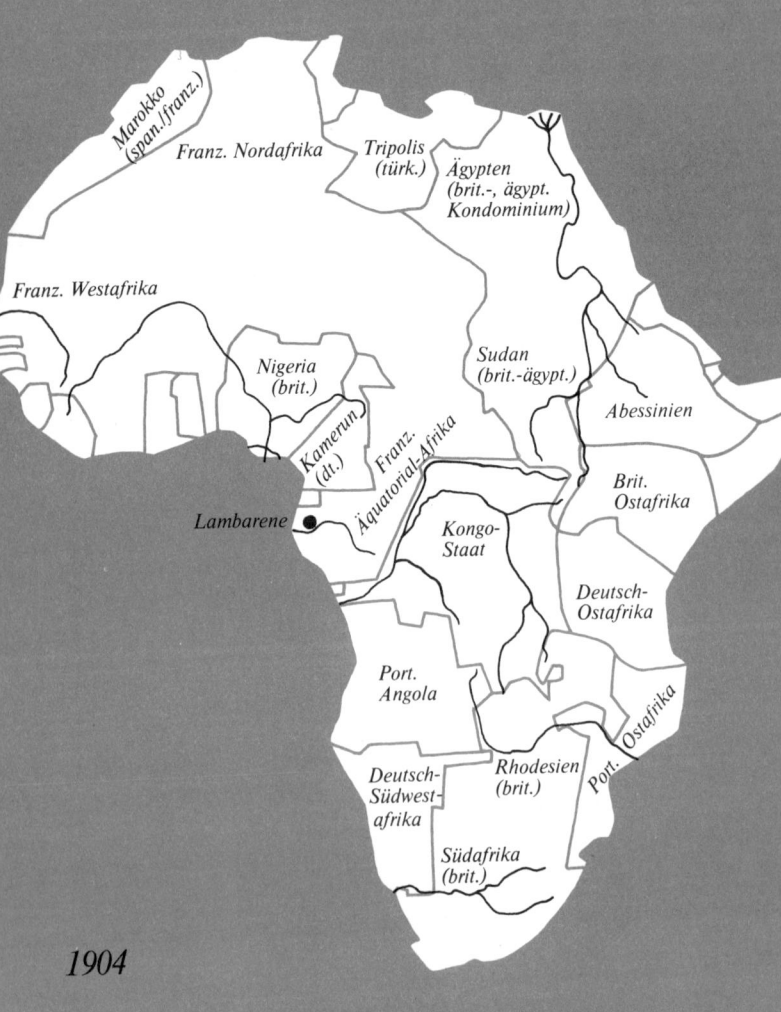

Marokko
(span./franz.)

Franz. Nordafrika

Tripolis
(türk.)

Ägypten
(brit.-, ägypt.
Kondominium)

Franz. Westafrika

Nigeria
(brit.)

Sudan
(brit.-ägypt.)

Abessinien

Kamerun
(dt.)

Franz.
Äquatorial-Afrika

Brit.
Ostafrika

Lambarene ●

Kongo-
Staat

Deutsch-
Ostafrika

Port.
Angola

Port. Ostafrika

Deutsch-
Südwest-
afrika

Rhodesien
(brit.)

Südafrika
(brit.)

1904